易之潔靜精微

揭開河圖洛書的天文面紗
徜徉千百年來的聖賢哲思

那英森——著

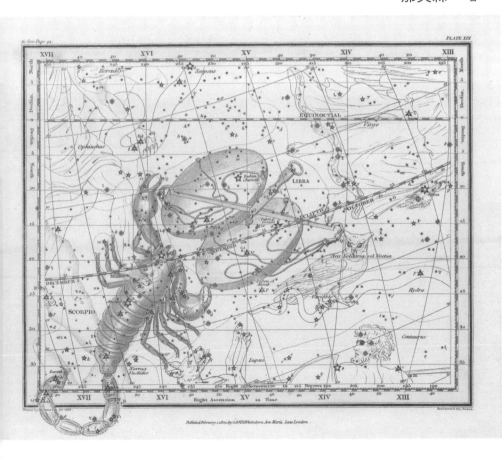

前言

　　2011年作者在百般忙碌中，完成了易學系列的第一本著作，《易海釋源》，將「河圖洛書」由神話傳說還原於自然科學的領域。當時一些朋友建議寫些實際應用的易理書籍，雖然那確是一個推廣易學的方向，但作者認為「易理」在現今的時代並不缺少應用的書籍，而更需要的是學理性的論述，以喚起國人的重視和認真的對待。所以在《易海釋源》中，堅持著易理法則貫穿在看似不相關的章節之間。只因為首次出書經驗不足，校對不力，有些疏漏貽誤。雖其後完成勘誤，仍屬遺憾。故此有著重新整理後再出版的想法。尤其當時的推廣，並未走出美國國門即告售罄，導致兩岸三地華人多有向隅之憾，特此致歉。

　　而今已經退休，有感於今人對易學缺乏正確的認識，不明其淵源於自然科學的根據和學理。固然有些人知其然，不知其所以然。也有些人，人云亦云，憑空臆想，視其為圖利的手段。對此現象，筆者深深不以為然。故此藉著這本《易之潔靜精微》，將多年對易學的認知，著錄成冊後出版。期盼同好共同發揚光大易教之學。

　　本書將易學分為《易傳》和「易理」兩部分別論述其要，所述為作者多年受教於易學的我知我見，內容涵括如下：

1) 創作的心得：諸如以天象闡明「圖書」的數列組合、以「逆數」認知易理的本末、以「重卦」建立十二經脈的系統、以事實比對「奇門遁甲」的驗證等；

2) 個人的見解：異於傳統的看法，諸如詮釋「大衍之數」的我見、辨證「五運六氣」的虛實、認知「先後天卦」的次第及意義等。

3) 引介古今諸賢的高明論述：如「子平論命」、「六爻卦」的
主要法則、「紫微斗數」的閏年排盤、及「堪輿學」中四科
的定義。

　　凡此種種皆引經據典，明其源頭。讀者但有引用，也請務
必標明出處，以盡論著者的責任。總而言之，本書的上半部，
《易海釋源》精微版，為通論易學的基礎理論，用現代人的常
識和客觀的角度重新認知「易」的思想理念。本書的下半部，
《易理春秋》，乃對易理中值得深究或推崇的部分，加以闡釋
和論述。因為是以探賾索隱為取向，讀者或許需要有一些專業
的知識或參考書籍，以認知書中論述的含義。筆者才疏學淺，
難免有所不逮之處。凡有疏漏，還請讀者大德不吝指正。

　　本書的完成，由衷感謝諸位好友的鼎力相助。特此向加州
的龔敬女士、林俐彤女士、洛陽的李漫怡同學，臺灣的邱久珍
女士，以及拙荊的幫忙校對，和專業的白象團隊致上謝意，由
於他／她們的大力相助，才能使本書順利發行！

　　庚子年丁亥月寫於美國加卅翠溪閣

　　賜教處：yi_ism@yahoo.com

目錄

開章明義

　　中華文化悠久而恒長，歷久而彌新。毫無疑問的，華夏文明的根本乃易教哲思。然而今人對固有文明的認識不足，不解其淵源於自然科學的現象而誤以為迷信。其實世界的四大古文明，無論是古巴比倫、古印度、古埃及、或是中土古文明都經歷過毀滅性的災難，都經歷過由興盛而衰亡的外在因素。但唯有華夏民族，歷經磨難而依然存在且日益壯大。這不得不歸功於內在文明的根底，支撐了民族的綿延永續。所以固有文化的普世價值，才是民族復興的重大推手。在《禮記‧經解》篇中，孔子有云，「潔靜精微。易教也」。蓋「潔」者，清白不染也。可說是不應受俗說所污染之意；「靜」者，寂靜、靜止意，《說文解字》謂，審也。所謂自審內省，有省其本來面目之意。「精」者，精緻，精要之義。《說文解字》謂，「俗作揀者是也。引申爲凡取好之稱。撥雲霧而見青天亦曰精。」；「微」者，小也。《說文解字》謂，「微，隱行也。」。夫「易」者，乃泛指《易經》所涉及的哲學思想；「教」者，是乃文教，即文化與教導之義。《說文解字》謂：「上所施下所效也。」。綜合以上諸義，易的人文哲理應該具有純粹精妙而不易為人知的本來面目。

　　夫華夏民族自古聖伏羲、大禹、文王、周公、及孔子等一脈相承的創立了易文明，為中華傳統文化奠定了萬世不朽的基礎。歷代的先賢們更在這個基礎上發揚光大，沿襲並完備了易理文明。作者因著眼於「易教」為「易學」，故秉持著聖人之教「潔靜精微」為原則而加以論述。而所謂的「學」，乃學識與學習義，特將「易學」涵蓋了《易傳》和「易理」兩大部分。

　　易學的訊息量龐大，本書以上、下兩部分別探討《易傳》和「易理」諸科。凡易學中或有隱晦不明、或有爭議、或有誤

導、及重大的影響者，筆者慎審其出處，並闡述其意義。或有
所創作、或有所引述。但求闡述簡明、推演合理、論處有據、
和評論公正。期盼能引起大眾對固有文化更深入的認識。作者
不求量眾，惟求質精，余願足矣。

———— 易學語錄 ————

雷以動之　　　　　　風以散之

雨以潤之　　　　　　日以烜之

艮以止之　　　　　　兌以悅之

乾以君之　　　　　　坤以藏之

上部

易海釋源（精微版）

華夏文明肇因於河洛數象的天體文理，

　　　　千年演繹成就了人文易教的來龍去脈。

　　　　易學中自古有些許耐人尋味，卻又令人誤解和無解的迷團，讓後學者雖知其然而不知其所以然。若此對易學的瞭解和傳播都造成了極大的困擾。筆者以為若論其重中之重者，莫過於「太極」(注1)、「河圖洛書」(注2)、「大衍之數」(注3)和「先、後天卦」(注4)等，特依次論述其要。

【上部　附注】

（注 01）見《易經集註》（臺北:文化圖書公司 1994）〈卷三，繫辭
　　　　　上傳・第十一章〉頁 103；

（注 02）同（注 01）；

（注 03）同（注 01）〈卷三，繫辭 上傳・第九章〉頁 99；

（注 04）見百度百科https://baike.baidu.com 「先後天卦」條。

第一章 太極、易、與卦

　　「太極」一詞並未見於《易經》，而首見於孔子所著的〈繫辭〉。所謂「易有太極是生兩儀兩儀生四象四象生八卦」(注1)其對「太極」的注解，可說是簡明扼要而意義深廣。

第一節　　認識太極

　　「太極」常被誤解為天地未開、混屯未明、陰陽未分之際的情形(注2)，總被人想像成朦朧而抽象的狀態。這應是受到了道家「太虛」(注3)觀念的影響來詮釋「太極」。其實「太虛」與「太極」二者並不相同，隸屬於兩個不同的思想體系，儒家與道家。從字義上解，二者的論述確有相似之處，但重點並不相同。所謂「太虛」，是老子《道德經》所述的「道大而虛靜」，意指老子、莊子所說的「道」含有自然、至大、至廣、飄緲無垠的意思。也引申為萬事萬物的運行軌道，可意會而不易言傳。而「太極」則不一定廣大或渺小。所謂「太者至高無上。極者無以對待。」，故「太極」者，至極且無以比擬。基於孔子的描述，可知太極是一個能升起變化的源頭。因為「太極」的存在，具備著「陰陽」二儀，能繁衍到四象、八卦，乃至六十四卦。這裏所謂「陰陽」二儀，尤其著重於合成一體的質能。「太極」因為具有此質能而可繁衍變化，是一個由初始繼而能發展的結構體。「太極」雖說是一切變化的源頭，卻只是就後續的發展而言。因為太極其能量和物質所變化的現象統稱為「易」，而「易」由初始到成長是一體的，可說是「易」包含著不停成長的初始。同理「太極」在「易」中未必僅局限於一切最初的始點，它更意味著一個不停發展變化的架構。是一個起始與成長、初發與變化的整體存在。就比如在長途旅行中也會有中短途的段落。改變中短途的起始點，它可以影響或不影響長途或中途的目的地。但每個長、中、短的段落都是一體的，可以有再起

始和再繼續的能力，都可以有不斷的初始與變化。根據以上的認知，太極的意義可引申為狹義和廣義之別。狹義的「太極」，指的是一切最初始的源頭謂之。但在其後的變化繁衍中，也有些層面可以叫做太極的。只要這些層面是其後衍伸的起始，都可謂之為廣義的太極。舉例言之，我們的地球剛形成時，可說是某一個層次的初始太極。但是地球上的每個生命體或是事件的初起，又可成另一個太極。像是一個胚胎、一株苗芽、或一項計劃。只要它們在起始時，具有陰陽發展的質和能即可。古聖賢將太極作如此簡潔而深層的定義，就是觀察到它雖單純而能涵蓋複雜、雖單一而能包容所有。因此對「太極」的認識，千萬別局限於形狀上。古之聖賢如伏羲氏、文王、周公、孔子等，從未畫過「太極」的圖形，更不曾以言語、文字表達過太極的形狀。不只因為它不可名狀，而且若以形狀來論太極，難免有畫地自限之嫌了。後世見過的幾種不同的太極圖示法，都是唐宋以後的作品。相傳最早的太極圖，是由五代名士陳摶所作。歷代總以宋代周子之圖、蔡季通的古太極圖、明代的來氏之圖、和清代端木氏之圖為主 (注4)。諸圖及其詮釋如下：

(一)周子的太極圖。太極圖最早被發現在周濂溪《通書》內，據說得自於陳希夷。希夷名摶，華山道士，謂該圖得自道藏。乃由一圓圖，上分陰陽黑白三層。中分金、木、水、火、土五行。下面再劃兩個圓圖以為人道，和萬物。周子再在上面加上一個圈為無極。

(二)蔡季通之圖，即所謂的古太極圖。蔡季通受朱熹之託，往陝蜀一帶訪求世所未見的道家秘藏圖錄，因為老子挾圖書以西行。後季通在蜀得三圖，其中一圖即此古太極圖。

(三)明代來知德自繪的太極圖。此乃明代大家來知德的心得，在古太極圖中空其中間成一小圓為太極，改兩點為黑白兩直線，表示陰極生陽、陽極生陰的意義。

(四)清代端木國瑚的兩儀圖。太極既不可圖，無圖又難參太極
　　之妙。端木國瑚參悟其理，只圖兩儀而棄太極。

　　　以上諸圖中皆以圓為基礎而加以陰陽的圖示。為什麼會
以圓為底呢？　一則與日、月，晝、夜及四季的周而復始有關。
一則應與太陽有關。雖然傳統上，術家總以太陽為陽儀，月亮
為陰儀。但太陽和月亮本身並非地球的陽儀與陰儀。實際上，
陽儀與陰儀是太陽帶給地球的整體能量的變化。月亮只是太陽
在陰儀的表徵，在夜晚反映出太陽的光芒而已。其關鍵還在於
太陽的能量所造成陰、陽的基礎。有日光照射時為晝，稱為陽。
無日光照射時為夜，稱為陰。大地經此二儀的滋潤調節，才能
生長萬物。故先賢在創太極圖時，或許考慮到以太陽為主的因
素，才以太陽顯而易見的圓狀，作為太極的表徵。另有日影投
射之說，按節氣日中測影，紀錄其日影長度點而得出太極圖中
的雙魚線(注5)。在自然地理中，甘肅省永靖縣內，黃河流域中天
然形成的「太極」圖案亦實屬罕見。永靖縣是中華大地的幾何
中心點，被喻為自然的太極圖，或許也是構建太極圖理念的成
因之一。

　　　現代科學讓我們認知，陽光和地球的運轉是造成白晝和
夜晚的動力。所以太陽的光能與地球的自轉才是陰陽的根本因
素。然而即使在認知上與古人有所不同，而萬物生長的地球還
是當陰陽調和得宜時，才能爆發出生命的力量。從自然科學的
觀點，也就是當地球的環境，包括了溫度、濕度等皆適合生命
的存在時才開始有了生命的發展。所以達爾文「進化論」的觀
點(注6)，和古聖的哲理，原則上是不謀而合的。而前賢圓形的太
極圖，立意及創作均佳。只是未必完全符合古聖人對太極的定
義。諸家「太極圖」中各有所表，作者偏愛端木氏的太極圖，
因其最能表示「太極」的真意。「太極」既以陰陽為本不如圖

以兩儀，兩儀能成則太極便自立其先。而且該圖簡潔明瞭，頗有古風。

　　值得一提的是，宋大儒周敦頤將「太極」之上冠以「無極」，所謂「無極生太極」。在其《太極圖說》[注7]中謂「陰陽太極也。太極本無極也。」劉蕺山更注曰「今曰理本無形。故謂之無極」。此論雖出自大儒，但後世學者多有斟酌。「太極」的陰陽論，是古聖人經由長期對自然的觀察而發現的哲理。

　　無論是陰陽，或是有無，本為一體，凡見其「有」，必知存在著「無」。但見無的空間，必能有的特質。無論陰陽或有無，皆是同體互根。雖是二元一體，卻也有其對立性。所以無本來就屬於太極的成份，是太極的基本架構。在定義上太極已包含了陰陽和有無。無極就算是無的極端仍然屬於無，又豈能超越太極的範疇？以無極援引太極誠乃以其子為其母！顯然此觀點與古聖有別），雖是大儒卻不曾承繼古聖的思想！[注8]

　　西漢末年有古書名《易緯》其中有〈乾鑿度〉篇[注9]，提出了一套系統的宇宙生成論。其圖式為：「太易→太初→太始→太素→渾淪→天地→萬物」。該書認為「渾淪」即是「太極」。在「渾淪」前的「太易→太初→太始」是一個從「無形到有形」的階段，而「太素」則是「形變而有質」的階段。對以上理論，作者以為，（一）孔子在〈繫辭〉中已明顯指出古聖的重點，皆出自觀察。而〈乾鑿度〉中的圖示應出自想像與推理。因為其階段不可能有任何可供觀察的存在。不似「太極」，可從現存的自然生命中驗證其定義。（二）若以上述「太極」的定義檢視這個圖式，則太易→太初→太始→太素→渾淪→天地→萬物，無論從「無形到有形」，或是「形變而有質」，或是「一分為二」，或是「清輕者上為天，濁重者下為地」，處處可見太極的影子。這些階段，其實早已為古聖的「太極」所涵蓋。若以現代的科學認知來看，無論是在銀河系發生以前或地球尚未從

太陽爆發出來之前，虛無的太空已存在著銀河系或地球實有的空間。這不是已賦予了銀河系或地球一個初始的太極了嗎？其次，當地球從太陽爆發出來時，實體的火球可為「陽儀」，而爆發的推動力可為「陰儀」，反之亦然。正如同前文提到的廣義「太極」，也就是開始了「易」中變化的「太極」。同理在我們人生中，也有很多機會去改變或再創造我們既有「太極」（註10）。這個人生改變或創造的發展，已遠離本章節的主述，請讀者參考本書〈第七章 五術之三 命〉中，所論的大運。

　　「太極」中陰陽的能與質，為什麼不是兩種獨立的元素呢？因為它們是同著根於太極。就像同是槐樹的枝幹與葉片，我們會稱作同一槐樹的枝葉，因為它們是一體同源的。而不會稱作兩棵不同的枝葉。也像是人類的精子與卵子，當它們結合在一起時，才能成為一個胚胎，成為一個生物個體的「太極」。所以精子與卵子結合成一個個體，而非兩個個體的單獨發展。這一個陰陽結合成的個體始點，叫做「太極」。是一個獨特又平常的單位，是一種二元一體的結構。這個二元可互相交叉變化，造成各種生態的現象。且所有的變化現象，都表現在陰陽所共成的一體上。而不是表現在單獨的陰體上，或單獨的陽體上。所以稱它們是二元一體化。同理相對於表現在外的為陽，承受於內的為陰。也可將實在的體相稱作陽，潛在的功能看作陰。如此陰陽在「易」中一再變化轉換，其中靈活的層次與角度也就相運而生。值得我們注意的是，無論是體為陽、用為陰，或是內為陰、外為陽，它們都是二元一體化。因為陰陽既有不能分離的共同性，又具備獨特的對立性，其相互轉化及自我運化的機能也就應運而生。

【第一章 第一節 認識太極 附注】

（注01）見《易經集註》（臺北：文化圖書公司 1994）〈卷三，繫辭
　　　　　上傳・第十一章〉頁 103；

（注02）見百度百科太極條；

（注03）出自老子《道德經》；

（注04）見《易鑰》（臺北 天龍出版社 1983）〈太極面面觀〉頁
　　　　　170；

（注05）見《運氣學導論》（北京 中國醫藥出版社 2007）；

（注06）見百度百科進化論條；

（注07）周敦頤為其「太極圖」寫的一篇說明，共 249 字；

（注08）見《道德經》〈下篇德經第四十章〉「反者道之動弱者道
　　　　　之用天下萬物生於有有生於無」；

（注09）亦稱為〈周易乾鑿度〉見百度周易乾鑿度條；

（注10）見命理學中的「大運」。

第二節 易有「易道」與「易學」

　　古人說：「易者變化也」。變異在寰宇之中，處處可見。
所謂「在天成象在地成形變化見矣。」（注1）、「剛柔相推而生變
化」、「變化者進退之象」、「剛柔晝夜之象」（注2）、「夫易開
物成務。冒天下之道。如斯而已者也」（注3）、「是故闔戶謂之坤。
辟戶謂之乾。一闔一辟謂之變。」（注4）、「是故易者象也。象也
者像也。」（注5）。由上述可知，「易」是所謂變化的現象，而此
變化包含了一切自然的表現、萬物發展的過程、和事情演進的
結果等等。這些可見的證候，也就是所謂的「易」。然而變化
是如何造成的？蓋人事物無論是以何種形態出現，都存在著一
隻看不見的手。這隻看不見的手，即使在相同的原因下卻能導
致不同的結果。宗教家或許稱其為「神」，認為它無所不在，
無所不能。然而「易」的古聖賢們卻著重於自然的理則而加以
睿智的觀察，進而發現這隻手確實時時刻刻的陪伴著我們，也

主宰著「易」的發展。可說是宇宙 (注6) 間第一要素而特將其謂之為「乾」。乾者大象為天，乃基於乾卦〈彖辭〉中所謂「大哉乾元。萬物資始。乃統天。」(注7)，而專以天道以明乾之義。《說文解字》謂「乾。上出也。」清代訓詁學大家朱駿聲在《說文通訓定聲》中解曰：「達之上者謂之乾。上達者莫若氣。天為積氣。故乾為天。」；但乾卦更有〈象辭〉曰：「天行健君子以自強不息。」(注8) 故知所謂的「乾」乃天的含義，但不只光是「積氣」的形態，更有運行不止的重要功能。京房《易傳》(注9) 謂：「言天之體。以健為用。運行不息。應化無窮。聖人則之。欲使人法天之用。不法天之體。所以不名為天而名乾。」也就是說明，天的積氣形態並非是「乾」的唯一要義。「乾」更重要的是在於運行不止的功能。如此運行不止的功能，作者以為引申最好的莫過於孔子在《繫辭》中所說：「日往則月來。月往則日來。日月相推而明生焉。寒往則暑來。暑往則寒來。寒暑相推而歲成焉。」(注10) 也就說明「乾」之為天，其實重點在於周而復始的「時間」。「時間」才是變化的絕對因素，才是那隻看不見的手。這個因素在其後「易理」的應用中，處處可見。

　　夫道者，範疇也、交感也、亦方法也。能見「易」，方能顯其「道」。所以古人說，「一陰一陽謂之道。」(注11)，「易與天地准。故能彌綸天地之道。」(注12)，又說「易有聖人之道四焉。以言者尚其辭。以動者尚其變。以制器者尚其象。以卜筮者尚其占。是以君子將有為也。將有行也。問焉而以言。其受命也如響。無有遠近幽深。遂知來物。非天下之至精。其孰能與於此。」(注13)。因此「易」除了有其至大至廣的範圍和徵候，具備了從起始源頭到發展終結的「易道」。還詮釋出精準的描述和做人處世的法則。更創建了立足生存及昇華人格等種種方法的「易學」。在人生際遇方面，無論是長遠的，短暫的，淺顯的，或深藏的困惑，都能如同回音應聲般的得到解答。若

不是天下最精深奇妙的道理，又怎能做到這樣的地步呢？有鑒
於對應「易道」的博大與深廣之用，古聖先賢們成就了專事講
究變化的人文知識和技術，謂之「易學」。基本上作為人文學
科，「易學」可分為《易傳》和「易理」兩大部分：《易傳》
也稱作《周易》。是一本以解釋「卜筮」內容為主的書籍，即
所謂的《易經》。再融合注解其文的「十翼」合稱《周易》_{(注}
₁₄₎。「卜筮」本是古人用蓍草(音：師草)來預料事情所發生的
結果，也就是卜卦的意思。然而書中所述，卻蘊藏著「宇宙」
的運行法則，更以此法則引申出人類處事的道理和心態。傳統
上認為《易傳》/《周易》是周朝時由周文王推演出六十四重卦
後寫出的〈卦辭〉，繼而由周公於每一重卦的六爻之後寫出了
〈爻辭〉。六十四重卦共有三百八十四爻，每一爻得配以爻辭。
如此而構成《易經》的主體。更經由周末春秋時的孔子及其弟
子們，完成了對《易經》的注解，謂之「十翼」_(注15)，統稱為
《易傳》。所以《易經》與《十翼》共同成就了《周易》，以
贊易道。從此《周易》亦號稱完備。另有一說，認為「周」是
「周普」的意思，即無所不備，周而復始之意。也就是因為時
間往返所帶來的各種變化之意。回顧周朝之前，尚有夏之「連
山易」、商之「歸藏易」。可惜此二易早已失傳。但根據《周
禮》記載，「春官太卜」_(注16)有掌三易之說。可見周朝時，「連
山易」與「歸藏易」應與《周易》是同行並進的。據說三易的
卦名與內容確有不同，惜前二易早已失傳。縱觀《周易》的經
文內容，可分為幾個部份：(一)卦有〈卦辭〉，言一卦吉凶，
其言至約甚簡，其意至深，分上下二經； (二)爻有〈爻辭〉，
乃一爻之吉凶，分作上下二經； (三)〈彖辭〉解釋卦名卦辭，
亦分上下二經；(四)〈象辭〉解釋卦象者稱大象，解釋爻象者
稱小象，分上下二經； (五)〈繫辭〉用以通論一經之大體凡例，
解釋了卦爻辭的意義及卦象爻位，共有上下二傳； (六)〈文言〉
述乾坤之大用，是專門解說乾坤二卦的文字以明聖賢之極則；

（七）〈說卦〉敘述宇宙性命的道理，闡揚象數的範疇，解說八卦所象徵的各類事物；（八）〈序卦〉窮天地今古之情，備人事繁頤之變。闡述六十四卦卦序排列、原理和各卦的屬性意義；（九）〈雜卦〉撮易卦之大義，以示天地間相對交錯的至理(注17)；除了〈卦辭〉及〈爻辭〉為文王、周公所著，其餘上、下傳的〈彖〉，〈象〉，〈繫辭〉六篇、以及〈文言〉、〈說卦〉、〈序卦〉、〈雜卦〉等四篇，傳統上認為是孔子及其弟子所作，皆足以贊明輔弼伏羲、文王、周公之意，共謂之〈十翼〉。此外「易」的傳承，自孔子以後，若根據致用的目的來分，可分為四家：以易為治世之用的，為「儒家易」。以易為出世之用的，為「道家易」。以易為醫世之用的，為「醫家易」。以易為濟世之用的，為「術家易」。若以易的性質和方法來分，易的傳承可分成兩派六宗，所謂「象數派」和「非象數派」。「象數派」有「象數宗」、「讖祥宗」、和「窮造化宗」。「非象數派」有「儒理宗」、「史事宗」和「非象數宗」。自此，宗派門戶之見愈深，相互駁斥，易說愈繁而雜，甚而失去了原文的本意。此為「易」的大致學派發展和狀態(注18)。

　　「易理」通常被簡單的說成是《易傳》的道理。然而，這樣詮釋似是而非，並不完整。雖有幾分道理，卻有著偏頗之處。《周易》中當然具備了「易」的道理，但「易理」並非僅限於《周易》，還包括了由「五行」和「干支」等學說(注19)作為基礎，而形成的人文領域(注20)。

　　據說黃帝時，曾命大撓作干支，而周武王時就有「洪範五行」(注21)之說的存在；但《周易》的成說和「五行干支」的成論，雖說同源，但在早期是各行其是的。其後經過長時間的蘊育發展，直到隋唐時（大約西元六世紀）開始萬法歸宗，展開了一系列的相互引證及合為一體的理論與功用。及至兩宋（大約西元十二世紀）易理上有了論命的突破，致人文與自然水乳

交融，結合一體。這個結合到了明末清初（大約西元十七世紀）再次集其大成，對大自然的五行之氣有了系統性的歸劃，使易理更為完備。在發展的過程中，歷經了無數次的嘗試與失敗。終能創造出以陰陽為架構，以干支為數碼，以五行為性情，將易學的道理以代碼式的理論，拓展出與大自然相契合而有系統的實際應用層面。基本上「易理」無可否認的是以《周易》為基礎再發展出來的文化思維。但好些「易理」中的重要思想，如「五行」、「干支」等基礎性的理論，是經歷了長時間才與《易傳》的思想相謀合，經由相互的浸淫和次第的演繹，方使數種理論之間產生了融合性、銜接性、完整性、和各自性而發展出更趨於完整的人文科學。其內容包括中醫學、命理學、風水學、方位學、相術學、和卜卦學等等。然而在易學的演進過程中，也存留著不少發展中的假設和誤謬的理論。如何辨別真偽，去蕪存菁，無疑是考驗著我們對「易」是否有著正確的認識了。

【第一章 第二節「易」有「易道」與「易學」附注】

（注01）見《易經集註》（臺北：文化圖書公司 1994）〈卷三，上　　　傳．第一章〉頁92；

（注02）同（注01）〈卷三，繫辭 上傳．第二章〉頁93；

（注03）同（注01）〈卷三，繫辭 上傳．第十一章〉頁102；

（注04）同（注01）〈卷三，繫辭 上傳．第十一章〉頁103；

（注05）同（注01）〈卷三，繫辭 下傳．第三章〉頁107；

（注06）宇乃上下四方的空間，宙乃古往今來的時間；

（注07）同（注01）〈卷一，上經．乾〉頁2；

（注08）同（注07）頁3；

（注09）易經的一支，中國古代傳統術數書。西漢京房所撰。多言　　　災異之說；

（注 10）同（注 01）〈卷三，繫辭 上傳．第五章〉頁 108；

（注 11）同（注 01）〈卷三，繫辭 下傳．第五章〉頁 95；

（注 12）同（注 01）〈卷三，繫辭 上傳．第四章〉頁 94；

（注 13）同（注 01）〈卷三，繫辭 上傳．第十章〉頁 101；

（注 14）中國第一部由經文主體和注解共同組成的書籍；

（注 15）注釋《易經》的十種著作以贊易；

（注 16）商周以降官名。殷制，天子建天官，先六太，曰太宰、太宗、太史、太祝、太士、太卜，典司六典。典，法也；

（注 17）見《如何研讀易經》（臺南 西北出版社 1984）〈明十翚〉頁 23；

（注 18）見《易鑰》（臺北 天龍出版社 1983）〈兩派宗〉頁 28。

（注 19）皆為中國古代哲學；

（注 20）見百度人文條。是以觀察、分析及理性批判來探討人類情感、道德和理智的各門學科。其中包括了人類學、科學、哲學、宗教、文學、藝術、歷史、地理、語言學等各種知識的總稱；

（注 21）見百度百科洪範五行條。洪者，大也。範者，法規；乃箕子向周武王陳述的"天地之大法"。

第三節　卦的設立

　　何以為「卦」？孔子說：「聖人設卦觀象。繫辭焉而明吉凶。」[注1]所以卦是為了能顯其象，而付上文詞以明瞭其吉凶；而「卦」是由「爻」（唸堯）所組成。「爻」有兩種情形，或為陽儀「一」，或為陰儀「--」。每一爻只會有一種儀象的出現；卦也有兩種，單卦或重卦，也稱八卦或六十四卦。傳說六十四卦是由周文王西伯侯姬昌，被商紂王囚於羑裡七年時所演創。然而《易經》中僅有六十四卦而不見八卦。但孔子在《周易．繫辭 》中聲稱六十四卦是八卦的延伸[注2]，也對八卦作了詳盡的解說[注3]。更不厭其煩的告訴我們，八卦創作的情形，乃

「包羲氏之王天下也。仰則觀象於天。俯則觀法於地。觀鳥獸文與地之宜。近取諸身遠取諸物。於是始作八卦。以通神明之德。以類萬物之情。」[注4]。也就是說明包羲氏能享盛名於天下，是經由他詳察了天文星象、地理變化、萬物生態、和其適合的生長環境後，才創出了「八卦」。無論是就近從自身或是遠從他處，都用來取樣比對。才使得「八卦」能傳達出大自然微妙難測的特質，和生靈萬物的普羅性情。至於其間的結構，由兩儀而四象而八卦次第相生而成。正是孔子所謂的「八卦成列。象在其中矣。因而重之。爻在其中矣。」[注5]。「列」是分解陳列的意思。也就是說「八卦」是由「兩儀」分別重複排列而成四象八卦。所以孔子在〈繫辭〉中所說伏羲氏創作的「八卦」，正如以下圖表，由「陰陽」儀排列組合而成的「伏羲八卦圖」所示：

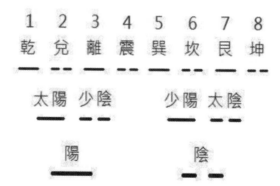

從現存的文檔中，可瞭解「易」在孔子之前的時代，包含了有：河圖、洛書、六十四卦、卦辭、和爻辭。其後春秋戰國時代，孔子和弟子們又加入了〈十翼〉，其中更論及太極、伏羲八卦、和文王卦等重要的觀念。使「易」更完整而豐富。《道德經》中說，「一生二。二生三。三生萬物。」[注6]。常被用來詮釋「太極生兩儀。兩儀生四象。四象生八卦。」。其實這兩個說法是不相等的。因為兩儀非為二而實為一，既同根不可

分，又同等於太極，為同一單位与「一生二」是完全不一樣的狀態。且前者是以漸次進位為基礎而繁衍的，後者則是重在結構與能量的表現。兩種理論各有其特異之處，不見得適合互相援引。即使用來解釋八卦單卦的製作，也只能援引為形成卦的步骤次序而已。

【第一章 第三節卦的設立 附注】

（注01）見《易經集註》（臺北:文化圖書公司 1994）〈卷三，繫辭 上傳．第二章〉頁93；

（注02）同（注11）（卷三，繫辭 上傳．第九章）頁100；

（注03）同（注01）〈卷四，說卦傳， 第五章〉頁116；

（注04）同（注01）（卷三，繫辭 下傳．第二章）頁106；

（注05）同（注01）（卷三，繫辭 下傳．第一章）頁105；

（注06）見〈下篇德經第四十二章〉。

──── 易學語錄 ────

剛柔相摩　　八卦相盪

鼓之以雷霆　　潤之以風雨

日夕運行　　一寒一暑

乾道成男　　坤道成女

第二章「河圖洛書」

　　「圖書」(注1)中的數象是「易學」中變化的根本。《周易》有云，易中能見象，所謂「是故易者象也。象者像也。」(注2)；易中亦能見數，所謂的「天地之數」、「大衍之數」、及「易者逆數」等等(注3)。然而象義可觀而得之，如離卦☲，中陷也。如坎卦☵，中滿者。聖人制卦時，仰視天文，俯察萬物，遠譬近取，時時刻刻都在取象。誠如〈繫辭〉中所言，使卦能「通神明之德。類萬物之情。」(注4)。故而易中處處見象。不僅卦與爻，其所繫之詞皆言象義。孔子更作「彖辭、象辭」以釋卦名、卦辭、及卦爻之象。故使卦能見象，進而能體察天下一切事物變數的究竟。至於數，孔子既言天地五十五數(注5)，即「河圖」的本體之數。也提到「參伍以變錯綜其數」(注6)。蓋五是「河圖」中，陰陽對應的恆差。也是「洛書」中諸數變化的常數，此乃體用交互聚合的原則。所以數實為易中的至大至要者。孔子曾談到數的意義，並闡釋了文理和象數的關係。所謂「通其變遂成天下之文。極其數遂定天下之象。非天下之至變其孰能與於此。」(注7)。故知孔子認為文理與象意，皆淵於數的變通與窮盡。因此數也是象意與文理間傳變的通渠，數的兩頭分別牽動著象意與文理，誠乃天地間變化的根源。如此肩負着「圖書」的哲思與結構，更奠定了中華文明最燦爛的基石。可見易學的道理，能明其數方知其象。能知其象方能識其體用。能識其體用方能辨其順逆，能辨其順逆方能曉其文理。所以數本自然變化的淵源，能窮究出易道運轉的邏輯(注8)。然而這個中國文化最重要的樞紐，卻由一個神話負責傳播和解說，當然神話有其時代的背景。數千年來口語相傳，如今民智大開，這個故事的傳播責任已了，且讓我們把神奇歸於真實！

　　何謂「圖書」？相傳於上古的三皇時代，有「龍馬」背負著圖出於黃河邊的孟津。此龍馬高六尺四寸長七尺二寸，龍首、馬身、獅尾、牛蹄、足生飛毛、脅生肉翅，馬背上毛莖迴旋，更有如星點般由一數到十數的組合圖案。因其出現於黃河，故謂之「河圖」。其圖案以白點代表奇數為陽，黑點代表偶數為陰。一和六數居北，列在下方。二和七數居南，列在上方。三和八數居東，列在左方。四和九數居西，列在右方。五和十數居中，列在中央。即所謂的「一六共宗」、「二七同道」、「三八為朋」、「四九為友」、和「五十同途」（注9）。見以下左附圖「河圖龍馬負圖圖案」（取自Wikimedia Commons作者Own work of Philolo）

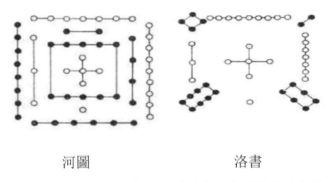

河圖　　　　　　　　　　洛書

　　何謂「洛書」？相傳唐堯虞舜時代，大禹治水時在陝西渭南縣的洛水出現神龜。龜背上刻著從一到九數的排列圖形，圖中白點為陽，黑點為陰。因其出現在洛水中的符文，故謂之「洛書」。其中九個白點居龜背上緣為南方，所謂的「戴九」；一個白點居龜背尾部為北方，所謂的「履一」；三個白點在左脅為東方，所謂的「左三」；七個白點在右脅為西方，所謂的「右七」；四個黑點居龜背左上方為東南，所謂的「四肩」；二個黑點居龜背右上方為西南，所謂的「二肩」；六個黑點居龜背右下方為西北，所謂的「六足」；八個黑點居龜背左下方為東

北，所謂的「八足」；另有五個白點居龜背的中央。亦即所謂的「載九履一，左三右七，二四為肩，六八為足，五在其中」(注10)。見以上右附圖「洛書神龜背書圖案」（本圖取自Wikimedia Commons作者Own work of AnonMoos）

第一節　時間的象數

　　「圖書」皆用「數」表現其「象」，且被視為「易學」中變化的主要依據。根據傳統神話，「河圖」出現在三皇的羲皇時期，乃文字創作之前的人文發明，尚屬文明的蒙昧時期。「洛書」則出現在五帝的虞舜時期，乃文字創作的早期。欲瞭解「圖書」的真相，除了考古出來的真實物證，莫過於探索早期古人對「圖書」的文獻記錄。文獻記錄自然少不了文字。中國文字的創建，自古傳說始於黃帝倉頡(注11)，大約為西元前2690-2590年的一百年間。而所謂早期的文獻紀錄，也就是以文字的創始為基準，越接近文字的創始期，越可列為較有意義的史實證明。當然文字的創立，並非一蹴而就。需要長時間的推展、研發和磨合。尤其遠古時代並沒有所謂專業的研發機構，完全仰仗文化的自然融合。因此其所經歷的時間必是長久而艱辛的。根據文化的演進過程，較早而具有意義的時代，可分為三皇五帝開始的文明創建期，和東周諸子百家爭鳴的拓展期(注12)，以及東漢方士儒化的讖緯神學期(注13)。這幾個時期可說都是尋找「圖書」文獻的理想時段，因為其時代和思想更為接近遠古文明。古早的神話故事，當時雖無法以文字錄於文獻，卻能以口語流傳，也可說是當代有效的口授文獻。這些不同時代的文獻可作為實際探討「圖書」的範圍，並帶給我們實質有效的認知，特敘述如下：

(一) 三皇五帝時代以口相傳的神話，是「圖書」的數位結構，
      重點在於能流傳於後世(注14)。

(二) 孔子在〈繫辭〉中說：「是故天生神物。聖人則之。天地
      變化。聖人效之。天垂象。見吉凶。聖人象之。河出圖。
      洛出書。聖人則之。」(注15)；這是孔子給「圖書」所下的
      定義，也就是說孔夫子認為所謂的「圖書」是「蒼天生出
      的神奇寶物」、是「天地在四時晝夜中的變化」、更是「蒼
      天示下的景象」。綜合以上定義，顯而易見的，孔子認為
      「圖書」是天地在四季變化時，穹蒼所顯示的天文景象。
      基於「人法於地，地法於天」(注16)的人文法則，天道乃最
      高的指導原則，所以孔子將其引申為「聖人以此作為人身
      立命的原則。」；「聖人效法並遵從其變化，以作為人生
      進退的原則。」；「聖人以此自然的現象，作為預知吉凶
      禍福的徵兆。」凡此種種皆說明「圖書」是古代對天文的
      記錄與應用。

(三) 漢代的讖緯神學期。讖緯之書，本多神學占卜穿鑿附會儒
      家思想的荒誕之說。然而讖緯類古籍〈春秋緯〉(注17)關於「圖
      書」有云：「河以通乾出天苞，洛以流坤吐地符，河龍圖發，
      洛龜書成，河圖有九篇，洛書有六篇。」此處文獻並無怪
      力亂神之言，純為景象的描繪敘述，值得作為參考「圖書」
      的重要文獻。依照〈春秋緯〉所說，「河圖」、「洛書」既
      有十五篇之眾，雖諸篇內容未流傳後世，但仍可推理「圖
      書」不應只是偶然或奇跡式的一次圖示，而應有更多的變
      化記載及細節。其中應具有諸多的秘密情景，故特闡釋其
      論述於下：

   (1) 「河以通乾出天苞」句。所謂河者，自然指的是「河圖」
        的河，通常總被認為指的是黃河，也就是指此圖的發現
        地而言。然而作者認為「河」另有其義，應影射另一含

義，指的是天上的銀河。因為該河「通乾出天苞」。所謂「乾」者，在易學中通常以指天為第一義。所以此河有通行天上之勢。「苞」者是含苞待放，初始綻發之意。「天苞」就是天將要開始時，如花苞待放的姿態。所以此句意指「銀河有通達天上的態勢，啟動了天的開始，如花朵般的含苞待放展現出變化的模樣。」

(2)「洛以流坤吐地符」句。「洛」者，似乎特就「洛書」發源處，意指洛水而言。「流」者，水移動義。「坤」者，在易中向以大地為首義。「符」者，乃記號的意思。然而作者以為前一句既言天上銀河之水的態勢，此句應是論其銀河的流動情形才更為貼切。是以「洛」者為「落」的諧音之意。大有影射天上之水落向何處之意，因此借著天河水流位置的改變而託名為洛水，以示水「落」何方。所以此句意指「天河的水，拋出了變化的痕跡，作為流向大地的指標。」

(3)「河龍圖發」句。乃描述「河圖」的情景。「河」者，如前述「天河」之義。「龍」者，譬喻天河星象的姿態如翔龍。「圖」者，指其時的天文圖像。「發」者，出發、啟始之義。本句的含義應是指「天河初始，以翔龍般的群星圖像展開。」

(4)「洛龜書成」句。乃描述「洛書」的景象。「龜」者，乃假借龜作比喻。當夜晚仰觀天象時，穹蒼的形態一如龜背的弧狀形態。而天象緩緩移動，一如龜行。故假借龜緩慢行動的形象，以表天文緩緩移動的特色。天文如此緩緩的留下星象記號，又恰如爬格般的書寫，故以「書」為名。「成」者，完成的意義。此句的「成」與上句的「發」相對稱。一為始發，一為完成。所以「洛書」是描寫了天象完成的情形。

在這短短的二十二字，「河以通乾出天苞，洛以流坤吐地符，河龍圖發，洛龜書成」，意指「當天之初始，銀河先有通天的態勢，群星勢如翔龍般的飛舞。其後銀河更緩緩流向大地，灑出了變化的符號，如龜行般的完成天象的紀綠。」這段敘文不僅描述了「圖書」的形態，也包含了「圖書」互動的關係。所以 「河圖」先發為始，「洛書」後繼為成。 按照其義，「河圖」展示了天對地的孕育之機，「洛書」則承襲著地對天的受納之功。句中的「乾、坤」又含有西北、西南的走向義，這也是銀河主要的分佈態勢。所以此段敘述，不但明白的指出了「河圖」與「洛書」都是天文變化的星象配置。更直接的銜接了上述孔子在〈繫辭〉中論及「河出圖洛出書」時，所提到天文諸句的含義。勾畫出「圖書」的應時背景，不僅讓後世瞭解到「圖書」是如何觀察出來，更印證了其對後世人類文明的巨大影響。

認知了「易」中的數字都是來自於天文的星象，那麼都是那些星辰造就了「圖書」中象數的配置呢？數位的變化又是根據什麼原則？〈繫辭〉上說，「天下何思何慮。天下同歸而殊途。一致而百慮。天下何思何慮。日往則月來。月往則日來。日月相推而明生焉。寒往則暑來。暑往則寒來。寒暑相推而歲成焉。」 (注18) 可知時間是易學架構的重要思量，所以「圖書」變化的思慮也離不開時間的規劃。〈春秋緯〉中所提到「圖書」的描述，除了景象的描繪，還提出了特殊的關鍵點，即「天之始」與「天之成」。所謂天的開始和天的完成。這兩個關鍵，分別隱藏在「圖發」和「書成」之中，雖說是隱藏，卻一再耳提面命。可見時間的決定點，是「圖書」架構的支撐所在。然而何者為「天」？「天」乃「日」的意思，也就是泛指12個時辰，24個小時而言。而此處尤特指「白天」，即所謂的「晝」。《說文解字》謂，「晝者，日之出入，與夜為界」可見淩晨為白日肇因的前奏曲而黎明為白日肇因的完結曲 (注19)。遠古時代，古人或許認為白晝的形成，視淩晨為肇因的開始，而其後的黎

明為肇因的結束。故而有著「天形成的開始」和「天形成的完成」之說。「天的開始與完成」可能是中國古人特有的觀念。有趣的是，環顧中外古今，卻都是一致的將「天的開始」定在夜晚的「子時」正，即12：00 a.m. 也就表示中國古人的想法是有事實根據的。只是用了不同的詮釋方法來作哲理性的表達；「天的完成」則明顯的是在黑夜開始消失的時候，也可以說是拂曉或是黎明的時刻。會因季節的不同而提前表現在寅時（3：00-5：00 a.m.）或延遲表現在卯時（5：00-7：00 a.m.）(註20)。

現代科學將地球作了經緯度的刻劃。而「圖書」是中國古代文明，根據自然的現象和時令也作出了天文的刻度。現行的西洋曆法，全球一致以方便記錄。但不足以表現自然的現象。自然的氣候，在北半球是春、夏、秋、冬，到了南半球則是秋、冬、春、夏。所以南半球的耶誕老人，恐怕很難穿著棉裘高靴踏雪乘橇而來，反而應該是短衣短褲以清涼裝為首選了。這是曆法和自然無法一致的現象，與中國以時令與自然結合為基礎的曆法，是迥然不同的。當漫漫黑夜，星羅棋佈在萬里穹蒼時，「天的開始與完成」，是以地球自轉所造成的晝夜差異為基礎，而形成了「圖書」不同的天文景象。筆者稱其名為「時令經度」。又因中國古代聖賢觀察到太陽照射的強弱，有著自然現象的不同，而設定了每月的一節一氣，一年共有二十四節氣，代表了十二個月現象的理論，被統稱為「節氣」。也就是由於地球繞太陽公轉而有四季的不同。更由於自轉的立軸並不垂直於太陽公轉的軌道上，而與地平線成約二十三度半的傾角。這個傾角造成了地球上，各地區日夜長短及氣候變化的差異，因此有了因時節而致氣候不同的變化點。這些明顯不同的變化點，筆者稱其為「現象緯度」。就是當太陽正照赤道時（也就是照射地球橫切面的中央線）而斜射北半球時，在時間上白晝和黑夜相等，在現象上北半球的氣候冷熱適中。這一天我們稱之為「春分」，相當於三月二十二日左右。繼而太陽北移，當太陽直射

北回歸線，約北緯二十三點五度時，在現象上北半球的氣候越來越熱，在時間上白晝最長而黑夜最短。這一天我們稱之為「夏至」，相當於六月二十二日左右。此後太陽在天空的位置遂漸南移，當太陽再次直射赤道的時候，又是晝夜均等而氣候又較涼爽。這一天我們稱之「秋分」，相當於九月二十二日左右。自此以後，夜晚愈長而白晝愈短，氣候亦漸寒冷。直到太陽直射南回歸線，約南緯二十三點五度時，造成了北半球夜晚最長而白晝最短的一天。這一天我們稱之為「冬至」，相當於十二月二十二日左右。南半球則恰好相反，北半球「夏至」為其「冬至」，北半球的「冬至」為其「夏至」。「春分」與「秋分」，也就適得其反了。這些自然的變化看在古聖的眼裡，無外乎陰陽的轉換。即所謂的陰消陽長，陽消陰長。不正是四象所說的少陽(春)、太陽(夏)、少陰(秋)、和太陰(冬)的表徵啊！而這四個節氣點在二十四個節氣中，氣候明顯的帶給人類完全不同的感受，及比較性的差異。在一年四季周而復始循環中，其天文星象也產生了有規律而漸進的巨大變化。所以「圖書」的形成，是「時間經度」和「現象緯度」配合的產物。兩者之間相輔相成、對立而能轉化，又是一次陰陽同體的明証。這四個節氣點，被古聖視為四象的特徵、性質、和意義，是天地運轉的樞紐。其中涵蓋了大量的天文知識，是象數的根本，也是傳統文化的思想基石。

　　在「圖書」的數象中，首先映入眼簾的是「圖書」的方位和現代地圖方位的設定，是完全相反的。現代一般地圖的繪製，在平面上是北上、南下、西左、東右。因為地球以赤道為中線而分北半球為上，南半球為下。右方為東，左方為西。然而，「易學」或「圖書」的方位卻是南上、北下、右西、左東。這樣的方位設定，讓人很直接察覺到「圖書」的方位，應該和天文圖有些相關的。因為天文圖的南、北與地圖是相反的。回顧人類的古文明多是出自北半球，當我們站在北半球的位置仰頭

看天文時，頭頂上最靠近處是北方/北半球的天空，較遠處才是南方的天空。同理，當我們在北半球的空中由上向下俯視時，也是北近，南遠的。所以天文圖是南上北下的，是以近為下為北，以遠為上為南的表達方式。而天文圖中的東西仍是右東左西未曾有所改變。這是因為天文圖的方位是立体/3D的，而不是以人為本位。南北的改變是由於地標的改變，以北半球為基座的關係。但東西並未有遠近的改變，仍是以太陽升起方為東、落下方為西。故仍延用右東左西的方位。但是古聖雖有著相同的天文理念，以下為北為近，以上為南為遠。但以人為本位的邏輯理念，將東西跟著南北歸於左東右西了。如此合理的將實際地面情形，與天體的狀況合併一致，也就形成了下北，上南，左東，右西，而使得天文與地理的方向概念一致。

中國自古皇帝君臨天下，必是坐北朝南，既合乎地理的因素，也暗合天文的法理。由於天文方位的基點設定，更說明「河圖」、「洛書」，是以天象為根本而應用於人文社會的架構。

然而在深入「圖書」的星象組成前，有一個重要的前提需要認知，才能解開千百年來「圖書」的迷題。那就是星象在「河圖」、「洛書」中實際的表現並非是兩個圖，而是相連貫的一個圖。這是自宋代迄今的易學家，沒能認知的問題。因為沒真正看過「圖書」的星象，也不瞭解古聖賢的闡釋。更沒能在天文上嘹解星象的佈局所致。蓋天文的星象，是數千年未曾改變的。我們今天看到的天文景象和孔子、周公、文王、大禹、乃至伏羲所看到的景象是大同小異的，並無太大的不同。所以天文就是「圖書」最佳的見證。「圖書」既能為一切象數理的根本，代表了天道是宇宙變化的指導原則，也是對「人法於天」最佳的理解。然而在天文的星辰中，「圖」與「書」的象數結構是如何形成的？二者之間的關係又是如何？

因為古聖在設定「圖書」象數時，並無星辰的名稱。本章

節為了方便闡述「圖書」所顯示的星象變化，特應用西洋天文學的星座群名 (注21) 以利解說。

第二節　「順數」的星象，由「河圖」到「洛書」

壹。冬季時，「河圖」上方的「二七同道」與「洛書」中的「二肩與右七」之間的互動，表現出南方的星辰移去了西南和西方。

「河圖數列」————順向————〉「洛書數列」

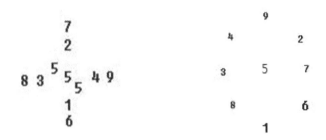

(一) 始自秋末至早春的夜空，最閃耀的星座莫過於獵戶座 (ORION) 與大、小犬座 (CANIS- MAJOR & MINOR) 的星辰組合。它們結伴而行，自入夜時分 (7:00-8:00p.m.) 的東方天空移向南方。逮及冬至 (十二月二十二日) 前後的午夜零時 (12:00 am)，亦即「天之始」時，獵戶座中的燦爛七星，即其中最為人熟知的腰帶三星與四周的軀幹四星，和大小犬座中天狼星 (SIRIUS) 及南河三 (PROCYON) 二星同居於南方天空。此種搭配成的天文星象，即為河圖中的「二七同道」的數象，乃冬季的「天之始」。為「河圖」上方部位數象在 12:00-01:00 a.m. 的位置。隨後兩組星辰 (獵戶座與大小犬座) 繼續相伴而行，天亮前即寅時末，二星居西南，七星居西方。於是「洛書」的數象二與七成立，此乃「天之成」。也就是「洛書」中所謂「二、四為肩」中的「二

31

肩」和「左三右七」中的 「右七」，在 03:00-05:00 a.m.
的位置。見以下附圖獵戶座七星與南河三及天狼星二星（本
圖取自Yours Truly，作者Mysid.）

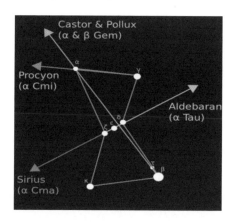

(二)此天文的特色，就在於星象從南方到了西南和西方。二星
　　與七星結伴同行，故稱同道。犬座中二星與獵戶座中七星，
　　都是冬季裡天上最明亮的星辰。後世的天文科學家亦將它
　　們列為一級或二級亮度的星座。相信古聖人也是因為它們
　　燦爛的形態、明亮度以及分佈的區域，而列為對人類影響
　　頗巨的象數基礎。

(三)此季節的「中五」之數，無論「河圖、洛書」皆由馭夫座
　　(AURIGA)的五明星/五車/五邊形，即(α、β、θ、ι)四星和
　　金牛座（Taurus）的(β)星共同擔當。見以下馭夫五星附圖
　　左（取自Creative Commons，作者 Torsten Bronger。）
　　&附圖右（取自Wikimedia Commons，作者Alexander
　　Jamieson。）

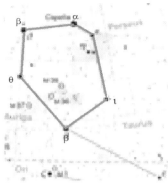

　　至於「河圖」的「中十數」，向被視作繁衍之數，較缺乏
獨立性及自主性。故「洛書」不再言十數。當時的星象，由仙
王座(CEPHEUS)的五星和仙后座(CASSIOPEIA)的五星構成了
「河圖」的十數。更重要的是，星象的自東而南而西，在易數
的變化中，表現出自然界的變換，也流露出了地球自西往東的
自轉效應。見以下仙王座和仙后座的附圖　（本圖取自
Cassiopeia _constellation _map.png，作者Torsten Bronger）

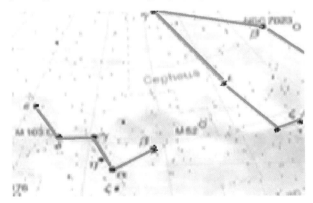

(四)這段天象的變化，明顯的說明了「河圖」上方/南方的「二
　　七」是如何形成了「洛書」的「二居西南，七居西方」的
　　來源。二者之間的變化，全出自天文，並非宋儒以來用各

種數學算式所能求得。更非動輒以「皆出於理勢自然之理，非人所能強作安排」、「都是不得不然之勢」(註22) 等句作為原因，卻又說不出自然之理，與如何不得不然之勢。更有甚者，為湊得結果，竟將數字的性質作陰陽的顛倒，誠乃本末倒置！

(五)「河圖」中，因「二、七」居南，後世「五行」之學多謂「地二生丁火，天七丙成之」。以「二和七」數，表南方及丙、丁火的象徵，來引申這段天文的意義。正如在寒冷的冬夜裡，寄望着南方炎炎火空的星辰。不僅啟發了中醫理論中「益火之源，以消陰翳」的思想基礎。更以天干對比了人體臟器的表裡之象，以丁火表心經，丙火為小腸。另外命理學中無論是「寒木向陽」、「蕭寒金冷」、「凍水結冰」、或「天寒土凍」(註23)，無一不是根據著這一自然現象而以火為目標，以見溫暖之功；而「洛書」中，因為二居西南為坤，乃耕土之象。七居西方為兌，乃金革之象。所以冬天的天文，由「河圖」而「洛書」的走向，是從南方、至西南、再至西方，代了自火而土以至金的一貫相生，是為金長生於火的天道例證，更驗證了五行十二長生說 (註24) 的理論。

貳。春季時，「河圖」下方的「一六共宗」與「洛書」中「履一與足六」之間的互動關係，表現出當時北方的星辰有的移去了西北方，有的仍留在北方。

　　　　「河圖數列」——順向——〉「洛書數列」

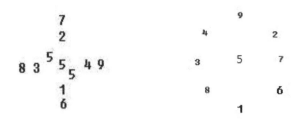

(一) 自早春至初夏的夜空，其間閃耀登場的星象莫過於北斗七
　　星。北斗七星是西洋天文學中大熊座(URSA MAJOR) 的尾
　　巴部份。當隆冬之際，它悄悄爬上東北的天空，準備出
　　場。等到春分（三月二十二日）前後的夜晚，它從初夜時
　　分(7:00~8:00 p.m.)的東方天空移向東北。逮及午夜時分
　　(12:00 a.m.)亦即「天之始」時，北斗七星已坐上正北方
　　的寶座。只可惜儘管七星所成的勺形燦爛，古聖並未全盤
　　接納。因為熊尾根的天權星(δ)不夠明亮，故而只採用六星，
　　即天樞(α)、天璿(β)、天璣(γ)、玉衡(ε)、開陽(ς)、和搖
　　光(η)等六星，被指定為易的基本象數一組，即「河圖」中
　　「一六共宗」的「六」。至於「一」，自然指的是北極星
　　(North Star)。若以肉眼看，北極星並非特別明亮，可能
　　是因為距離遠的關係。它離地球有400光年，而太陽距地球
　　僅有0.000016光年。若將它和太陽同時移到約等於326光年
　　的距離，則北極星是-4級星，而太陽只是5 級星罷了。如
　　此可知北極星是如何超巨星了。而且它常年居北，固定不
　　移。所謂固定不移是廣義性的。因為它是由不同的星辰代
　　替而成。根據現代天文學的研究，約4,800年前，當時的
　　北極星是天龍座的(α)星。最近一千年來，才是由小熊座
　　(α)星擔綱的。到31世紀後，仙王座的少衛增八(γ)將會
　　成為北極星。西元14,000年前後，天琴座的織女星(α)將
　　成為北極星。雖然北極星在狹義上是由不同星座擔綱，但
　　廣義上北極星總是固定不移的。因為年代長久，星象對大

地的影響，在人類的視野上依然是歷久而彌新的。北極星受到眾星的擁護，被視為群星之主。北斗星群的運行，除了大熊座的北斗七星，還有小熊座的小北斗七星的六星，也總是以北極星為軸心、為宗主。無論七星身在何處，斗杓二星總是以約五倍的距離，遙向著北極星。難怪有「一六共宗」之稱。以下附圖左，北極星與与大熊座的北斗七星（本圖片取自Own work by作者Kivann）

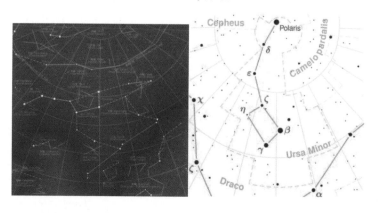

　　以上附圖右北極星與与小熊座的小北斗七星(取自Ursa Minor constellation map.svg，作者Torsten Bronger)

（二）其後，六星緩緩向西移動，天將黎明前，六星駐足西北，而北極星仍持恆於北方。二者共成「履一」、「六足」之勢，乃春季的「天之成」，也是「洛書」中在北方及西北方的數性代表（見洛書數列圖）。此時的中五之數，圖書由后髮座(COMA-BERENICES)的（β、γ、α）三星和獵犬座(CANES-VENATICI)的（α、β）二星，共五顆較明亮的星辰擔當。見以下附圖左后髮座和附圖右獵犬座（取自www.wikipedia.org，作者Orthogaffeat & Torsten Bronger）

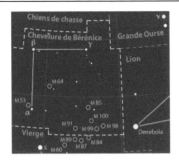 

至於「河圖」中的十數，其時天象是由獅子座的獅身五星和牧夫座的五星共同構成。見以下附圖LEO獅子座（取自Creative Commons作者Sanu N）

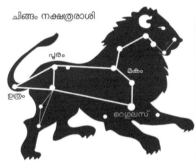 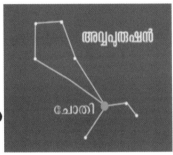

及以上附圖右牧夫座(BOOTES)（圖片取自Map of the constellation Bootes作者Torsten Bronger）

（三）「河圖」中，因「一、六」居北，後世「五行」之學多以「天一生壬水。地六癸成之。」用壬、癸表水的陰陽。以「一和六」之數，代表了北方和水的象徵。春天在五行中是以木氣為象徵，此時北方的星辰會成為天上的霸主。說明了氣候漸漸變熱，萬物需要水(北方)的調候與滋潤。中醫學中更以癸水表現人體的腎經，而以壬水為表裡之象的膀胱經。成就了所謂「壯水之主以治陽光」（註25）的中醫理論。而肝腎同源，也是基於木需水涵的理論基礎。也

是命理學中，春末之木陽壯而渴，必藉水來滋扶，方能花葉繁茂的法理。「洛書」中，一居正北為坎、六居西北為乾。用一表北方，乃水之象。用六表西北乃金之象。故「圖書」中，北與西北的不離不棄，皆是金水相生的象義。

第三節 「逆數」的星象，由「洛書」到「河圖」

壹。夏季時，「洛書」中「戴九與肩四」與「河圖」中右方的「四九為友」之間的互動關係，表達出南方和東南的星辰移動到了西方 。

「河圖數列」 〈----逆向--- 　「洛書數列」

(一)當夏至(六月二十二日)前後，炎炎的仲夏之夜。雖滿天繁星，古聖賢卻徹夜凝視著南方的天空，希望在這季節的象徵方向找出變化的根據。自入夜時分(8:00pm)，欣見由東方爬起的天蠍座(Scorpius)雖不特別明亮，卻形態燦爛而活力充沛。不免讓人印象深刻而駐足觀望。夜將零時天蠍座位居正南方。見以下附圖天蠍座(Scopius)。 （本圖取自Own work by Torsten Bronger）

38

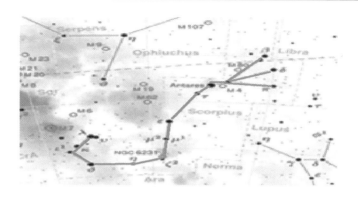

古聖賢選擇了天蠍的頭部三星和身體六星共九星，作為「洛書」南方「戴九」的代表。可能因為天蠍尾部的其他星星與星座本體拖得太遠，或者易與人馬座的部份星辰混淆。總之，整體上未將其看作蠍子的形態，未錄用其尾部諸星。其時另有人馬座/射手座(Sagittarius)居於東南方。由於人馬座居於黃道星座中最南邊，能清楚辨別而且成形的也只此四邊形。也就是人馬座(Sagittarius)位於最左的四顆星星，即斗宿三(φ)、斗宿四(6)、斗宿五(r)、和斗宿六(ς)，所成類似的梯形圖案。此四星因位居東南，故古聖擇其「四」數為東南的代表。以上是洛書的「戴九與肩四」，天蠍與人馬的星象數列啟動了夏季「天之始」。以下附圖人馬座（取自Wikimedia Commons作者為　Torsten Bronger）

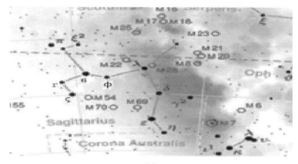

因夏日天亮較早，寅時初南方的天蠍九星已西行至西方。原來人馬座四星已消失不見，天蠍座九星另結天秤座(LIBRA)星座中最亮的四顆星，即(α)、(β)、(γ)、(σ)，所構成的四邊形為友，兩星座並居西方。就是所謂「河圖」中的「四九為友」。所謂「友」者，大有另行呼朋引伴之意。由此完成了夏季「天之成」的過程。見以下附圖天蠍座與天秤座（本圖取自Wikimedia Commons，作者Alexander Jamieson。）

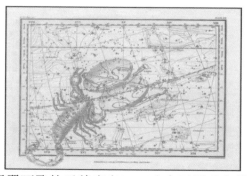

此時，展翼而飛的天鵝座(CYGNUS)中五顆明亮的星辰，所組成的北十字，擔當起「圖書」的「中五」之數。見以下附圖天鵝座（圖取自Wikimedia，作者kivaan。）

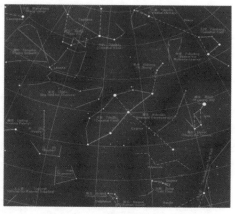

另外仙王座(CEPHEUS)的五星冠，及仙后座(CASSIOPEIA)的后冠五星，共組成了「河圖十數」（見附圖p. 33）。

　　有趣的是中外一致的將這些星座作為一個模式。根據希臘神話，由於女神 Hera不滿Orion的自誇為天上、人間的最強者，遂派遣毒蠍Scorpius將Orion刺殺。而其後的半人馬射手(Sagittarius)追趕著前方的毒蠍，Chiron的箭正對著毒蠍的胸瞄準。而中國方面，也有「參商不相見」的故事。「參」為天蠍座的頭部三星，「商」為獵戶座的腰帶三星。每當天蠍座向西低沉時，獵戶座就會由東方升起。兄弟二人，感情惡劣，永不相見。

(二)前文《春秋緯》的論述只是以「河圖」表「天之始」，以「洛書」表「天之成」。僅道出「圖書」中之一的順象，而未道出其二的逆象。固然，可能由於「圖書」十五章的軼失，而未有完整的紀錄。也可能故意隱去，大有「民可使由之，不可使知之」的緣故。總因古代對一般民眾的知識傳播不易、傳播量不足所致。然而天象的昭示，勝於一切的文字的敘述，或圖片的示意。因為古聖皆由觀天法地而立則。「圖書」中，天文的相錯求變，無異是「易者逆數」的根據，是易數的精微所在。

(三)「圖書」在前節中的變化，是由「河圖」中的數象移至「洛書」的數象。而這一節的變化卻是截然不同的。此段是由「洛書」開啟了「天之始」的數象，而由「河圖」的數象來表達「天之成」的終結。相較於冬至和春分的星象走勢，此時夏至和秋分是完全相反。這個逆象除了呈現陰陽的異同，也可視為「逆數」的思想淵源。所謂「數往者順來者逆。是故易也」(注26)的理論根據。古聖人沒有科學儀器去瞭解天體的運轉，卻從星象中看出了「夏至」是陽至極點而開始返回的轉捩點，也就是由「夏至」始，是陰儀開始漸漸增強的關鍵時

刻。五行之術總以「夏至」為一陰之生，至大暑而金水進氣。《奇門遁甲》術 (注27) 的「日盤」和「時盤」更以「夏至」為「陰遁」的開始。「陰遁」是《奇門遁甲》中「地盤」的佈局方法，是以金水陰氣代替了木火陽氣的逆轉點。過去每以為這個轉換點僅是陰陽家對自然大氣的體認，熟知在天象上早已有所顯示，誠如《春秋緯》所云，天文早為大地拋出了變化的符號。

(四)另外「洛書」中，四居東南為巽，九居南方為離。所以四表東南乃風木之象；九為正南方乃火熱之象。火熱能因風木而旺；而「河圖」中，因「四、九」居西而有「地四生辛金。天九庚成之。」(注28)，是西方全金的象義。若此「洛書」的熱象轉成「河圖」的金象，乃意指金長生於火的根源，符合了五行十二長生之說。也合乎命理學的理論，所謂「身旺用財官」。無形中帶出了四時旺相，我剋為財，剋我為官的原理。財、官皆為吉慶之事，但於命理中需要身旺。否則財星、官星亦能為仇神，禍及子孫。即所謂福泄於財者 (注29) 或剋泄攻身，而難免貧病凶禍相逼迫。古人云，「人受教調武藝高」。身旺雖受剋、受管，卻能生機無限。所以「夏至」五行的取用，不同於「冬至」的自然調候、和「春分」的著重生養，卻是以受剋與克制的關係為主。蓋「中醫」學中陰陽五行的觀念，以辛金表肺經 以庚金為其表裡之象的大腸經。蓋風、寒、暑、濕、燥、火皆易使二經發病。也是因為金氣不足而難擋六淫的剋泄消停而受其累也。

貳。秋季時，「洛書」的「左三與足八」與「河圖」左方的「三八為朋」之間的互動關係，表現出東方和東北方的星辰都聚集在了東方。

「河圖數列」　〈------逆向--------「洛書數列」

(一) 秋季的星座，無論是星光的明亮度或是組合的型態，都無法與夏季星辰的繁盛相提並論。而秋天的蕭瑟之氣不言而喻。同理也造成了觀星的困難度。時交秋分（約九月二十二日前後），當夜子時初起，大約三、四刻之間，但見東方地平線上升起明亮的三星，以三角形的姿態低掛在天邊。這正是「洛書」中的「左三」。代表秋季的「天之始」由此啟動。但其星象並不持久，約莫二、三十分鐘後，三角形的中央出現直排三星，才令人恍然大悟，此三星原是獵戶座(ORION)的參宿五(α)、參宿四(γ)、和參宿七(β)（見附圖p.32獵戶座）。

(二) 當東方三星啟動「天之始」時，馭夫座(AURIGA)（見圖p.33）早就整暇以待的穩居東北。細數這一圈由一等星到四等星所圍成的星座雖不特別明亮，可能由於其間散佈著數個星團的光芒所致，依然清晰可辨。也由於這些星團造成馭夫座額外的美麗，如同黑夜中的金沙。八顆明亮的星辰除馭夫座本身的七星，即五車一(Kabdhilinan)ι、五車二(Capella)α、五車三(Menkalinan)β、五車四(Bogardus)θ、柱一(Almaaz)ε、柱二(Haedus I)ζ、及柱三(HaedusII)η，和八穀一(Prijipati)δ。還包括了與金牛座（Taurus）共有的五車五(β)。柱二(ζ)和柱三(η)為

雙子星，習慣上視為一顆星。柱星及穀星雖不在禦夫座的五邊形上，卻各有特色。柱一（ε）為超長週期的變星，其大小是太陽直徑的440倍的紅巨星。八穀一（δ）位居禦夫之頭，其西方星名叫做（PRIJIPATI），具有造物主的意義。此八星構成了「洛書」中的「八足」。當獵戶座(ORION)的直排三星升起時，「天之始」已結束，而開始了趨向「天之成」的變化。獵戶座也漸向東南方的天頂移動，完成它階段性的任務。及至丑時末、寅時初，獵戶座已爬上南方的中天上空。但見禦夫座八星已移居正東方的天空，其正下方閃耀者英仙座(PERSEUS)的三星（δ、α、β）所形成的箭頭標誌。正是「河圖」中東方「三八為朋」的星象組合。至此，秋天的「天之成」的數象已現。見以下附圖英仙座(PERSEUS)（圖取自Perseus constellation map.png，which is licensed under the Creative Commons Attribution-Share Alike 3.0 Unported license.作者Torsten Bronger）。

(三) 秋季的夜空，是以仙王座(CEPHEUS)的五星冠（見圖p.33）作為「洛書」「中五」的數據。仙后座(CASSIOPEIA)的后冠五星（見圖p.33），與天鵝座(CYGNUS)（見附圖p.40）中五顆明亮的北十字，共同擔當起「河圖」中的「十數」。

(四) 秋金的主氣向以蕭殺的為主。蕭殺的必要條件，不外乎金
　　利能革。然而縱有犀利的刀斧，若無可用之木材也是枉然。
　　所以秋天的天之始於「洛書」時，尚有三居東震乃木之象，
　　八居東北艮乃厚土之象，即用財(我剋者)，或用印(生我者)
　　的理念。但是到了「天之成」於「河圖」中，則完全以「三、
　　八」居東用財為主了。後世「五行」之學多以「天三生甲
　　木。地八乙成之。」以表東方及全木之象。此即用財(我剋
　　者)為第一優先了。故自「洛書」以至「河圖」，自東北而
　　至東，自土而木。木雖能剋土，土重亦能折木。而相剋之
　　間，陰陽亦有相生之性。所以甲、己能合，同理乙、庚，
　　丙、辛，丁、壬，戊、癸，皆明剋而實合者。證以中國東
　　北北大荒的參天古木，和廣大的平原，可見剋中相生之性，
　　亦為五行法則的實證！在「中醫」學中，以甲乙木詮釋肝
　　膽相表裡的性質。因甲為陽表膽，因乙為陰表肝。

第四節　結論

(一)「五、十」象數在五行學的意義為土、為中央，分別由
　　戊、己表其陰陽性的不同。四季節令中「河圖」的「五
　　十」，及「洛書」的「中五」的天文象數，均已述於四季
　　的各章節中。誠如四季月皆附著於四季之後，故不再贅
　　述。且「五、十」為陰陽的恆常變數，以不變應萬變。正
　　如同土為千萬生物的根本，萬物皆不可缺。在「中醫」學
　　裡，以「五、十」表脾胃之數，因其位居人體中焦，又是
　　一切臟腑經脈的樞紐，調控了氣血津液的升降，吸收與輸
　　送。以其在人體臟腑的重要性，對應比擬中天的象數，可
　　謂恰如其分！

（二）《周易本義》傳下來的「河圖、洛書」是是將四季的天文
　　　分類後，合而為一以取象表示的，是所謂靜態的象數。本
　　　文描述的「圖書」是動態而直接由天文取象，其與靜態的
　　　畫作之間存在著差異和誤解。相傳陳摶首創「龍圖易」融
　　　合了漢朝至唐朝的「九宮」學說，以及「五行」生成數的
　　　理論。提出圖像，名之為「龍圖」。始將消失多年的「圖
　　　書」及「先天圖」、「後天圖」、「陰陽太極圖」重現於
　　　世。北宋的劉牧又將陳摶的「龍圖」區分為「河圖」「洛
　　　書」兩種圖式；將九宮圖稱為「河圖」，「五行生成圖」
　　　稱為「洛書」。南宋時蔡元定則將它改變過來，將「九宮
　　　圖」稱之為「洛書」而將「五行生成圖」稱之為「河圖」
　　　。南宋大儒朱熹支持蔡元定的學說，並將記於《周易本
　　　義》卷首，確立了「圖九書十」與「圖十書九」的分歧。
　　　「圖十書九」成為南宋以來通用的理論。如此的分歧，皆
　　　因未見過真實的「圖書」。若見過真實的「圖書」，自能
　　　體會陰陽的不可分，體用的相包含。所強調的重點更應是
　　　一圖的連續而以「順逆」為主軸！

（三）「圖書」在傳說中，總是有著不同的角色。像是伏羲氏因
　　　見「河圖」而作卦，大禹因見「洛書」而能治水。甚至周
　　　文王因於羑裡七年而演成六十四卦，更因見「洛書」而作
　　　「文王八卦」、也有一說：「周公攝政七年與成王觀於河
　　　圖。沈壁禮畢。河出榮光。青龍臨壇。元甲之圖坐之而
　　　去。周公授筆寫之。所以周氏授河圖以秘寶也」 (注30)。由
　　　本章前節所述，可知「河出榮光青龍臨壇」是形容「河
　　　圖」，而「元甲之圖坐之而去」則講的是「洛書」。所
　　　以，周公與成王所看的天象，應為冬、春之際。若為夏、
　　　秋，則適得其反。傳統上都把「圖書」分為兩圖論述，然
　　　而根據本章的敘述，可知「圖書」本為一圖的連續，且可
　　　視為太極，兩儀，和四象的一種詮釋，實不宜分開解讀。

嚴格說起來，「圖書」是動態的，具有順逆之別，是在變異中承先啟後的一個圖。

(四) 近代主要的兩種卜卦法，金錢卦與梅花異數 (注31)，皆有相當程度的準確性。但前者多以重「用」的「後天卦」為主，後者多以重「體」的「先天卦」(注32) 為本。作者當年演習卦理時，常生困惑，到底應以何者為主？ 待證得「圖書」雖為二，實則一圖。才領悟「圖書」的互換，不啻是以天體運行提示了我們陰可入陽、陽可入陰，亦即陰陽互根、體用互含的本質。則知本於「體」的「先天卦」和本於「用」的「後天卦」實無軒輊而能通變。

(五)「圖書」開啟的易學文明，實是中國人文科學的萌芽。

(六) 以上各節所應用的西洋星座，只因部分利於「圖書」星象位置的探索與解說，切勿整體輸入。文化的差異對事體的介入點本就不同，更遑論哲理的申論了。

【第二章「河圖洛書」附注】

（注 01）「圖書」乃「河圖」與「洛書」的簡稱；

（注 02）見《易經集註》（臺北:文化圖書公司 1994)〈卷三 下傳第三章〉頁 107；

（注 03）同（注 02）〈卷三上傳第九章〉頁 99；〈卷四說卦傳第三章〉頁 116；

（注 04）同（注 02）〈卷三上傳第二章〉頁 106；

（注 05）同（注 02）〈卷三上傳第九章〉頁 99；

（注 06）同（注 02）〈卷三上傳第九章〉頁 101；

（注 07）同（注 6）；

（注 08）見本章其後章節；

（注 09）見《易鑰》臺北 天龍出版社 1983〈河圖和洛書〉頁 179

（注 10）同（注 09）；

（注 11）見百度百科「倉頡」條；

（注 12）見百度百科「百家爭嗎」條；

（注 13）見見百度百科「讖緯神學」條；

（注 14）中國文明的傳說時代，屬早期的史前文明，尚無文字，純屬口口相傳；

（注 15）同（注 02）〈卷三上傳第十一章〉頁 103；

（注 16）見《道德經‧道經第二十五章》老子曰：人法地，地法天，天法道，道法自然；

（注 17）見鄭康成引《春秋緯》所云；（孔穎達疏）；

（注 18）同（注 02）〈卷三下傳第五章〉頁 108；

（注 19）凌晨乃子時開始的時間。寅時與卯時一般指的是黎明時刻；

（注 20）視季節的變換而有日出時間的差異；

（注 21）本章所用星象圖片皆取自維基百科：
　　　　http//www.wikipedia.org 及谷歌網址
　　　　https://www.google.com；

（注 22）同（注 02）頁 99；同（注 09）頁 197；

（注 23）見《造化元鑰評注》 臺北 武陵書局 1987〈五行總論〉頁 1-35；皆為「子平」用神需「火行」為用神的格局；

（注 24）見百度百科「五行十二長生說」條；

（注 25）見《黃帝內經‧至真要大論》；

（注 26）同（注 02）〈卷三說卦傳第三章〉頁 116；

（注 27）見百度百科「奇門遁甲」條；

（注 28）見《五行大義 隋 594 年》〈論五行及生成數〉；

（注 29）見《命理新論》（臺北 三民書局 1978）〈普通格局的成敗得失 第二十二章〉頁 522；

（注 30）見《尚書顧命篇》；

（注 31）見本書第九章〈五術之四，卜〉頁 207；

（注 32）見本書第四章〈先後天卦的迷思〉頁 70-74。

第三章　辨證〈筮儀〉

　　〈筮儀〉（音師夷）刊載于宋代朱熹注的《周易本義》[注1]
弁首。明代來之德注解《易經集注》[注2] 仿宋精印於〈易序〉之
後。〈筮儀〉是所謂蓍草的占卜儀式。其文如下：「擇地潔處為蓍
室。南戶。置床於中央。著五十莖韜以纁帛。貯以皂囊。納之
櫝中。置於床北。設木格于櫝南。居床二分之北。置香爐一于
格南。香合一於爐。南日炷香致敬。將筮。則灑掃拂拭。滌硯
一。注水及筆一。墨一。黃漆板一。於爐東。東上。筮者齊潔
衣冠北面盥手焚香致敬。兩手奉櫝蓋置於格南爐北。出著於櫝。
去囊解韜。置於櫝東。合五十策。兩手執之。熏於爐上。命之
曰假爾泰筮有常。假爾泰筮有常。某官姓名。今以某事云云。
未知可否。爰質所疑於神之靈。吉凶得失。悔吝憂虞。惟爾有
神。尚明告之。乃以右手取其一策。反於櫝中。而以左右手分
四十九策置格之左右兩大刻。次以左手取左大刻之蓍執之。而
以右手取右大刻之一策。掛於左手之小指間。次以右手四揲左
手之策。次歸其所餘之策。或一。或二或三。或四。而扐之左
手無明指之間。次以右手反過揲之策于左大刻。遂取右大刻之
策執之。而以左手四揲之。次歸其所餘之策如前。而扐之左手
中指之間。次以右手反過揲之策於右大刻。而合左手一掛二扐
之策。置於格上第一小刻。是為一變。再以兩手取左右大刻之
蓍合之。複四營如第一變之儀。而置其掛扐之策於格上第二小
刻。是為二變。又再取左右大刻之蓍合之。複四營如第二變之
儀。而置其掛扐之策於格上第三小刻。是為三變。三變既畢乃
視其三掛所得掛扐過揲之策。而劃其爻於版。如是每三變而成
爻。凡十有八變而成卦。乃考其卦之變。而占其事之吉山。禮
畢。韜蓍。襲之以囊。入櫝加蓋。斂策。硯墨版。再焚香致敬
而退。」[注3]

49

〈筮儀〉中除去禱文儀軌外，其占卜方法，「合五十策。分四十九策。凡十有八變而成卦」，這是根據〈繫辭 第九章〉中的一段，「大衍之數五十。其用四十有九。分而為二以象兩。掛一以象三。揲之以四以象四時。歸奇於扐以象閏。五歲再閏。故再扐而後掛。乾之策二百一十有六。坤之策百四十有四。凡三百有六十。當期之日。二篇之策萬有一千五百二十。當萬物之數也。是故四營而成易。十有八變而成卦。」(注4)而將其解說成〈筮儀〉的占卜手法如下：蓋以五十蓍莖為總數，而只用四十九莖。分別以分、掛、揲、扐等為手法，將著莖以七次分批而後得一餘數，或四十，或四十四莖。將此餘數重複以上七次手法再得餘數或四十，或三十六，或三十二莖。再將此餘數重複以上七次手法，謂之三變完成。既成再將其由三變掛於手指之莖數，其總數為十三者，即以四十九減之，得三十六，即老陽也。其總數為十七者，即以四十九減之，得三十二，即少陰也。其總數為二十一者，即以四十九減之，得二十八，即少陽也。其總數為二十五者，即以四十九減之，得二十四，即老陰也。再按所得出之數，分別記以 O，- -，—，X。即 所謂重、拆、單、交而得出一爻。一卦有六爻，其餘五爻一如上法可成。再於其文上下另設禮規與禱文而成。

然而此段的占卜手法，對照於〈繫辭〉原文，其文辭多有差異且失原意。故筆者以為原文應非用來作為占卜的手法。只是現今通行的析「易」範本，也都源於自宋大儒朱熹編撰的《周易本義》，將該段〈繫辭〉原文解作〈筮儀〉。後來學者皆從之，以〈筮儀〉解析該段〈繫辭〉。凡宋之朱熹、明之來氏，民國的杭辛齋等諸易學大家皆作是念。但若仔細推究，〈繫辭〉的文義和〈筮儀〉的內容，卻有大相逕庭之處。且該著占法過程頗為繁複，用字也令人費解。今人卜卦，並不以此法為占。而歷代諸儒對於其相關的「大衍之數」等章句，觀點多有不同。遺留至今的各種解說也都甚為牽強，現代學者頗有無奈之歎，認為「大衍

之數五十其用四十有九」是古人始終沒有說清楚的問題(注5)．所以辯證〈筮儀〉應有兩方面的意義：一則該段〈繫辭〉是否真是用來介紹著占的方法？二則該段〈繫辭〉若不用於解釋著占，究竟在說些什麼？換句話說，什麼才是聖人孔子的原意？

第一節　易林改錯

孔子在〈繫辭 上傳 第九章〉中的文句編排，在歷史或文化的背景上有些爭議。唐本的《周易正義》和宋本的《周易本義》(注6)上各有不同的編排次序。但後世多採用宋代大儒程頤、朱熹等的看法。認為唐本簡編失次，故重編其章句，而以《周易本義》為准。但真正的困惑，還在於如何認知文辭中的「大衍之數五十其用四十有九。」！

縱觀〈繫辭〉中論數者不外乎「天一。地二。天三。地四。天五。地六。天七。地八。天九。地十。天數五。地數五。五位相得而各有合。天數二十有五。地數三十。凡天地之數五十有五。」(注7)等句。所以〈繫辭〉中所謂的「五十」與「四十有九」之數究竟如何算出？或出自何處？自唐、宋以來，眾說紛云。若以種類分，求「五十」數者，有用函勾股弦三面積求得，有用中數五相乘其他「圖書」各數再四捨五入後，繼而擇數再互相加減求得。有用「河圖」積數五十五減五求得，有用「洛書」積數四十五加五求得，有用「河圖」奇數1、3、5、7、9，相加得二十五，再以陰陽為由乘二求得，有用「河圖」總數「五十五」和「洛書」總數「四十五」的中間數「五十」求得。至於求「四十有九」數者，多以「虛一不用以當太極」。近代學者歸納其論說，有十三家之多(注8)。現簡述如下：

(1)　50 = 10+12+28，所謂十日、十二辰、二十八宿。所論《繫辭》中無相應觀念，不為學者所接受。

（2）　50 = 1+2+3+4+5+12+24，由 1 到 5 為五行，12 為十二月，24 為節氣。所論與《繫辭》中原文不合，不為學者所接受。

（3）　50 = 8x6+2，8 者八卦、6 者六爻、2 者乾、坤二用。所論乾坤豈不在八卦之列，而需重覆再計？ 故不為學者所接受。

（4）　倚數之說，將五視為小衍，將天數和 25 加倍為 50，視為大衍。所論摒除地數只論天數，已不合「一陰一陽為之道」的「易」理，故不為學者所接受。

（5）　推衍之數說，將「太極」、「陰陽」、「太陰」、「太陽」、「少陰」、「少陽」、「乾」、「兌」、「離」「震」、「巽」、「坎」、「艮」、「坤」，全部賦以數位元，其和為 50。雖說推衍，未見「易」理中有「陰陽」、「太陰」、「太陽」、「少陰」、「少陽」等數，頗俱湊數之能，不為學者所接受。

（6）　半百之進數說，以人壽百歲，前五十為進，後五十為退。但人生未必百歲且與易理並無直接關係，不為學者所接受。

（7）　合先天用數說，1x2+2x3+3x4+4x5 = 40 再加 1、2、3、4 = 50。真湊數之學，故不為學者所接受。

（8）　半百之蓍莖數說，以「蓍百莖共一根」為根由，認為「蓍之生也滿百歲者一本而百莖合於五行之全數者二」。其實無論百歲的蓍或是一本而剛好百莖的蓍，皆不易見到，不僅意義不大，且理嫌牽強，故不為學者所接受。

（9）　四元衍數之和，以天一、地二、天三、地四為四元，將其互乘之數相加為衍數。即 2x3x4+1x3x4+1x2x4+1x2x3

= 50。其說因無法找到「易」理中根據的理論，被視為附會之說。

（10）　以「天地之數」釋「大衍之數」。有幾種說法，有將「天地之數」去五行之五得 50 者。有只論「天地之數」的整數 50 者。有將「天地之數」去六爻之六為「其用四十有九」者。有以為古書漏掉「有五」二字，而應為「大衍之數五十有五」。凡此種種，皆無法在「周易」中找到有說服力的根據，故不為學者所接受。

（11）　天地之極數說。以「生數自 1、2、3、4 而極於 5，成數自 6、7、8、9 而極於 10。故大衍之數五十取天地之極數以立本也」立意頗佳。只可惜「天地之極數」與「生成之極數」不同。前者應為九十，而後者方為五十。況且該論也不能說明為何「其用四十有九」？

（12）　五乘十必得五十法，可謂單刀直入。但無論是「五體乘十」、「天數 5 x 地數 10」、「五行 x10」等理皆不見於《周易》，故不為學者所接受。

（13）　五十為自然之數，自然而然，且不知其所以然。所謂「演天地之數。所賴者五十也。其用四十有九。其一不用也。不用而用之以通非數。而數以之成。即易之太極也。」後世某些學者，支持這種理論。認為「雖不用這個 1，卻用它使功能通暢，雖不是一般的數，而數變卻靠它才能成功，這就是易中的太極」。

以上第（13）家所持的這個論點，頗為奇特。但並不見於「易」中的道理。孔子述「天地之數」，始於天一、地二等並未說過「演天地之數。所賴者五十也。」的「易數」道理。而該句「其用四十有九。其一不用也。」。這句話標明「用」有四十九，是因五十中有一不用。 所謂「不用而用之以通非數。

而數以之成即易之太極也。」。若此等論述，無論是其意、象、或數均未曾見於《周易》或孔子及其弟子的著述中。作者禁不住要問，這個「一」到底是用了還是沒用呢？ 既如此依靠它，才能通、能成，不是已經用了嗎？又先言明不用它。這的確費人思量！況且易中的特色，是陰陽互根，體用互含。如果這個「一」真是「太極」，又怎能不用它呢？離開了精子、卵子結合成的胚胎，所謂生命的「太極」，這個生命還能成活嗎？ 即使有「四十九用」又奈何呢？ 而其所謂「自然之數，並不究其所以然者」。然而孔子曾說，易是古聖仰觀天象、俯觀地法、觀鳥獸之文與地之宜(注9)而創作的。這些全都是自然的現象，為什麼這個自然之數，卻不知其所以然呢？ 這等含糊不清的觀點，只能造成易學的裹足不前啊！

第二節　解析《易經集注》中〈筮儀〉的內容

　　《易經集注》乃明朝易學奇才來知德先生，上承宋代大儒朱熹，深究易象之旨所撰。其中將〈繫辭上傳第九章〉中的一段解釋作占卜的手法。作者對照原文而解析比較於下：

壹。〈繫辭〉中「大衍之數五十其用四十有九」句。

(一)《易經集注》中〈筮儀〉對該句解釋為占卜手法的蓍數：蓋以五十莖為總數，乃「大衍之數五十」之義。完全以占卜的總策數解釋此句的含義，但並未說明何為大衍之數的含義。來氏並於注解〈繫辭〉所謂「大衍之數五十，蓋以河圖中宮天五乘地十而得之」。至於「其用四十有九」，因為「取其一策反於櫝中。至用以筮。則又止用四十有九。蓋皆出於理勢之自然。而非人之知力所能損益也。(注10)

(二)作者對該句的解析：

(1)「大衍之數五十」句。《繫辭上傳第九章》中先言天地之數
　為何，繼言天地數之合。由天地之數，已知講的是「河圖」
　十數。而且綜合先儒所論，所有探求「大衍之數」的方法，
　皆不離「河圖」的數列。「大衍之數」從字義上看，大者為
　泰，為最上、最多義。衍者，為延申、繁衍、多餘之義，亦
　有虛而不實的含義。縱觀「河圖」中天地十數，由一到十，
　其中一、六居下，二、七居上，三、八居左，四、九居右，
　五十居中。圖內，一、二、三、四、五居內圈。六、七、八、
　九、十居外圈。外圈數分別由內圍數加五繁衍而成，故有內
　圍數為始生之數，外圍數為終成之數的說法。所以內圍數也
　叫生數，而五為內圍數中的最大數；外圍數也叫成數，十則
　為外圍數中的最大數。由「河圖」中的數位排列，亦可見十
　由兩個五繁衍而成，故十並非源於本有的實象，是合成之數
　且含有虛性。所以五是最大的始生數，而十為最大的衍成數。
　因此顯而易見的，大者為五，衍者為十。所以「大衍之數五
　十」，是就太極的結構而言，用以表示特有的陰陽型態，是
　易體的生成所在。更是「河圖」諸數的總樞紐，一般被認為
　是合乎中道的最理想狀態。若標明語意符號，其句應為「大
　衍之數，五、十。」。

(2)「其用四十有九」句。前句既先論「大衍之數」為「河圖」
　乃「體」的數列。此句又言其「用」，若捨「洛書」之數列，
　則無能所指。「洛書」的數列，由一到九，除中數「五」外，
　另八數分占八方，且形成特定的四組組合功能，每組相對的
　兩數相加合十，共有四十。也就是一和九，三和七，二和八，
　四和六。其分配固以「用」為首，但也不離體象的一、六，
　二、七，三、八，和四、九相緊鄰作為表裏、陰陽的配合。
　即所謂「四正」、「四維」之卦(注11)，也由此形成。但最重
　要的是此相對四組相加合十，所成的「四十」之合，為「洛
　書」的主要作用所在，也是四象的表徵。而「洛書」所以異

於「河圖」者,其最大差異即在於「河圖」有十個數,而「洛書」僅用九個數。因為「圖」與「書」的數位不同,更有了數位的改變。可見此九數在於「洛書」,乃最主要的特徵。所以此句中的「四十」之數,是言「洛書」的用能有「四十」而有「九」個數。並非「四十」與「九」相加的總和,此句乃指出「洛書」的主要特徵,有九個數而不同於「河圖」的十個數。因此「其用四十有九」,若標明語意,應為「其用四十,有九。」也就是言明「洛書」的作用有四十代表四象的變化,且具有九個數為主要特徵。總而言之,該句「大衍之數五十。其用四十有九」,主要在於闡明前句為「河圖」之「體」,本具有陰陽兩儀之象。後句則論「洛書」之「用」,以昭顯九宮變化之能。是從數之「體」,論到數之「用」。

由於其象數能變而通,故其體用自然相得益彰。從而揭開了一系列「圖書」之數在「易」學上所蘊含的實義。孔子以短短六字,分別表達了「圖書」體質和功能的特色,充分的顯現其才華。只是後世將其誤為「五十」與「四十九」之數,恐為夫子始料所不及。

貳。〈繫辭 〉中「分而為二以象兩。掛一以象三。」

(一)《易經集注》中〈筮儀〉對該句解釋為占卜手法:〈筮儀〉中「而以左右手中分四十九策置格之左右兩大刻。次以左手取左大刻之策執之。而以右手取右大刻之一策。掛於左手之小指間」句。同時以注解謂,「先以兩手分四十九策為第一營,所謂分而為二以象兩(天地)。再由右手取右大刻之一策掛於左手之小指間。所謂掛一以象三(三才)」此第二營。

(二)作者對該句的解析:

(1)「分而為二以象兩」句。

　　試觀「洛書」中，除了中數五以外的其他八個數字，不僅
保持了與原「河圖」的體性中陰陽互根的性情，而與其排
列維持了一、六，二、七，三、八，和四、九相鄰的融合
關係。更成就了對宮兩數的一與九，二與八，三與七，四
與六皆相加合十。表現出陰陽相輔（相鄰）相成（合十）
的功能。這個相對的關係，由「中五」分開的「兩」數，
代表了兩爻(或兩儀)之象。即是所謂「分而為二以象兩」
的含義。因為易學中凡事與卦都離不開兩數的基礎，也就
是兩爻(或兩儀)排列組成的架構，象徵着四象的存在，是
事體形成不可或缺的基本要素(註12)。至於《易經集注》中
所提到〈筮儀〉的手法「分二為第一營。。。第二營」是為
了其後《繫辭》中有「四營」之說，而於此留下伏筆以備
後文之用。但〈繫辭〉全文中並沒有第一營、第二營、第三
營、乃至第四營的說法。事實上，〈繫辭〉僅提及「四營」
而非「第四營」。兩者間的差異不可謂不大矣！

(2)「掛一以象三」句。

　　掛者，懸之意。　「洛書」九數中，以四奇數居正位，四偶
數居隅位，唯有「五」懸於中與八數相應。可見中數「五」
的重要性。況且「洛書」在功能上，雖以每組兩數合十為
基礎。實際上是俱有三數以成十五的本質。由二數對立的
兩爻，需加上此中數「五」所代表的爻，方能有三爻的卦
象。此乃八卦生成在三爻的數象根據。老子曾說「道生一
一生二二生三三生萬物」。單從八卦造成的次第上論，不
啻是最佳的詮釋。孔子曾問禮於老子，晚年亦好《周易》
之學。對易理的學理確有後人所不能及之處。老子說道，
孔子解易。易道一詞亦經常合併使用。《道德經》解說道
為「有物混成。先天地生。寂兮寥兮。獨立不改。周行而

不殆。可以為天下母。不知其名。字之曰道。」(注13)。〈繫辭〉中對易的闡釋有「易開物成務。冒天下之道。」(注14)。「易無思也。無為也。寂然不動。感而遂通天下之故。非天下之至神。其孰能與於此。」(注15)，「易與天地准。故能彌淪天地道。」(注16) 等句。隱約之間，可知易與道不僅各有獨到之處，也有相似相通之處。

叁。《繫辭 》中「揲之以四以象四時。歸奇於扐以象閏。」

（一）《易經集注》中〈筮儀〉解釋該句為占卜手法及其原由：

(1)「揲之以四以象四時」句。

所謂揲者，將掛餘之策，以四莖數而分之。該句在〈筮儀〉中解釋為「次以右手四揲左手之策」句。其注解謂，此第三營之半。來氏以四策為一組，將掛餘之策以四除之，以表四時為春、夏、秋、冬之四季。

(2)「歸奇於扐以象閏」句。

所謂扐者，〈筮儀〉解為夾於無明指與中指之間。即〈筮儀〉中「次歸其所餘之策，或一、或二、或三、或四，而扐之左手無名指之間。」句。其注解謂，此第四營之半，來氏以「奇」為所揲四數之餘。「閏」為積月之余日而成月者。此句乃「將其所歸之餘策。而象日之餘為閏」的意思。

（二）作者對該句的解析：

(1)「揲（唸奢）之以四以象四時」句。

揲者，分開義。意將「洛書」的書數，分為四組，以象徵自然四時／四季的特性。雖然每組之和均等，而內含數質卻不相同。亦即四時／四季雖平分一年成四等份，卻有四

季春、夏、秋、冬的實質不同，其中變化及內含皆不一致。此乃就「洛書」的四十作用中，雖每二數皆合為十，而內含數質卻不盡相同。這是就其象徵自然界四季的實質意義而言。

(2)「歸奇於扐（唸勒）以象閏」句。歸者，為依附、隸屬意。

奇者，奇數意。扐者，於二者之間意。因為一年的天數，非均等於四季天數的總和。故以「洛書」中相加合十的四組，雖能象徵四季，卻不足以表現曆法上天時的差異。因此每組皆以一奇數，依附於兩數之間，以表示差異的時日。所以用奇數的理由，因一年差異的時日為奇數或非整數，即不滿一天的時數。而且所謂「閏」者，陰曆以大月30日，小月29日。若無閏月為354或355日為一年，故三年加一閏月，五年加兩次閏月以補足差異。來氏以氣盈朔虛一年共餘十二日。其實氣盈朔虛只餘十一日。若更正確的以「回歸曆」計算，應為十日二十一時，而以十一日計，此乃奇數的來由。況且任何整數其四倍之積必為偶數及整數。四季相等的天數，若不用奇數，則不足以適當的表示出相差的時日。所以在兩數爻中所加之爻的特質，必以奇數的5表示其差異。這也是「洛書」用五不用十的理由之一。以上所論為「洛書」九數，在卦象上所代表的自然特徵。所謂「奇」者，應為奇偶的奇數或為不足一的非整數而以整數一來論。但何來《易經集注》用二、四以偶數相對待之理 ？

肆。〈繫辭 〉中「五歲再閏。故再扐而後卦。」

（一）《易經集注》中〈筮儀〉對該句的解釋以手法表曆法：

(1)「五歲再閏」句。〈筮儀〉中以「次歸其所餘之策如前而扐之左手中指之間。」其注解謂此第四營之半，亦即重覆前「歸

奇於扐以象閏」的手法。來氏則注以「卦一當一歲揲左當二歲扐左則三歲一閏矣又揲右當四歲扐右則五歲再閏矣」[注17]

(2)「故再扐而後卦」句。

　　來氏解以再重覆以上手法為二變及三變，而後能成一爻。更詮注句中「再」為第二變，而「掛」為第三變的完成。

(二)作者對該句的解析：

(1)「五歲再閏」句。

　　上文已言「閏」，此句言「再閏」。閏者，乃曆法上每逾數年所積餘的時日。周曆向來通用陰曆，故有三年一個閏月，五年兩次閏月的情形。回溯上文所言「歸奇於扐以象閏」，在兩數爻之間加一奇數爻以表現出第一次閏月，即所謂三年一閏。本句則言五年中会出現第二次閏月，「再閏」只是說明五年會有兩閏的曆法的常態，這纯是曆法上造成卦的根源。而〈筮仪〉中以「五歲再閏」的「再」引申為「扐」的手法重複之意，將曆法上的現象轉嫁成手法的表現，實過度聯想了文意，其理牽強。

(2)「故再扐而後卦」句。

　　因五年有兩閏，故必須再重覆一次奇數爻置於兩數爻之間的配置，以表徵「再閏」之象，而後能成卦。這是藉曆法的原由，以解釋成卦的原因。因為一次閏能成三畫卦，故再閏則重覆兩次三畫卦，而形成的為六畫卦，此六畫卦已是重卦的卦象。整段敘述原是以曆法現象來詮釋六畫重卦成立的原因，由於「再扐」乃重覆動作的含意。「而後卦」的「卦」是名詞，也就是說「而後成卦」的意思。並非來氏等所引用動詞的「掛」。所以「筮儀」中，「每三變而成爻」與原〈繫辭〉章句中有兩處差異，一則比〈繫辭〉的「再

扐」多重覆了一次；一則〈繫辭〉所言為「卦」而非「掛」。
且〈筮儀〉所言為爻，而〈繫辭〉所言為卦。「卦」與「爻」
雖屬一脈卻意義不同，不宜錯以對待。

**伍。〈繫辭〉中「乾之策。二百一十有六。坤之策。百四十有四。
凡三百有六十。當期之日。二篇之策。萬有一千五百二十。當
萬物之數也。」**

(一)《易經集注》中〈筮儀〉未對此句有所解釋：

　　〈筮儀〉中並未見到此三數，所謂的216，144，和360的意義
　　或相應的手法。惟《易經集注》的注解中，載有計算乾、
　　坤策數的方法，以合當期之曰及萬物之數。其皆以揲著之
　　法，由三變之餘，再輾轉處理，而以四象為論據，得太陽
　　策數36(4x9)，以乾六爻相乘此數，得216數。同法得太陰
　　之策數24(4x6)，以坤六爻相乘此數，得144數。又以其乾
　　坤策數相乘總有的陰陽爻各192數，分別得6912及4608數，
　　兩數相加而得萬物之數11520。而來氏以相當於一年的日數
　　來注解「當期之曰」，倒是是頗為簡明扼要。

(二)作者對該句的解析：

(1)「乾之策二百一十有六。坤之策百四十有四。凡三百有六十。
　　當期之日。」句。

　　〈繫辭〉開章明義，即謂「天尊地卑乾坤定矣」。乾與坤為
　　天地兩極之位。故言乾坤者，有總括天地一周的含義。既
　　言一年有閏，孔子以圓周為標的，藉「易」的最小計算單
　　位，乾坤竹策，計算出相當於天地週期一年的時日。蓋策
　　並不同於爻，而是表示兩儀的竹片。因乾卦為六陽儀，每
　　一陽儀得策一長片，卦有六爻，故乾卦有策六片。因坤卦

為六陰儀，每一陰儀得策二短片，而卦有六爻，故坤卦有策十二片。更因八卦中，乾、坤兩卦為父母卦，其他六子卦皆由父母相交而化生。既有六子產生，則乾坤基本上每次交媾產生一卦，都含有總括六子的可能性。因此，乾的策有出現6倍於六策的機率，共計36片。坤的策亦有出現6倍於十二策的機率，共計72片。以此為基數，再配以「洛書」的變化功能，乾卦居於6，坤卦居於2。作用所及，乾卦之策能擴展到6倍於36策，可得216之數。坤卦之策能擴展到2倍於72策，可得144之數。兩者共計360之數，約等於天地循環一週期，即一年的時日。雖然沒有證據顯示，中國古代已知地球公轉與自轉的道理。但不可否認，當時的天文知識已相當發達。「周而復始」是天體圓周的象徵，「仰觀天象」更是易道文化的肇基。無論是「太極圖」或是「方圓圖」雖為後世創作，皆能表現出天體之圓，既能有消長之功又可見循環之用。所以天體圓周的概念，早已啟發於古代哲學中。無論是「太初曆」 (注18)，或是「太陰曆」，圓周是與實際天體最為接近的有效週期。孔子以乾、坤竹策之數，有效的契合360天約等於地球繞日一周(即公轉)的時間。理同易道的回歸曆，使易與曆法相輝映。

(2)「二篇之策。萬有一千五百二十。當萬物之數也」句。

《周易》中，上、下兩篇共六十四卦。起自「乾」卦，終於「未濟」，用以表徵萬物之象。而上篇實有30卦，下篇實有34卦。但若以乾、坤策的形態均分，應各有32卦。再根據上句的演算，乾策在每次產生六子卦時，可有出現216次數的可能性。既有32卦，則按機率計算最多變化數可有6912策。同理，坤策在每次基本型態中，可有出現144次數的可能性。既有32卦，則按機率計算最多可有4608策的變化數。所以六十四卦，共有11520策。六十四卦既能合乎天

體圓周且涵蓋了乾坤二策之最大組合變化數，故能包含了
萬有的現象。所謂「引而申之觸類而長之天下之能事畢矣」
(注19)。既稱天地總數五十五，則能含蓋天地間的象與理，
故其所成的卦策總數，自可說是萬物之數。

陸。《繫辭 》中「是故四營而成易。十有八變而成卦。」

(一)《易經集注》中〈筮儀〉對此句的解釋為四營三次得一爻，
十八次得得六爻成一重卦：「筮儀」將分、掛、揲、歸等
所謂的手法，稱之「四營」。再由四營的重覆完成三變，
而得一爻。是前面所說的「三變而後能成一爻」。其以「營」
為經營的意思，此四種手法謂之四度經營蓍草。來氏更以
「求」來詮釋「營」，「四營」即「四求」之意。是老陽
得36(4x9)，老陰得數24(4x6)，少陰得數32(4x8)，少陽得
數28(4x7)，陰陽老少為六爻之本，故由此四者而成易。更
配以三變成一爻，故十八變能有六爻，而成一重卦。來氏
更以〈繫辭 〉其後一句，「八卦而小成。引而伸之。觸類而
長之。天下之能事畢矣。」，其注釋為九變而成三畫的內
卦，即所謂的「小成」。再從三畫卦重複擴充而成全數的
六十四卦。

(二)作者對此句的解析：

(1)「是故四營而成易」句。

乾坤的策既能引申為萬物之數，故知易，皆由「河圖」的
陰陽二儀，所組合成的「四營」謂之。營者，聚集之義。
四個聚集，指的是「河圖」中一、六共宗，二、七同道，
三、八為朋，四、九為友。因中央的五、十乃固定常數。
故知變化之道，由「四營」構成。或問「河圖」與「洛書」
皆有變數四組，焉知其為「河圖」之數而非「洛書」？其

原因有二，一則此句乃論易的形成，而非易的作用。是就結構的體象而言，故知應是「河圖」為體之數。二則可由「四營」的意義得知，「河圖」八數方有兩兩聚集，乃營聚之象。不似「洛書」八數，各居其正、隅位而無聚集。故知「是故四營而成易」是就「河圖」八數而論的「陰陽兩儀」所成「易」的結構而言。

(2)「十有八變而成卦」句。

「河圖」中十數除去「大衍之數」的其它八數分別以陰陽二儀成易，而經四象以成八卦。這個八卦的起源是聖人則「河圖」所作的三劃單卦，也就是本書第一章中所說的排列組合的「伏羲八卦」。言及於此無異說明了八卦的創作，是因為「河圖」中四組的變化造就了伏羲對陰陽的領悟，而創造了排列組合的「伏羲八卦」。其後又經由文王對「洛書」的領悟而成就了「文王八卦」。孔子在〈周易說卦〉中對八卦，也就是「後天八卦」詮釋了古聖創作的成因。確定了「河出圖洛出書」[注20]的演變次第。特以下列圖示表現河圖與伏羲造卦和洛書與文王成卦之間的模式關係：

河圖陰陽　　　　造就　　　　伏羲八卦

64

洛書定位　　　　　形成　　　　　文王八卦

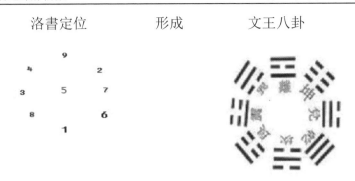

以上圖示簡易說明「河出圖」、「洛出書」形成易卦的次第。

　　回朔上文《易經集注》中〈筮儀〉認為「十有八變而成卦」為18变，用宋儒自創的四營手法（非《繫辭》原有）而成六爻之卦，即所謂的六畫重卦。卻與〈繫辭〉中其後一句「八卦而小成」，指其為小成的三畫單卦。兩者之間，〈筮儀〉與〈繫辭〉，豈不是雞同鴨講？　這恐怕是〈筮儀〉文中最難以面對的結語，只好省去不用。更在其〈繫辭〉的釋文中，注解為「謂九變而成三畫得內卦也」 (注21)。不僅突兀而且擅自加文添意，誤導後學以為古聖前賢，並未言明六十四卦出自八卦。

柒。《繫辭》中「八卦而小成。引而伸之。觸類而長之。天下之能事畢矣」句

(一) 在〈筮儀〉引用〈繫辭〉諸句結束後，〈繫辭〉中仍續有以上兩句值得一提。《易經集注》中的〈筮儀〉並未引用此句。

(二) 作者對此句的解釋:

(1)「八卦而小成」指出上句所述的「十有八變而成卦」是三爻组合的小成八卦，而非〈筮儀〉所說的六爻重卦。

(2)「引而伸之觸類而長之天下之能事畢矣」

　　這段文句在《繫辭》中的意義，是將整段的論述引回到《周易》六十四卦的形成而言。也就是明確的告訴後人，這六十四卦是由三爻的單卦所引伸，觸類重覆而成。甚而讚嘆「這六十四卦的完成真是環宇之內的一大成就啊！」至此可說是為此段〈繫辭〉作了一個結語。所以辨證〈筮儀〉的真偽，誠乃探求聖人之意，實在是不得不提出〈繫辭〉與〈筮儀〉的差異啊！

第三節　結論

　　有周一朝所行的筮法，未知與宋本的著占法相去幾何？但偏查古代諸書，如《春秋左傳》、《國語》等有關卜筮的記載中，並未見有如「五十」、「四十九」之數，以及「分、掛、揲、扐」等手法與「筮儀」相關特徵的記載。在遠古遺留的占例中，更未顯示宋本〈筮儀〉法為其卜筮的必然性。回顧唐本《周易正義》尚無〈筮儀〉章篇的設立，但在注疏中己見諸手法的出現。可見其時，乃該筮法的孕育時期。無疑的，〈筮儀〉為唐宋後儒引《繫辭》中的文詞所創造。姑且不論其易理引用正確與否，單以〈筮儀〉與該段〈繫辭〉的文意比對，前者不只偶見遺漏，且妄自增刪言辭。更與後者有字義不合，辭句矛盾之弊。除此之外，更遑論數的變化，象的彰顯，及理的通達了。所以用〈筮儀〉注解該段〈繫辭〉，非但不能達成孔子明道的目的，而且曲解了孔子對易的注解，誤導了後世對易的認識。甚至導致部份學者錯認「圖書」為宋儒據〈繫辭〉所作。以其為附會穿鑿而不足以採信，進而失去了變化的依據。不知圖書所成的意、理、象、數，原早存在於〈繫辭〉的敘述中，乃孔子對易教的認知，也是孔子贊易的基礎。故〈筮儀〉一文，乃後儒牽強偽造，其為過不僅攀緣湊合之能事，實則去聖人之意不亦遠矣。

　　縱觀本文的辯證，可知〈繫辭〉秉承了孔子一貫明道的精神，著重於闡揚易理的原委，及解析卦象的意義。不僅暢言「圖書」諸數的機能與作用，更將聖人設卦的數理，娓娓道來，簡潔意賅，次序有第，意深而明，象博而顯，理通而意達，數變化而有據。實無愧於經辭的輔翼之功。可說是易道中的精粹。至於宋本與唐本之爭，並無關宏旨。聖人並未混亂其義，簡錯與否，在於後人不明聖人的理念，而自混淆之。

【第三章 辨證〈筮儀〉 附注】

（注 01）《周易本義》上海古籍出版社 1987；

（注 02） 《易經集注》臺北 文化圖書公司 1994；

（注 03）見（注 02）〈筮儀〉頁 1；

（注 04）見（注 02）〈卷三 上傳 第九章〉頁 99；

（注 05）見《周易概論》（巴蜀書社 1986）；

（注 06）周易本義是朱熹的重要著作；

（注 07）同（注 04）；

（注 08）見劉大鈞編《大易集要》；

（注 09）同（注 02）〈卷三下傳第二章〉頁 106；

（注 10）見（注 02）〈卷三上傳第九章〉頁 99；

（注 11）四正卦代表南、北、東、和西方四個經卦。四維卦代表東
　　　　　南、西南、西北、和東北的四個維卦；

（注 12）兩儀乃易文明中一切事物的結構和共性。倆爻為一切事物
　　　　　的根本，也可說是二元論中的 0 與 1；

（注 13）見《道德經第二十五章》；

（注 14）同（注 02）〈卷三 上傳 第十一章〉頁 102；

（注 15）同（注 02）〈卷三上傳第十章〉頁 101；

（注 16）同（注 02）〈卷三 上傳 第四章〉頁 94；

（注 17）同（注 10）；

（注 18）太初曆是中國歷史上現存第一部完整統一，而且有明確文
　　　　字記載的曆法。見百度百科太初曆條；
（注 19）同（注 10）頁 100；
（注 20）見（注 02）〈卷三　上傳　第十一章〉頁 103；
（注 21）见（注 02）〈卷三　上傳　第九章〉頁 100。

──────── 易 學 語 錄 ────────

君子之道　或出或處　或默或語

二人同心　其利斷金

同心之言　其臭如蘭

列貴賤者存乎位　　齊小大者存乎卦

辨吉凶者存乎辭

憂悔吝者存乎介　　震無咎者存乎悔

第四章　先後天卦的迷思

「卦」的設立屬於史前時代，在尚無文字的時期，故僅能以「—，- -」表示。而自宋之先賢論易，多提及體與用。通常以所謂來自「河圖」的「先天卦」表「體」，以來自「洛書」的「後天卦」表「用」。然而「先天卦」和「後天卦」究竟是如何產生的？其意義分別為何？兩者的差異又是如何？兩者之間是否有因果的關係？

第一節　正本請源　卦的演成次第

卦在整個易的思想上位居主幹，因為卦在易的體系中集結了起因、經過、和結果於一身。卦是為了知易而創造，而易也能經由卦而表現出內容。但是卦在發展的過程中，確是相當錯綜複雜的。《周易》在孔子著述〈十翼〉以前的部份，也就是周文王著的〈卦辭〉及周公著的〈爻辭〉是直接論述六十四卦的卦象和爻意。並未著墨於太極和八卦的思想。直到孔子和弟子們著〈十翼〉，才提綱契領講述太極和八卦的學說，進而追溯到伏羲作卦的時代。就哲理和文化的演繹結構來說，太極和八卦的思想應早於六十四卦的設立。但仍有部份近代學者認為六十四卦的發展是早於八卦 (注1)。宋代的大儒朱熹曾將易分作三個層次：(一)畫卦前的易，號稱自然之理。以「伏羲先天卦位圖」(注2)的觀念為主。(二)畫卦後的易，為文字易，以《周易》為主。(三)孔子為卦和爻辭作傳即《周易》的注解。但是宋儒的分類，並不能解決卦帶給後學者的困擾。宋儒們所提倡的「伏羲先天卦位圖」簡稱「先天卦」，混淆了孔子所說關於伏羲的作卦。作者將從文史的發展及結構角度來釐清「伏羲八卦」、「先天卦」和「後天卦」其相互間的關係和意義。卦的源起，雖然宋

儒認為畫卦前的易，為「伏羲先天卦位圖」的圖示觀念。但從孔子在〈繫辭下傳第二章〉的描述得知八卦的創始起自包/伏羲氏(注3)。在《繫辭上傳第十一章》中，夫子更細述了自太極到八卦衍演的次第(注4)，也指出「八卦成列」(注5) 的卦情。這樣的次第衍生與排列組合，說明卦的成因與結構。總因上古時期尚無文字，聖人包羲氏，以「─」為陽儀，「--」為陰儀，列解出他所觀察的自然能量和變化的本源。在伏羲的宇宙觀裡，是由「兩儀」重複排列出「四象」（四時），由「四象」再重複「兩儀」而排列出「八卦」。所以八卦的人文哲理，是建立在陰陽兩儀和自然四時的基礎上。包羲氏既是卦的創始者，這樣的制卦細節，合理的說明了史前的創作環境。所以這個排列式的八卦，才應是正統的「伏羲八卦」。而《周易》中的主要聖賢，伏羲、大禹、文王、周公，和孔子都對「先天卦位圖」一無知曉，且宋儒所提倡的「先天卦位圖」，非但沒成「列」的狀態，在〈十翼〉文中從未曾見有「先後天卦」的名詞出現，更沒見到任何「先天卦」方位的位置解說。雖有「天尊地卑乾坤定矣」(注6)等句，也只是為了解釋乾坤各卦的性情和意義。反倒是宋儒所謂的「後天八卦」即「文王八卦」在〈十翼〉的〈說卦〉中，見其諸卦的詳細位置。所以事實上，易在孔子時代，應是由「河圖」、「洛書」、「伏羲八卦」、「文王八卦」、和「六十四卦」所構成的主體。也就是說傳說中伏羲見到「河圖」而創的八卦，應為排列組合的「伏羲八卦」而非八角形的「先天卦卦位圖」。而傳說中周文王因見到夏禹所見過的「洛書」而創造的「文王八卦」，是孔子在〈說卦　第五章〉中所說的「乾西北之卦。坎者正北方之卦。艮東北之卦。」(注7)等等諸卦。由此可知卦的演變次序是由陰陽排列組合的「伏羲八卦」配合「洛書」的方位和定義而演繹成「文王八卦」。在這段期間並沒有所謂「先天卦」的存在。由《易傳》中，可知孔子當時對所謂的「先天卦」或是「伏羲先天卦位圖」是毫無所知的。孔子在〈繫辭〉

中所敘述各卦的性質和方位，其意義是解釋了排列的「伏犧八卦」是如何造就「文王八卦」的原因。蓋「文王八卦」是否為周文王所創，並未見於任何當時的文史記載。唯其內容已詳見於〈十翼〉中，卻是不爭的事實。〈說卦傳〉中也以「昔者聖人之作易也」為始，敘說其含義。事實上，《周易》中無論是〈卦辭〉、〈爻辭〉、或〈十翼〉均未見有「文王八卦」、「先天八卦」和「後天八卦」的名詞稱呼。這些名稱應都是孔子或春秋時代以後的產物。所以要追朔八卦形成的理論根據，就目前所能有的文史記錄及考證，僅能從《周易》成書年代的〈十翼〉中一探究竟。〈說卦傳〉中有關「文王八卦」內容記載，是當時唯一將「伏犧八卦」附上了位置和意義的詮釋。雖然在當時並沒有「文王八卦」或「後天八卦」的名辭，當然也沒有任何圖像。然而憑著孔子當時的說明(注8)，即可知其所以然。孔子的闡釋，因細言各卦的性情、特質和意義、無異於說明了其所以成卦的原因。

　　以下特以白話摘錄孔子在〈繫辭〉中所描寫的八卦：「所謂震卦，是以太陽比喻帝君從東方生出，所以震卦屬於東方；巽卦者，萬物潔淨不亂，是因為陽光普照大地，故為東南的所在(以北半球為准)，亦可比喻為東南方的山水秀麗；離卦以明亮為主，其時豔陽四射，熱力無窮，萬物皆宜生長。為人君者亦面向南方以傾聽百姓的疾苦，百姓的疾苦能受到重視，則天下得治。所以要面向南方，是因為中原屬北方，面南方則在意義上能統治全國。故離卦的明亮以南方為代表；坤卦是以大地為第一義，一則萬物皆受其養育，二則太陽盛期(離位)已過，而微溫猶存，正足以養息萬物。既然其時剛過離位，則非西南莫屬，故坤位居西南以象徵良田生養萬物。兌卦代表了秋天，萬物不再成長而為收割的時期。既有收穫，自然充滿喜悅，因而稱兌。至此八個卦已過了四個，且西南的坤位已過，兌自然居於西方而與震相對；乾卦所以居西北，是因為陰陽二氣相爭戰所致。在時間上，陰與陽相爭應是日夜相交的戌時左右。在空間上，應是

71

天地相爭之處。西北多高山，正如地與天爭位，故乾卦居西北
之方；坎卦所以居於北方，因為一陽居於二陰之間，好像求生
於天地的艱難之處，怎會不辛勞呢？一如北方的氣候多寒冷，
萬物需要辛勞的掙扎後，才能生存。故坎卦為寒冷。一如北方
的土地，多覆以厚厚黃土。居民需要辛勞的灌溉耕耘才能種植。
故坎也代表了水。又因二、五爻為陰陽正位，坎中由九二至九
五，是由險位而成正果。比如經過長期的掙扎與耕耘後有所成
就，而萬物皆歸其所有。譬如歷代國都設在北方，而能統一九
卅。所以坎的各項特質，足以象徵北方；艮卦者，大象為山、
為止。《序卦傳》有云，「「物不可以終動。止之。故受之以
艮」」(注9)；因諸卦自震發動、巽齊、離明、坤長、兌收、乾戰、
坎勞等，一直都是動態的狀況。直到艮位方能止。艮卦為大山，
其象如水臨山而止於前。然而〈象傳〉也說，「「艮止也。時止
則止。時行則行。動靜不失其時。其道光明」」(注10)；所以艮
卦的特質，如黑夜後的黎明。不僅能終止黑夜的陰暗又能隨晨
曦而大放光明。若遇坎卦則能止，若遇震卦則能行！為什麼有
這樣動靜不失其時的特性呢？　是因為艮卦居於坎卦和震卦之
間啊！艮位既居坎位和震位之間，自然是只能位居東北了。」

第二節　　論先後天卦的源起

　　隋、唐以後學者將八卦分為「先天卦」與「後天卦」。宋
大儒朱熹在《周易本義》中，稱「先天八卦圖」亦作「伏羲八
卦方位圖」，簡稱作「先天卦」。強調先天卦是畫卦以前的易，
乃自然之理，是遠遠早於後天卦的。但審其內容，可知所謂「先
後天卦」並非就其先後的時間而言，而是就其卦所描述的環境
結構和功能作用而言。故並不能如宋儒所說，以時間先後論述
且定其名。況且所謂「先天卦」的說法，也曾引起一些爭論。
因為〈說卦〉傳中，明言「乾西北之卦」等等，其方位是根據所

謂的「後天卦」而言。若以「先天卦」表方位，則成「乾南坤北」之義。但從未見〈十翼〉中有此說法。實際上「先後天卦」一詞，也未見於孔子及其以前時代的諸般論述中。宋儒提倡的「先天八卦圖」是否真由包羲氏創作，更令人置疑。

　　事實上隋唐以前，卦僅有文字的描述。宋代以後才有各種圖形的出現。「伏羲八卦方位圖」或「先天八卦圖」之稱，並未見於唐宋以前的著述。一般咸信此圖，出自五代奇人陳摶之手。他借伏羲之名，假宋儒之手傳卦圖於天下。朔自宋代以後的著作，多是將〈說卦〉中的「天地定位。山澤通氣。雷風相薄。水火不相射。」(註11) 做為「先天卦位圖」的根據。然而事實上，〈說卦〉中已經言明這個敘述，是因為八卦「相錯」所致。「錯」是指卦中諸爻皆相反之義，無論是由陰變陽或由陽變陰，也就是乾卦與坤卦，艮卦與兌卦，震卦與巽卦，及坎卦與離卦間的各爻皆相反的情形。如此因為諸爻皆相反而形成兩卦「相錯」的情形，並非是為了解釋「先天卦圖」的位置，而是就陰陽兩儀既能對立又能互用的特質，以闡明所成八卦變化的特性而言。這兩兩「相錯」的卦可分為以下四種情形論述：

(一)「天地定位」的特性。是由三連全陽爻的乾卦和六斷全陰爻的坤卦所組成的卦象，代表了天地的對立性和互用性。對立性使天地不交，叫做「否」卦。互用性使萬物協和，叫做「泰」卦。乾坤具有如此既能對立又能互用的現象，其卦象代表了天地的基本定義。因而能稱做「天地定位」。

(二)「山澤通氣」的特性。是由上有缺而開口的兌卦，和狀似覆碗而開口在下的艮卦所配成的重卦，叫做「咸」卦。因為上下皆開口而能通氣，謂之同體共鳴。「咸」卦的《象傳》曰，「咸感也。柔上而剛下。二氣感應以相與。」(註12) 因能互相感應，故能謂之通氣。

(三)「雷風相薄」的特性。是就位置的緊鄰性而言。無論是由排列的「伏羲卦」中，自陽儀起排列成的第四個「震」卦與自陰儀起排列成的第四個「巽」卦；或是由「文王卦」中，數性4的巽卦與數性3的震卦，都是所在位置相迫近卻又有著獨立的特性。亦如同「震」卦的陽木和「巽」卦的陰木表達了相似卻又完全不同木性，也就是木的陰陽相表裡的特質。因震和巽位置相逼近，故稱作相薄。

(四)「水火不相射」的特性。可從水火「既濟卦」看到六爻均居其正位。尤其二、五爻得中正，使易的寶貴美德充分顯示於水火相得益彰的互用上。水火本有相逆之性，正如火水「未濟卦」。然而眼前雖未通順而火水相射。只要將來用之得宜，水火熔融而不相射，必成大功。如〈序卦傳〉曰「有過物者必濟故受之以既」(注13)。因而水火之德，能期不相射而互利。

　　由以上所述，可見〈說卦〉中的四種情形，是以爻相反、卦相錯，來表達出易學中卦象、卦體、卦位、和卦德的意義及性質，而絕非用以解說「先天卦位」的成因。在整個〈十翼〉辭文中，實在嗅不出所謂「先天卦」位置圖的示意。固然「河圖、洛書、先天卦、後天卦」等的圖示，皆出自唐、宋之後。但是〈十翼〉中很清楚的看見了「河圖」、「洛書」、以及「伏羲八卦」和「文王八卦」的實質描述及數質內容。圖示只是一種表達的方法，或許由於印刷、紙張尚未發明，而未能將圖留傳於當時及後世。但是文字的記錄證明了事實的存在，而「先天八卦」就很難求證於早期的文獻記錄了。

第三節　　先天卦的意義

　　雖然「先天卦」不見於古籍，是後世的創作。但是「先天卦」製作得自然微妙，合情合理，其特點有四：

(一)「先天卦」以乾坤兩卦為立軸，為經線，乾為天在上，坤為地在下，合乎乾坤的象義。

(二)「先天卦」將離坎兩卦依序排於兩側，為橫軸、為緯線，為日月，帶出了易道強調時間觀的重要。

(三)「先天卦」各卦的排列次序符合「伏羲八卦」中，各卦爻的出生次序，二者可說是渾然天成。

(四)「先天卦」將原來的巽卦移置於震卦的對面，使卦的變化符合星象的走位，提挈出天文走勢的樞紐(註14)。

　　　這些合乎至理又符合自然的變化，也就是為什麼研究「先天卦」的學者多贊其為純乎自然，不假人力。只是諸學者從未道出「先天卦」為何自然的道理。然而「先天卦」即使如此美妙，考量《周易》的著述年代未見有任何相關資訊，「先天卦」仍是唐宋先賢由於對易理的徹底瞭解後，天衣無縫的補上了這一個「先天卦位圖」。這個卦位的設置，應是對生命生存於自然環境的描述。是一個立體而非平面的卦位。這也是「先天為體」的原由。可見「先天卦」是八卦演進當中不可缺少的一環，它能使易理更明暢通順，使應用更靈活巧妙。其創作之功更可媲美古聖，留傳千古！！所以「先天卦」究竟是否存在於有周時期，已不再那麼重要。但是美中不足的是宣導者未考慮到「先天卦」是如何演變成「後天卦」的。缺少了給後學者一個合乎邏輯的解釋。也或許原作卦者並未有此意圖。在<繫辭　第五章>有「河出圖。洛出書。聖人則之。」句。後人即臆想出聖人依「河圖」製作了「先天卦」，依「洛書」製作出「後天卦」。這個誤解，使得後代的研易學者，花費了上千年的時光至今也

找不出一個合理的解釋。到底「先天卦位圖」是如何根據「河圖」作成？　又「先天卦位」是如何經由「洛書」演成「後天卦位」？　這些疑問的無解，使得卦象和「圖書」的數理間蒙上了一層神秘難解的色彩。

　　事實上創卦的次序，顯而易見的是由古聖伏羲依「河圖」陰陽交配的觀念，排列組合成了「伏羲八卦」。其後春秋時代的大聖孔子，在<說卦傳．第五章>中以方位、性質、和意義解釋了八卦的成因，後世也稱其作「後天卦」或「文王卦」。直到五代的先賢陳摶，根據「伏羲卦」演繹創作了「先天卦」即「先天八卦圖」，而由宋代易學大家朱熹等宣導而成。或可將其正名為「陳摶先天卦」以示其出處，亦能有所區別於排列而成的「伏羲八卦」圖。「先天卦」的意義，可由上述的四大特點，充分的表達出天體運行的圖像寫實。更依星象的運作演繹出逆數的哲理，將自然科學發展成人文哲理的基礎結構，可說是易理中至高無上的理論思想！

第四節　逆數

　　何謂逆數？無論從前面章節，所談排列的「伏羲卦」或八角型的「先天卦」皆可知易卦中有順、逆。若由乾至坤為順，則由坤至乾為逆，反之亦然。同理其所根源的數，若由一至八為順，則由八至一為逆，反之亦然。何以重視逆數？　因為《易經》乃卜卦斷易之書。基本上知易，為的就是能預知諸事未來的結果。易理上所謂已發生者為過往、為順。未發生者是將來、是逆。從過去發生的事況，來預料未來的結果，自是易學卜卦所追求。何以「逆數」的道理，乃卜卦的根本原理？因為宇宙間的陰陽，是藉著順逆來表現其既相融一體，又相互對立的法則。從自然的現象來看，一年四季中，既有著越來越熱或是越

來越冷的天氣，表現出相融一致的現象；也有著熱的天氣變得越來越冷，或是冷的天氣變得越來越熱，表現出相互對立的現象。冷熱之間既能變化一致的相向而行，又能變化相反的逆勢而行以歸於原點。同理，一天的晝夜之間，白晝的光明，由越來越亮到越來越暗。黑夜的陰暗，由越來越暗到越來越亮，無論是光明或是黑暗，總會由同向的進行改為相反的逆行而歸於原點。如此才會有晝夜之分。否則只會越來越亮而沒有夜晚，或是越來越暗而沒有次日。所以大自然的陰陽，總是由順逆維持著天地間最平常卻又最恆常的狀態。同樣，自然的「圖書」，二者之間的星辰佈局，也展現了陰陽、順逆的現象和次第。這些自然現象，致使古聖認知了順逆即是陰陽的表現，誠乃宇宙間重大的精微！而陰陽間有著陰平陽秘的均衡點，順逆間也有著未來過往的往返點。由順乃過往，逆乃未來的定律，探求逆數也就成為了卜卦預知未來的根本原理。無疑的這個陰陽二元一體的特質，是天地間一脈相承的常理，也成就了由過往可知未來的基礎。如此深層的哲思，全來自古聖賢對大自然的體認。總因先有了自然現象的存在，才產生了古聖賢的哲思，而建立了數、象和理的概念。歷來的易學家對數、象、理皆有論述，惟獨「順逆」，既隱而不顯，卻又是重中之重，因其牽涉到整個「圖書」的源起和易學的根本，故而筆者特設此章節，以明「逆數」的原由。

　　古聖提倡「逆數」的原理，主要是根據本書第二章，「圖書」中所論述星移斗換的順逆現象，來彰顯天地間的常態，以做為易學哲理的基石。從現代自然科學中，可知地球公轉一周，四季的時相（time phase）又回到原點。古之聖賢卻從星象的轉換中，觀察出節令陰陽的反轉點，由此返點可知其未來逆向而行，謂之「逆數」。古聖所以將「逆數」，作為反轉結果的動能，乃因星象提示的反轉早於一年運行（公轉）的時相。由

此動能，可提前知曉事件發展的結果和應期。故能作為預卜的基本原理。

　　自宋代以來，前賢每論及「逆數」，總以卦象來解釋，以為「逆數」只表現在卦象上。比如天地「否」卦為「順」，而地天「泰」卦為「逆」、火水「未濟」卦為「順」，水火「既濟」卦為「逆」。如此的表述，只說明了「逆數」的結果。這是用象解釋數，象數雖然難分，卻是倒果為因，並不真知「逆數」的原因和意義。蓋卦位的變化不外乎數數的變化結果，而「逆數」則是來自「圖書」間星象「順逆」的轉換 (注15)，乃天文的數象，不只引導著大自然的變化，更能申論出宇宙事物的指導原則。為一切數、象和理的根本，是啟始「易」者變化的原始點。一如「太極」是變化的根本。所以以卦象解逆數，是再次引申義。乃因未看過「河圖洛書」的自然星象，不知易中「逆數」的法則和意義，無法嘹解自然天象的重要和學理。

　　縱觀天體一周，也就是地球公轉一次，謂之一年。一年之中，冬季為純陰，所謂陰中之陰。春季為陰陽夾雜，所謂陰中之陽。夏季為純陽，所謂陽中之陽。秋季亦為陰陽夾雜，所謂陽中之陰。所以春、秋只是陰陽間順逆的轉換期，而冬、夏方是純陰、純陽之氣的聚集所在。易學通常以水、火或坎、離稱之。而冬、夏時節的星象分佈皆為由東南經南方，而至西南的走勢。這樣的移動，正是「巽」位置的改變，由「後天卦」東南的位置改到「先天卦」西南位置的原因，充分表達了陰陽在天文順逆上的變動和轉換。這個位置的變動誠乃「圖書」星象的樞紐。

　　因此能用一卦圖（先天卦）不僅表現出易學的結構、卦序和特質。更坐擁天地變化之機，掌控著「數往者順知來者逆是故易逆數也」 (注16) 的天體哲理。姑且不論是刻意或巧合造成，若「先天卦」確為希夷老祖所創作，則不得不讚歎先生真奇

人也！誠如〈繫辭〉中所言，「書不盡言。言不盡意。然則聖人之意其不可見乎。子曰聖人立象以盡意。設卦以盡情偽。」(注17)。自孔子以降，老祖實為天下第一人！

第五節　結論

　　如果真正看過「圖書」的天文走向，自然會瞭解「先天卦位圖」中，巽卦位置改變的重要性。它不只是易道陰陽的反轉點，更是易學「逆數」的哲理基礎。同時也證明了「先天卦」的創作起因於「後天卦」。因為有了「後天卦」中巽居東南的基本形態，才會有「先天卦」中巽居西南的變化走勢。這可從本書第二章「河圖洛書」的描述一探究竟。有鑑於此，方知此數變完全根據自然的天文星象而來，絕非宋儒傾一生之力求算數學而能得之。也因宋儒的提倡，將「先後天卦」的次序倒置，致使後世學者習易之潔淨而不可得！作者闡明「逆數」乃天地間的樞紐，並隱藏於「先天卦」中。證實「先天卦」出自於「後天卦」的延續，也可說是易學中的精微啊！

【第四章　先後天卦的迷思　附注】

（注01）作者以為這個觀念是為「筮儀」所荼害；

（注02）此位的「先天卦」，乃由前賢陳摶所作；

（注03）見《易經集注》臺北　文化圖書公司　1994；〈卷三下傳第二章〉頁106；

（注04）見（注3）〈卷三上傳第十一章〉頁103；

（注05）見（注3）〈卷三下傳第一章〉頁105；

（注06）見（注3）〈卷三上傳第一章〉頁92；

（注07）見（注3）〈卷四　說卦傳第五章〉頁116；

（注08）同（注07）；

（注09）見（注3）〈卷四　序卦傳下篇〉頁 121；

（注10）見（注3）〈卷二　下經〉頁 76；

（注11）見（注3）〈卷四　說卦傳第三章〉頁 116；

（注12）見（注3）〈卷二　下經〉頁 48；

（注13）見（注3）〈卷四　序卦傳下篇〉頁 122；

（注14）見本書第二章；

（注15）見本書第二章第三節　；

（注16）見（注3）〈卷四　說卦傳第三章〉頁 116。

（注17）見（注3）〈卷三　上傳第十二章〉頁 10。

———— 易學語錄 ————

法象莫大乎天地　　變通莫大乎四時

懸象著明莫大乎日月　崇高莫大乎富貴

備物致用立成器以為天下利莫大乎聖人

探賾索隱鈎深致遠以定天下之吉凶

成天下之亹亹者莫大乎蓍龜

下部

易理春秋

　　易理肩負著文化重任，卻總是背負著迷信的污名。其對文化的貢獻，誠如清末兩代帝師翁同龢(注1)的名言：

「野史未嘗無作者，古書相對若端人。」

　　這些年全世界都看到了中國的崛起，中國人也都感覺到了中國的強大。中國人正朝著幸福大步的踏進。這是怎麼回事？往小了說，就像是連續劇《那年花開月正圓》(注2)中周瑩所說的「變」；往中了說，是中華傳統文化所說的「易」；往大了說，是佛學所說世間的「無常」。無論是群體還是個人，這個「變易無常」不停的遷動著人類生命中的際遇。在面對「變」的過程中又該怎麼面對？中國的祖先聖賢，在超過了五千年以前，就發現了這個寰宇內的秘密，那就是不僅要順應其變，還要掌握其變機。所以後輩的人群中不少像周瑩的人，教給我們在人生中如何去適應「變」。那怕是撞的滿頭包，也要憑著堅強的毅力，戰勝「變」的折磨去獲得「變」的智慧，進而享受「變」的福利；再往深看，占著中華文化中重要成分的佛教哲理，教導我們人生雖然是充滿了無常變化，卻能以透徹的修為實證三摩地(注3)，脫開三界(注4)的枷鎖，摔掉累世的業障而出輪回(注5)。如此一則藉著堅強的毅力，一則藉著超脫的精進來面對變化。而我們這個居中的傳統文化，易理，又要如何面對這一生中時時刻刻存在的變化呢？事實上易理中所有的科目，都是準備著去面對這些變化而設立的。從面對，進而能掌控這些

變化的發展。故以易理為根本的中華文化，是以陰陽五行為基準，進而發展出大致上可分為「山、醫、命、卜、相」，也稱作「五術」(注6) 的諸項科目，來面對種種變易。

【下部　附注】

（注01）　中國近代史上著名政治家、書法藝術家。見維基百科
　　　　　　　　https://zh.wikipedia.org，翁同龢條；
（注02）　2017 年播映的中國大陸古裝電視劇，拍攝於 2016 年 10 月
　　　　　　至 2017 年 5 月，由孫儷、陳曉領銜主演。見維基百科
　　　　　　https://zh.wikipedia.org，《那年花開月正圓》條；
（注03）　佛教術語，意指專注於所緣境，而進入心不散亂的狀態，
　　　　　　見維基百科三摩地條；
（注04）　佛教用語，即欲界、色界、無色界謂之；
（注05）　佛教用語，指一切有生命的東西，如不尋求"解脫"，即
　　　　　　永遠在"六道"（天、人、阿修羅、畜生、餓鬼、地獄）
　　　　　　中生死相續，無有止息地輪回不已；
（注06）　中國傳統文化中極為重要的組成部分，包括山（仙）、
　　　　　　醫、命、卜、相五類，見維基百科五術條。

──────── 易 學 語 錄 ────────

夫乾天下之至健也　德行恆易以知險

夫坤天下之至順也　德行恆簡以知阻

第五章 論陰陽五行

　　「陰陽」與「五行」皆出自「河圖」，二者也都淵源於「河圖」的理念。更是易學文明的根本。尤其是陰陽，最為中華文化所倚重的特質。陰與陽既相互統屬又相互對立，若單論其統屬性，則失其相互對立的特質。若單論其對立性，則失其相互統屬的特質。但凡觀察宇宙的常理，和自然萬物的常態，又多吻合這種既相對又相屬的原則。故「陰陽」學實在是華夏文明中最特殊而見長的哲理。傳統文化的衍申，也就繁殖在此特殊的結構之中。

　　「陰陽」之學固然十分奧妙，只是天地間萬物種類繁多。「陰陽」雖說是物類的共通性質，但除此共性外應還有另一種角度來審視物種的個別性質以區分類屬。因此在易學的發展過程中，有了「陰陽」及「五行」之學的次第產生。「五行」是把宇宙萬物根據其特徵劃分成木、火、土、金、水五大類。「行」，是運行的意思。「五行」就是天地間五種運行的氣。然而「河圖」所展示的數理是「陰陽、五行」並存的。五行的氣會聚於上、下、左、右、中五方而有著不同的本質。在本質相同的氣中，又有著全然不同的剛柔性情。「河圖」以數的象，所謂生成數的搭配，表現其本質的不同。以數的理，奇偶數的組合，表現其性情的差異。這樣的象和理，聖人是以天文形態的「一六共宗，二七同道，三八為朋，四九為友，五十同途。」作為哲思的藍本和規範。所以「陰陽」和「五行」實是密不可分、陰陽同體的。在「河圖」中的展現，儼然一太極！

　　有關「五行」的記載，最早見錄于周武王與箕子的對話中，〈尚書・洪範〉(注1)曰：「五行一曰水。二曰火。三曰木。四曰金。五曰土。」。另見〈國語・鄭語〉(注2)「以土與金、木、水、火雜。

以成萬物。」。西周末年，也有五材（注3）之說，即《左傳》中（注4）所謂「天生五材。民並用之。廢一不可。」。

　　《呂氏春秋》（注5）中，則以土置季夏之月，以順相生之序，即木、火、土、金、水。戰國晚期鄒衍（注6）提出了「五行」之間相勝（剋）、相生的思想，更把勝、生的次序固定下來。也就是說「五行」之間已有了固定的生、剋關係。創立了所謂的「五德終始說」（注7）。到了漢代，大儒董仲舒（注8）把「五行」賦予道德含義，以木為仁，火為禮，土為信，金為義，水為智。同時《內經》（注9）把五行學說應用於醫學。至東漢時的《白虎通》（注10）則以土置於四季末而分旺於四時。「河圖」中的十數以陰陽分五組，不只彰顯陰陽的含意，更揭開了「五行」的序幕。伏羲氏的作卦排列，固可見「河圖」十數中陰陽互根的道理。而「文王八卦」的設立，也展現了「洛書」九數中的八方透過與中央的對應而能互用。但以上二者，陰陽與五行，皆未涉及「干支」。「干支」是將十天干（甲、乙、丙、丁、戊、己、庚、辛、壬、癸）與十二地支（子、丑、寅、卯、辰、巳、午、未、申、酉、戌、亥）的搭配組合。相傳黃帝軒轅氏（注11），祀天於圓丘，天降十天干，帝逐命大撓（注12）作十二地支以配之。因而有大撓作十二地支以配十天干之說。但是東漢蔡邕的《月令章句》（注13）以「大撓采五行之情。占斗機所建也。始作甲乙以名日謂之干。作子丑以名月謂之支。」

　　由此可推敲大撓應先作十天干獻於帝，而後經由黃帝的指示，大撓再作了十二地支。至於「祀天於圓丘，天降十天干。」之說，應也是上古時，將史實寄託於神話故事的一種角度吧。

　　源自商朝起，已開始出現天干與地支配合用以記日，而使用天干與地支紀年就更晚一些。但是「干支」之說，並未見於「易傳」為事實。可見「干支」其時尚未融入「易教或易學」。直到隋代奇人蕭吉（注14），將「陰陽」、「五行」、「干支」與

「生、成之數」有系統的歸納於一起。就是將「圖書」、「陰陽」、與「五行」統納於一爐。因此〈五行大義〉[註15]有了「地之六為天一匹也。天七為地二偶也。地八為天三匹也。天九為地四…」的論述，奠定了「天一生壬水地六癸成之。地二生丁火天七丙成之。天三生甲木地八乙成之。地四生辛金天九庚成之。天五生戊土地十己成之。」[註16]的學說成論。若此不僅將隋代以前傳統「五行」的理論集其大成，更可作為研究傳統「五行」思想，及發展歷程的基本教材。從此「干支」再難與「易理」分道揚鑣。而且「六十干支」的搭配與「六十四卦」的推演也有著異曲同工之妙的雷同。及至五代名士徐子平[註17]精於「星命」之學，開創了「子平」論命法。將「干支」與「五行」發揮至天人合一的境界。清末民初的異士徐樂吾述而不作，總論五行處於四時的通性，細論五行居節令之好惡。將命理學中十天干配十二地支的生旺休囚[註18]，定為命理中「五行」取用的準則。並由此準則擇取天地間循環流行的主氣。使行氣的體系由紛亂雜陳入於井然有序。尤其是「五行」的體用皆以「干支」作為統一的介面，各行之間不僅能相互引證，且能相互比較。「五行」學至此雖與五術之學相結合，但也導致「五行」學發展出完備的思想體系，以提供五術之學作為根據。當然文化的擴展，絕非一兩人之功，其間不乏能人異士，像是宋代徐大升[註19]、明代劉伯溫[註20]、萬育吾[註21]、清代陳素庵[註22]、任鐵樵[註23]等先賢皆貢獻頗巨。易理之學經此「干支」的融入與變化，繁衍出以「干支」為主體的五術之學。諸科目學派之間，都建立在「干支」的基本面上。雖有各自獨立的思想體系，卻能並行不悖。此乃大勢所趨，亦可視為「易學」的後續發展及集其大成的應用理論。

【第五章 論陰陽五行 附注】

（注01）　洪範是《尚書》篇名。春秋時作品。見百度百科洪範條；

（注02）　《國語》是中國國別史之祖，在四庫全書中為史部雜史
　　　　　類。記錄周朝王室和魯國、齊國、晉國、鄭國、楚國、吳
　　　　　國、越國等諸侯國之歷史。上起穆王征犬戎（約公元前
　　　　　947 年）下至三家滅智（公元前 453 年）。見維基百科國
　　　　　語條；

（注03）　金、木、水、火、土五種物質；

（注04）　古中國華夏先民所著的一部編年體史書，共三十五卷。見
　　　　　維基百科左傳條；

（注05）　又稱《呂覽》，是中國先秦戰國末期的一部政治理論散文
　　　　　的彙編，共 26 卷，160 篇，完成於秦王政六年（西元前
　　　　　241 年），為秦國相國呂不韋及其門人集體編纂而成。見
　　　　　維基百科呂氏春秋條；

（注06）　中國戰國時期齊國人，陰陽家學派創始者與代表人物。見
　　　　　維基百科鄒衍條；

（注07）　「五德」是指五行中木、火、土、金、水所代表的五種德
　　　　　性。「終始」指「五德」週而復始之循環運轉。見維基百
　　　　　科五德終始條；

（注08）　西漢著名的經學家、思想家和政治家。治學以公羊學為
　　　　　主。見維基百科董仲舒條；

（注09）　分《靈樞》、《素問》兩部分，中國最早的醫學典籍，傳
　　　　　統醫學四大經典著作之一。見維基百科內經條；

（注10）　古書名，又稱《白虎通義》、《白虎通德論》，四卷。見
　　　　　維基百科白虎通條；

（注11）　黃帝是公認上古華夏部落首領、中華民族人文初祖帝王軒
　　　　　轅氏的稱號。姓公孫，生於軒轅之丘，故名之；

（注12）　黃帝時代史官，受命制定曆法。創設了六十甲子（干支）
　　　　　，用來記錄年月日時；

（注13）　漢　蔡邕著。乃問答月令（甲子）相關事宜；

（注14）　南北朝的養生阴阳家。博學多才精通陰陽術及算術；

（注15）　隋蕭吉所撰共五卷。乃五行理論的重要著作；

（注16）　見《古今圖書集成》volume 73 page 228；

（注17）　名升亦即徐居易，子平八字命理的創始人。五代時東海人氏，別號沙滌先生，又稱蓬萊叟。其著作《淵海子平》是命理典籍中的重要書籍；

（注18）　由於四季的變遷，五行受到自然變化的影響。所謂當令者旺，令生者相，生令者休，克令者囚，令克者死。由旺而衰，由衰而旺循環不已；

（注19）　即徐彥升，徐大升，號東齋。宋末錢塘人。主要貢獻，就是編著了經典的《淵海子平》一書；

（注20）　即劉基，字伯溫，處州青田縣南田鄉人，故稱劉青田。元末明初軍事家、政治家、文學家，明朝開國元勳。博通經史，尤精象緯之學，時人比之諸葛亮。諡號文成；

（注21）　即萬民英，明嘉靖進士出身。清朝編修的《四庫全書》將他的著作《三命通會》和《星學大成》收錄，並給予了高度的評價。尤其是《三命通會》在我國傳統命理學上擁有非常高的地位；

（注22）　清代命理學大師，其主要著作《命理約言》四卷，是清代的命理精要典籍。對命理學做出全面清理和標準化的創建

（注23）　清朝八字命理大家。主要成就在於對八字命理著作《滴天髓》加以詳細的舉例注疏。以正五行分析八字，邏輯嚴密，使傳統命理步入正道。

第六章 五術之一， 山

　　所謂的「山」，一般原指的是道教方士的修煉方式。其法乃專注於人的身心兩方面的發展，以圓滿肉體和完美精神的層次，作為修持的終極目標。因為修道人多半在山中修煉，所以也稱為「山」道，亦稱「仙道」。道教以傳統文化的太極、陰陽為本源，借著修持以達到所謂的長生不老，羽化登仙等目標。其法參雜了諸多傳統文化，也有其獨到之處。大致上可分為服餌、丹法、玄典、武術/拳法，及符咒等方法來煆煉肉體與精神，以達到超脫的宗教境界。這些方法，乃借助於自然界的能量和物質界的實質，來改變自己的精神境界和實體命運，也就是修道者所謂的奪天地、改造化。以下依次論述其法：

壹。服餌—是以平常的藥膳和特製的丹藥來調養生理，淨化身心，及治療疾病等方法。也被稱作「地丹法」。能經由服餌達到延壽保命，屍體不腐，進而上升仙界的宗教境界。藥膳本為傳統文化，並非專屬於道派人士。但經其傳承和發揚，使得藥膳成為全民的最佳健保。丹藥則專屬於道教，乃為達到特殊宗教目的的專用手段。此處特指外丹之法。所謂外丹是將含有砂鉛、汞等礦物以及藥物等元素做成丹藥，或配以靈芝仙草以各種秘法燒煉服用，以點化自身體質，使之氣脈化為調和。但因其制法的傳承中，或許由於口授的遺漏和秘方的失傳，導致了外丹配製法，難於掌握分寸。更由於現代科學認為這些丹藥中所含有大量的鉛、汞等對人體有害，導致為數不少的修道人士中毒身亡。故此等外丹術，早已鮮為族群所使用。

貳。丹法—是運用道派三元丹法 (注1)，攝取宇宙能量，以運化精、氣、神，進而增進體魄的一種方法。現今泛指為氣功的煉

氣術。氣乃中華文化的根本。此處丹法特指「內丹法」，也叫「天丹法」。是指通過導引行氣，靜坐呼吸，在體內凝氣煉丹，以長生不老為目的的方法。此術以人體為爐，以靜坐呼吸為柴火，而能內結丹氣為目的。故稱「內丹」，也稱作「築基法」。以別於「外丹」之用鼎為爐。此術起於戰國前，盛於唐宋。傳統上，煉習氣功、丹法，多為修行強健體魄者，或受中醫影響的人士所採用。內丹法淵源於陰陽之變、五行生剋、天人合一，和天人相應等易學理論。所謂納外氣、養內氣、和陰陽，並以「煉精化氣、煉氣化神、煉神還虛、煉虛合道」為貫徹修道的原則。今日內丹煉氣法依舊暢行，主要集中於腹式呼吸法。這可能是因為一則簡易可行，一則效果明顯。

叁。玄典——玄典主要是指的是老莊的中心思想，尤指《道德經》(注2) 和《莊子》(注3) 二書。由於對此玄典的深入，進而達到修身養性的一種方式。《道德經》，是中國古代先秦諸子分家前的一部著作，為其時諸子百家所共仰。相傳是春秋時期的老子李耳所撰寫，是道家哲學思想的重要根源。道德經分上下兩篇，原文上篇《德經》、下篇《道經》，不分章。後改為《道經》37章在前，第38章之後為《德經》，共81章。這是中國歷史上首部完整的哲學著作。《莊子》又名《南華經》，是戰國中期思想家莊周和他的門人以及後學所著。全書分內、外、雜篇，原有五十二篇。由戰國中晚期逐步流傳、揉雜、附益，至西漢大致成形。然而當時流傳版本，今已失傳。目前所傳三十三篇，乃經由郭象(注4) 整理篇目及章節而成，與漢代亦有不同。故有莊子注郭象之譏(注5)。其中內篇，大體上可代表戰國時期莊子的思想核心。而外、雜兩篇的發展，則縱橫百餘年，參雜黃老、莊子後，形成複雜的體系。雖然司馬遷認為莊子思想，要歸本於老子。然而就《莊子》書中寓言、義理及《天下篇》中(注6) 對老子思想的評述，其實皆與老子的思想構架有別，關注亦

不相同。所謂道家思想體系與《莊子》一書，實經過長期交融激盪，經漢代學者整理相關材料，方才編定。然而道教又實不同於道家。道教，原為五斗米教，是東漢末年張陵所創立的宗教神學思想；而道家則是春秋戰國時先賢的哲學思想。由於道教的發展，壟斷了大多數的中國傳統文化，和民族英雄為手段和目的。張陵特將《老子》原文一方面進行文字修改，一方面以注釋的方式，將哲學的《老子》改造成宗教的《老子》。亦即所謂的《老子想爾注》(注7)；同樣的情形，也發生在周易的思想體系。成功的將傳統易學的太極圖象，轉化成道教的標識。每當看到戲劇三國時，諸葛臥龍穿著道袍瀟灑施計，就禁不住為他叫屈。想來這二人，孔明和張陵，皆為東漢末年人士。無論兩人的才智、地位和成就，在當時皆不可同日而語。何以假以時日臥龍先生卻穿著道教的制服成為張天師的門人！？令人不勝唏噓！不過也由於轉化，《老子想爾注》、《太平經》(注8)和《周易參同契》(注9)等三書漸成為道教的理論體系，可說是道教最重要的玄典。總而言之，一字之差的道家思想及其創始者，都被追加成道教的根本資產。縱然這兩種思想，哲學和神學，其接軌亦存在著矛盾和牽強。

肆。武術——是以學習各家門派的武術，諸如少林派、武當派、昆侖派、峨嵋派、華山派、崆峒派等(注10)，除了深入搏擊之術以便雲行天下時自助助人之用，更重要的是內家武學，能打通任督二脈，以增強體魄，助長道品的提升為首要。逮至隋唐，道家武學已由外家硬功夫與內家氣功溶為一體。謂之內家武學，其中暗藏內丹術為主。時至今日，不少修道者及熱衷武學者，仍是以內家武學為煉丹修心之捷徑。修煉內丹或內家拳，一般能使弱者體質於一兩年內迅速轉強。像是諸多太極拳名家，如吳圖南、陳微明等大家，均屬此列。而現今修練內家拳者，也多以心法中的內丹功為主，而首重煉氣。煉氣的方法也不一

而足，有靜坐數息者，有煉寶瓶氣者(注11)。筆者年輕時跟隨太極拳名家台南張老師習拳時，親眼所見張老師以太極拳配合腹式呼吸法，治好了不少肺疾的重症患者。因而深有體悟，今人習武更重在養生調疾而非爭強鬥勝。蓋爭鬥本為修行人所應避免，且忍辱更為修行的大課(注12)。

伍。符咒——所謂「符咒」是符籙與咒語的合稱，在道門修煉中是一個重要的組成部分。

　　什麼叫符呢？符指的是用朱筆或墨筆所畫，書寫於紙帛上的點線合用、字圖相兼，且以屈曲筆劃作為通靈、修煉的宗教法術。主要作用在於調動靈界的能量，以達到避邪、鎮煞、趨吉、避凶、及治疾等的一種方術。什麼叫籙呢？籙指記錄於諸符間的天神名諱及秘文。相傳修道之士可用符籙以召神徠鬼，趨吉避凶，降妖鎮魔，治病除災。什麼叫咒呢？《說文解字》中載，「祝者咒也」。在黃帝時代祝和咒是一體的。黃帝時設其官職叫祝由，也叫咒由。符咒中的咒語起源於古代巫師祭神時的祝詞。所謂的「厥口詛祝」(注13)即詛咒，乃祈告神明令加殃咎也。說明最初的咒語就是用語言告訴神明要求懲罰惡人，並向神明賭咒發誓等儀式。

　　由於時代的進步，現代人缺乏「符咒」在科學方面的根據，因為科學目前還沒法做合理解釋，以致此術幾近失傳。然而三十多年前，筆者曾就教於數位當時已年逾古稀的老者，彼等告知，他們那個時代普遍貧窮，缺乏醫療設備。身上若長出肉瘤並沒有醫院可動手術，皆由私塾先生畫個符貼在樹上，其後該肉瘤會從身上消失而從樹上長出。因為所言者眾，且言之鑿鑿。相信當時確有此術而且頗為流行。雖然不瞭解其所以然，但頗為合乎中華文化對氣的應用，應是藉氣的轉移所造成。只可惜

今人對這方面缺乏認識和研究，但其來有自，切切不可妄以迷信論之！

陸。現代人的修行——傳統上，「山」就是利用丹道、武學、食療等各種方法以培養形而上乃至圓滿人格的一種學問和方法。然而今日佛教思想普及，無論是中土顯教或是西藏密宗皆頗興盛。故今亦多見「山」術修行者，具藏密的修持途徑，即身結跏趺坐，手持手印，口持密咒，心專觀想以貫徹身口意合一，用思想的轉換和修持，不借外力以達成精神和物質的共同昇華。然而「藏密」雖已外傳漢地及國外，仍常有密法灌頂難遇及文化語言隔閡的難題。故坊間多有「禪密」雙修法的推廣，以「禪宗」修悟為相輔相成的加持。亦多見「禪淨」的雙修者。所謂淨者，淨土宗也。淨宗乃由念佛專一而達到如如不動 (注14) 的境界。當然要能念佛至一心不亂並非容易。因為此「念」非彼「唸」也。每每口中唸佛不斷，心中卻是洶湧澎拜，雜念不止。故也常以「禪淨」雙修以補不足。然而無論是「禪密」或是「禪淨」的修持，「淨與密」皆是以漸悟為主的成就法門。唯「禪宗」法門，不立文字，號稱教外別傳、直指人心，頗為殊勝。朔自五花一葉禪門大盛以來，主要是以講就頓悟的禪門南宗為主。其修最為難學，其行最為難成，卻最為方便究竟。雖然禪機常為禪和子 (注15) 們津津樂道，然而機法難參、難透、三關難破 (注16)，也是公認的事實。其修行的軌道似有若無，即使有著無數的禪語錄 (注17) 為導引，雖能引人入勝，卻也總是令人丈二金剛摸不著頭腦。事實上作為開啟般若 (注18) 的鑰匙，禪機並不只限於參話頭，凡行、住、坐、臥，生活所在處處皆是。也因為禪機是如此的博大精深，更令習禪者不知所從，似懂非懂。佛教的「開悟」 (注19) 本不是成就在歸納和分析的推理上，更不是從感性巧思的靈通上能夠達到的境界。禪不僅超越了哲學和宗教的範疇，更涵蓋了超乎哲思的領域。因此在達成「開

悟」的境界之前，可以有，也可以沒有諸多的原則、哲理、和知識。但在「開悟」的當下，卻已具備著由思惟銳變成深入本識(注20)的共鳴。能達到心智的開啟，致心中一片光明而透徹清晰。猶如六祖慧能(注21)在開悟的當下，寫出了「菩提本非樹明鏡亦非台。本來無一物何處惹塵埃。」(注22)的四句偈語。然而「開悟」並不是學佛的究竟，「開悟」僅是究竟學佛的起始，接著是將「開悟」的心態，精進於宿業的滌垢和德智的圓滿修持。所謂「見到未必行到」(注23)。為了能行到，六祖離開五祖在獵人隊中待了十五年的焠煉。由此二者，「開悟」與「實證」，造就了寂然的究竟世界。既滅了生死的因果，也度了生死的瀑流。使滅度二者合而為一，由「涅槃Nirvana(注24)歸於「般涅槃Parinirvana」。「般涅槃」亦即「圓寂」之意(注25)所謂圓滿的歸於寂滅。也就是「圓滿諸德寂滅諸惡」的實踐。雖然兩種涅槃皆以寂滅為本，但筆者以為「涅槃Nirvana」特指內心層次的滅度，能滅一切我見、煩惱、及妄想等為本；「般涅槃Parinirvana」則專指輪迴惡業的滅度，能滅一切宿世之因、能度一切宿世之果，方能解脫輪迴的酷桎，故其修行堅毅能如金中之剛，謂之「金剛」。由「開悟」到「涅槃」以至「圓寂」，所謂寂滅生死的過程，實際上包含了心智、性靈、和軀幹的一體解脫而不假借外物。在佛教各宗殊途同歸的修持下，見證了千百年來有「肉身不壞」的金剛身(注26)，古有六祖慧能大師、新羅王子金喬覺等。今有慈航、清岩大師等；有「全身舍利」(注27)的金剛身，若章嘉呼圖克圖(注28)、廣欽老和尚、宣化上人等；有「虹光化身」(注29)的金剛身，如阿曲喇嘛(注30)、財旺仁增堪布(注31)等；凡此諸大成就者比比皆是。據說日本侵華時在華南佔領區的調查，肉身不壞的金剛身不下兩百餘尊。這種修持是由內而外、由形而上。所謂由精神領域的昇華，進而轉化了物質無常的鐵律而能恒常永存。這種不間斷的精進修行，其

強大的特質超越了時間的束縛，真正解開了三界的酷桎。脫離了輪迴的因果，才能真正的自在，方是解脫的究竟層次。

　　自上世紀以來，漢地成就最高的藏密瑜伽士，陳建民上師，學佛之前亦曾修習道法有成，其後更在禪宗上有著了不起的修持。上師有鑒於後世禪和子狷狂者眾，又不可不救，特著《禪海塔燈》一冊，以為後學醍醐灌頂之需。書中雖提撥三關之要，但以「痛念無常」(注32)和「徹底出離」(注33)為前提，果能以公案的四層功夫，所謂的「入、出、用、了」(注34)為依歸，不只能認知公案的真諦，更能標榜此四層的證量(注35)，作為真參實悟的手下真章。切實的精進，方能真知實見的清楚自己的禪關定位。

柒。結語

　　佛教在中華文化中佔有相當重要的地位。在發展的過程中，佛教與道教由於相互借力而有了相當部分的融合。這本是宗教包容力的表現，但二者究竟性質不同。道教屬神教的範疇，佛教雖然接受神道的存在（六道之一），無論是一神或多神，卻不以神道為究竟。佛與易雖也有某些相通相似之處，但究竟二者不相統屬，意境不同。作者走筆至此，得個空檔從「山」入而由「禪」出，由神仙術而返璞歸真。

【第六章 五術之一， 山 附注】

（注01）三元丹法為天地人三元，又可分為外三元和內三元。所謂外三元是「太極混元之氣，清輕者上浮而為天為陽，重濁者下凝而為地為陰。清濁二氣，合為一體。陰陽之氣，共

而合者為人元」。而內三元是以天者為神，地者為精，人
者為氣。這是人體的內三元。此丹法也就是應用天地之
氣，結合本身的精和神，練就無我的氣脈；

（注02）春秋時期老子（李耳）的哲學作品，是中國古代先秦諸子
　　　　分家前的一部著作，是道家哲學思想的重要來源。道德經
　　　　分上下兩篇，原文上篇《道經》37 章在前，第 38 章之後
　　　　為《德經》，並分為 81 章。見百度百科《道德經》條；

（注03）又名《南華經》，是戰國中期莊子及其後學所著道家經
　　　　文。其書與《老子》《周易》合稱"三玄"。見國學網，
　　　　《莊子》條；

（注04）西晉玄學家。主張名教即自然，為當時玄學大師。見百度
　　　　百科條；

（注05）郭象早年不受州郡召，閒居在家，以文論自娛。後應召任
　　　　司徒椽，遷黃門侍郎。又為東海王司馬越所招攬，任命為
　　　　太傅主簿，深得賞識和重用，任職當權，熏灼內外，遭到
　　　　了清談名士的鄙視和譏諷。見百度百科條；

（注06）《莊子・雜篇》，以「天下」為題。全篇分七段，記錄先
　　　　秦諸子百家歷史淵源的來龍去脈。見百度百科《莊子・雜
　　　　篇》；

（注07）老子《道德經》的注釋本，為道教創始人張道陵，為天師
　　　　家學。見百度百科《老子想爾注》條；

（注08）又名《太平清領書》，相傳由神人授予方士于吉的東漢道
　　　　教太平道典籍，成書於東漢中晚期，170 卷。其內容龐
　　　　大，涉及天地、陰陽、五行、干支、災異、神仙等。重新
　　　　構築早期道教的「天人合一」思想；見百度百科《太平
　　　　經》條；

（注09）東漢魏伯陽所著的道教早期經典。見百度百科《周易參同
　　　　契》條。見百度百科《周易參同契》條；

（注10）乃泛指武林六大名門正派；

（注 11）見百度百科寶瓶氣條。乃一種猛烈的修息法，是修氣脈最
　　　　　主要的瑜伽，也是密宗六種成就法的基本修法；

（注 12）乃佛教修行六度之一，即佈施、持戒、忍辱、精進、禪
　　　　　定、和智慧；

（注 13）指祈求鬼神加禍於敵對的人。見《尚書・無逸》；符咒，
　　　　　在道門修煉中是一個重要的組成部分。《說文解字》中
　　　　　載：「祝者咒也。」在黃帝時代祝、咒是不分的，黃帝時
　　　　　的官職祝由，又叫咒由；

（注 14）佛家用語。意指真如的寂滅諸相。見《佛學大辭典
　　　　　（二）》臺北天華出版事業股份有限公司 1984〈不動條〉
　　　　　頁 602；

（注 15）參禪人的通稱。見百度百科的禪和子條；

（注 16）見《曲躬齋全集》臺北 文殊印經會 1988〈禪海塔燈〉頁
　　　　　859，亦即禪宗的三層境界；

（注 17）特指參禪的經典語錄；

（注 18）佛家語。譯為智慧之意；

（注 19）宗教用語。開智悟理之意。《法華經序品》謂：「照明佛
　　　　　法。開悟眾生。」；

（注 20）即阿賴耶識；

（注 21）漢傳佛教禪門南宗祖師，與北宗神秀大師分庭抗禮，世稱
　　　　　禪宗六祖。見維基百科〈禪宗六祖條〉；

（注 22）見《六祖壇經》；

（注 23）同（注 16）〈禪海塔燈 第十章平實商量〉頁 1029；

（注 24）見《佛學大辭典（二）》臺北 天華出版事業股份有限公司
　　　　　1984〈涅槃條〉頁 1750；

（注 25）意指以「圓滿諸德。寂滅諸惡。」為前題的大德的離世。
　　　　　同（注 14）〈圓寂條〉頁 2334；

（注 26）金剛身即如來的常住身。同（注 24），〈金剛身條〉頁 1311

（注 27）高僧大德圓寂後火化的結晶體，代表了高僧大德生前的修
　　　　為、慈悲與智慧；

（注 28）〈呼圖克圖〉乃蒙語音譯，意為化身，是清朝授予蒙、藏地
　　　　區喇嘛教上層大活佛的封號；見百度百科，呼圖克圖條；

（注 29）藏密修行者追求死後最高境界。見百度百科〈虹光化身條〉

（注 30）喇嘛是藏傳佛教術語，意為上師、上人，為對藏傳佛教僧
　　　　侶之尊稱；

（注 31）藏傳佛教用語，意為佛學博士；通過特定寺院提供佛學教
　　　　育的出家僧侶的稱號；

（注 32）同（注 16）〈禪海塔燈 第一章 第一節 痛念無常〉頁 873

（注 33）同（注 16）〈禪海塔燈 第一章 第二節 徹底出離〉頁 875

（注 34）同（注 16）〈禪海塔燈 第二、三、四、五章〉頁 894-
　　　　998；

（注 35）佛教用語。在修持中乃心對外境的攀緣、度量。見百度百
　　　　科〈證量條〉。

―――――易學語錄―――――

一陰一陽之謂道

繼之者善也　成之者性也

仁者見之謂之仁　知者見之謂之知

97

第七章 五術之二，醫

　　中華醫學與西方醫學不同，中醫源起於易學，以哲理為基礎發展而來。嚴格的說，中醫是哲學而非衛生科學(注1)。中醫學說的發展也是依照易學哲理而行。易與醫的相互銜接，可說是中土文明的重大發展。眾所周知，中醫的思維方式是建立在古代的哲學基礎上，其中主要包含「精氣學說」(注2)、「陰陽學說」(注3)、和「五行學說」(注4)等。「精氣學說」雖可說是中醫的基礎結構，但論其精氣的運動、發展、和變化，卻離不開「陰陽學說」的根源與規律。而「五行學說」的演進，更是將「精氣」的波動、靜止、盈滿、和虧虛表現在五種元素的特性上。其次再區別以陰陽，使其特徵更細緻入微。除了「陰陽學說」出自易理，「五行學說」的發展也都與易理冶於一爐，所以中醫與易理間的關係也就牢不可破了。因此無論是中醫學的基礎思想、辨證論治的醫療法則、針灸施術和方劑的應用，處處都將易學的理論實踐在中醫裡。

　　唐代神醫孫思邈(注5)，被民間稱作藥王，曾經說過，「不知易，不足以為太醫」。《內經》(注6)有云：「寒暑燥濕風火。天之陰陽也。三陰三陽上奉之。木火土金水火。地之陰陽也。生長化收藏下應之。天以陽生陰長。地以陽殺陰藏。天有陰陽。地亦有陰陽。故陽中有陰。陰中有陽。所以欲知天地之陰陽者。應天之氣動而不息。故五歲而右遷。應地之氣。靜而守位。故六期而環會。動靜相召。上下相臨。陰陽相錯。而變由生也。」(注7)。故知所謂的陰陽，正是易的核心。其中提到的相召、相臨、相錯，也是易理所講求的變易。正如同〈易傳•咸〉中記載「象曰咸感也。柔上而剛下。二氣感應以與。」、「天地感而萬物化生。」(注8)。所以《內經》對於天地及陰陽二氣的交感已有很深的認識。由此可見，自古易理與醫理之間的淵源頗深。

　　在醫術治療方面，中醫系統也是規模龐大。大致可分為五個系統，其中包括了中藥/方劑，針灸，推拿/跌打損傷，氣功，和食療。縱觀中醫裡，可深入探討易的部分不勝枚舉。醫家歷代根據易理多有創作，無論是湯劑的應用或是針灸的施術，皆能相互引證。像是湯劑中的大小青龍湯、白虎湯、真武湯/玄武湯、朱雀湯/黃連阿膠湯、及《輔行訣》(注9) 等等；像是針術中的「子午流注」(注10)、「靈龜八法」(注11)、「臍針」(注12)、「眼針」(注13) 等等，處處可見易與醫的結合。近代出土的莫高窟文物(注14)中有魏晉南北朝時期，先賢陶弘景(注15)的中醫著作，《輔行訣臟腑用藥法要》。該書在唐朝之後失傳，後因近代敦煌文物的發現而重新出土，成為瞭解中醫早期發展的重要參考文獻之一。相傳此書為陶弘景收集傳統的中醫方劑，以道家思想重新彙編整理、以五臟的補瀉原理編寫而成。其中有許多方劑都來自現已失傳的《湯液經法》(注16) 一書。而《輔行訣》在引用這些方劑時，也曾應用另本失傳的《桐君采藥錄》(注17) 中「五行」的分類。而該書更早於《神農本草經》(注18) 的五味分類。這些引自《湯液經法》中的方劑多與《傷寒論》(注19) 中的方劑相似，只是名稱迴異，皆以「五行」為名。可見當時五行之風已頗為盛行。

　　朔自易理中，最直接與中醫的關聯，莫過於<繫辭•說卦傳>中第九章的敘述，古聖所謂近取諸身的「乾為首。坤為腹。震為足。巽為股。坎為耳。離為目。艮為手。兌為口。」(注20)，為易醫的結構基礎。其後醫家秉著天人合一、象數同源的觀念，將人的內臟配「河圖生數」以應五行。故以「九」表五臟之肺，以「七」表五臟之心，以「五」表五臟之脾，以「三」表五臟之肝，以「一」表五臟之腎。此等早期的「河圖」數配，與其後演進的結果有所差異，完全可視作文化演進過程中的謀合。以下乃河圖生成數配置五臟圖表：

　　易與醫既能同爐，「五行」自然也被醫家配合上臟腑、表裡、以及「氣」的意義。由而可知肝、膽為木屬風；心、小腸為火屬熱；脾、胃為土屬濕；肺、大腸為金屬燥，膀胱、腎為水屬寒。至於六氣的火與熱，則屬於一體的兩面，皆屬於火行。其次，再配以「河圖」十數，可正應天干。因臟為陰而盡配陰干，腑為陽而盡配陽干。所以甲為膽、乙為肝以表陰、陽木；丙為小腸、丁為心以表陰、陽火；戊為胃、己為脾以表陰、陽土；庚為大腸、辛為肺以表陰、陽金；壬為膀胱、癸為腎以表陰、陽水。因此臟腑之間的關係，也能以五行的關係表現，像是水不生木的肝腎陰虛、金不生水的腎不納氣、土不生金的脾肺氣虛、木乘土的肝鬱犯脾、土乘水的脾腎氣虛、及金乘木的肺虛肝鬱等。然而近代的醫家，由於對「五行」的缺乏認識，以為「五行」過於呆板，只有生剋的關係，而未加以深入體認。殊不知「五行」到了明末清初，已明確規劃了四時旺相、方、合、刑、沖、破、害，以及生中帶剋、剋中有生等各種多層次的相互關係 (注21)。其關係複雜而微妙，再加上以陰陽不同性質為調劑，其活潑性恐非局外者所能理解。相信醫家若能善用「陰

陽五行」的易理，必能突破現有的局面，而發展出中醫獨有的
醫療層次。

　　本章僅就中醫易理部分加以探討，共分為三個部分：

(一) 易醫改錯，中醫學中明顯可見到易理的發揮。其中規模至
　　大至鉅者，非「五運六氣」(註22) 莫屬。該學說乃唐代啟玄
　　子王冰 (註23) 所撰。在其後的千年裡，有人認為該說是中醫
　　最偉大的部分。也有人認為該說錯誤，莫衷一是。筆者以
　　明清時期，易理學說完備以後的角度，重新審視「五運六
　　氣」學說，以鑒其虛實。

(二) 中醫的經脈分類，自古即止步於三畫卦。如肝經為巽卦，
　　心經為離卦等等。然而卻應以那些重卦 (註24) 來表現十二經
　　脈？重卦比單卦含有更豐富，更細緻的意義和內容，如能
　　進一步認知代表十二經脈的重卦，應更能認知十二經脈的
　　哲學意義，進而探索出更多的生理功能和病理治療的配合。

(三) 中藥材的十天干分類。易理在明末清初已進步到干支為主
　　的代碼時代，十天干尤為干支的主體。本章第二節已宣示
　　經脈的重卦論，重卦具有陰陽五行的屬性，而且每個爻皆
　　有渾天甲子 (註25) 的配合。如果中藥也能以十天干分類，未
　　來在辨證論治的過程中，和藥物的選擇替代上，應更能提
　　供相當的助力。

【第七章 五術之二 醫 附注】

（注 01）見《中醫基礎理論》上海 上海世紀出版股份有限公司〈緒
　　　　論 中醫學的哲學基礎〉頁 8；

（注 02）《中醫基礎理論》上海 上海科學技術出版社 2006 年 3 月
　　　　第 22 次印刷。〈第一章 中醫學的哲學基礎和主要思維方
　　　　法〉頁 10 ；

（注 03）同（注 2）頁 13；

（注 04）同（注 2）頁 22；

（注 05）唐代醫藥學家、道士，被後人尊稱為「藥王」。由於長期
　　　　記錄醫療經驗，終於完成了《千金要方》的著作。西元
　　　　659 年，完成了世界上第一部國家藥典《唐新本草》；

（注 06）《黃帝內經》簡稱《內經》。分為《靈樞》、《素問》兩
　　　　部分，是中國最早的醫學典籍。傳統醫學四大經典之一；

（注 07）見《黃帝內經》北京 人民衛生出版社 2005〈卷第十九 天
　　　　元紀大論第六十六〉頁 129；

（注 08）見《易經集注》臺北文化圖書公司 1994〈卷二下經〉頁 48

（注 09）《輔行訣臟腑用藥法要》的簡稱。南北朝梁・陶弘景撰；

（注 10）中醫理論，一日的十二個時辰，和人體的十二條主要經絡
　　　　互相對應。因此針灸學認為，在每一個時辰內，其所對應
　　　　之經絡上之血氣會特別興盛而針灸的效果會更佳；

（注 11）又稱奇經納卦法、八法流注、流注八法、八法神針、及陰
　　　　四針和陽四針。乃古典的按時取穴法之一，根據九宮八卦
　　　　之數將交經八穴計時取穴。是以八穴相配代表經脈氣血流
　　　　注之盛衰取穴，而八穴各有陰經四個穴位、陽經四個穴
　　　　位；

（注 12）是齊永先生發明的在臍部針刺療疾的方法。是將易經理
　　　　論、中醫基礎理論和針刺技術結合；

（注 13）根據眼球經區劃分診斷、取穴以治療疾病的方法，可治多
　　　　　種疾病，對中風、痺證、頭痛、各種痛症、腹瀉、月經不
　　　　　調、痔瘡等療效頗佳；

（注 14）西元 1900 年發現的中國甘肅敦煌莫高窟藏經洞；

（注 15）南朝梁時丹陽秣陵（今江蘇南京）人，著名的醫藥家、煉
　　　　　丹家、文學家，人稱「山中宰相」；

（注 16）見百度百科《湯液經法》條；

（注 17）現已失傳，但可見於各種古代文獻記載中；

（注 18）中醫四大經典著作之一，為中藥理論精髓。成書于漢代，
　　　　　作者亦非一人，是現存最早的中藥學著作。全書分三卷載
　　　　　藥 365 種，分上、中、下三品；

（注 19）為東漢張仲景所著漢醫經典著作，是一部闡述外感病治療
　　　　　規律的專著；

（注 20）同（注 08）〈卷四 說卦傳 第九章〉頁 117；

（注 21）見《易鑰》臺北天龍出版社 1983〈第五章第十五節〉頁 222

（注 22）見《命理新論》臺北 三民書局 1962 〈第三章、第四章、
　　　　　　　　　　　　　　　　　　　　第八章〉頁 14、19、54；

（注 23）即中醫學中的「運氣學說」。為古人研究氣候變化與疾
　　　　　病關係的一門學問。見維基百科五運六氣條；

（注 24）號啟玄子，唐代人。 曾任唐代太僕令，又稱王太僕。生
　　　　　平好養生之術，潛心研究《素問》見維基百科王冰條；

（注 25）即六畫卦，乃三畫卦的重複而言；

（注 26）出自宋朝時代的著名理學家邵康節著作的《梅花易數》，
　　　　　一書。將六十四卦的諸爻以干支定位。

第一節　五運六氣

壹．　五運六氣源起的時代背景

　　西漢成帝時（西元前32-7年），有方士齊人甘忠可 [注1]
將當時流行的「黃老之道」與儒家「讖緯學說」的具體內容
相結合成經書，即《天官曆包元太平經》12卷 [注2]。什麼是黃
老之道呢？「黃老」連名而稱，已非單純先秦時代「老莊」
思想的本貌。「黃老之學」指的是「道家」的哲學與「法
家」的治學，二者結合而成的政治哲學。什麼又是「讖緯學
說」呢？「讖」，是對不可知的未來，所作的吉凶預言。而
「緯」則是指以儒家經典為詮釋對象的衍生書籍。東漢順帝
時（西元126-144年）便形成了于吉 [注3] 的《太平青領書》共
170卷 [注4]。東漢靈帝年間（西元168-189年），張角 [注5] 於河
北巨鹿崛起，倡「太平道」而擁有其書。其組織的「太平
道」，基本思想即淵源於《太平經》。此經來源與甘忠可，
于吉的思想有關。

　　及至南北朝時期，道教逐漸發展出一套為王朝服務的制
度與儀法。李唐立國，因現實政治的需要，利用「道教」來
抑制「佛教」。甚至在「佛、道」和「儒、佛」的整治中，
當權者常利用「道教」和「儒家」的力量，貶低「佛教」的
地位、抑制「佛教」的發展，以利於唐朝皇室政權的鞏固與
發展。「道教」之所以在唐朝能興盛，實拜唐玄宗大力提倡
的結果。也形成了「道家」、「道教」和「儒家」中「易
學」思想的大結合，而造就了一套系統化的道教哲學體系。
隋、唐的道書中，援引《老子》首章「玄之又玄」 [注6] 的句義
來形容道之深奧難測。開元天寶年間，崇「道」則是企求個
人的長生不死。其中尤以養生理法得到進一步的完善發展，
其臨床醫療價值和養生保健功能，日益為社會所認識和肯

定，更引起醫界人士的興趣和重視。許多醫家都積極的吸取
「道家」養生方術的精華，而納入醫藥方書之中。所以自兩
晉、南北朝、乃至隋唐時代的文化背景，是在道家、道教、
醫家和易家相互的融合下孕育而生。道家及道教提供了修身
養性的達觀和方術；醫家提供了諸多養生知見，如《素問》
（注7）、《神農本草經》（注8）、《脈經》（注9）、《甲
乙經》（注10）等等醫學中的魁楚；而易家則提供了以天體
運轉及大地五行布氣等「天人合一」的指標。在這個道、
醫、易合一的氣氛下，當時的有識之士，多同時具備了道
士、名醫、和陰陽家的身份，像是葛洪（注11）、陶弘景
（注12）、孫思邈（注13）、司馬承禎（注14）、孟詵（注
15）、王冰、以及女道士胡愔（注16）等。皆各有著述，以
表達此領域的中心思想。而啟玄子-王冰，還曾在朝為官，官
拜太僕。在受到隋唐文化的感召和薰陶下，注解《黃帝内
經》以七篇巨幅，補述了當時《素問》中佚失的七卷，即所
謂的「五運六氣」，後世也稱為《運氣學》。

貳。「五運六氣」的意義

　　中醫在診療的過程中，素以「辨證論治」為原則。而
「五運六氣」又被譽為《黃帝内經》中最高深的層次。然而
「辨證論治」與「五運六氣」之間，應存在著什麼樣的關係
呢？照理講，「五運六氣」應該是「辨證論治」相當有力的
一項工具，因為中醫的哲學基礎是「天人合一」，也就是以
崇尚自然，以天地的變化作為追求或平衡的標準。但是、無
論是臟腑辨證、八綱辨證、氣血津液辯證、甚至五行辨證，
都是以辨別人類的證候為主要手段，而缺少了認知以天候為
主的重要元素。而天又為地所法，無疑的是忽略了人居於天

地間所受到天地的影向，也就是缺乏了辨別自然證候的工
具。蓋萬物受天地之氣而生，不暸解自身所處的環境，也就
失去了最佳對治的可能性。何況忽略了自然的變化，也可能
殆忽了疫病流行的環境！中醫素來講究「上工治未病」(注
17)，不先暸解天地之氣的運行，如何掌握將要發生的流行疾
病呢？事實上，有鑑於此，《黃帝內經·素問》中，自卷第十
九開始，以七篇的巨幅演譯「五運六氣」，說明天的六氣、
地的五運是如何推算的。試圖以氣的變化，配以時間的週
期，來預測疾病的發生。然而，或許書中問答涉及太廣，或
許解說有誤。總之現代的中醫應診，甚少考慮及此。即或見
少數醫家提倡此道，或者是限於學術性的研究，或者是輔助
性的參考，並未能推廣運行。若此難免令人生疑，在實際的
操作上，到底「五運六氣」的理論，是否存在著某些障礙
呢？

叁。認識「五運六氣」的內容

　　綜合「運氣學」在《素問》中的記載，列以下諸要點：

(一)「五運六氣」雖明言是以〈天元紀大論〉、〈五運行大論〉、
　　〈六微旨大論〉、〈氣交變大論〉、〈五常政大論〉、〈六元正
　　紀大論〉、和〈至真要大論〉等七篇(注18)來論述，其實也以〈
　　生氣通天論〉、〈四氣調神大論〉(注19)等與中醫理論相銜接，
　　所謂「夫自古通天者生之本。本於陰陽。」(注20)、「夫四
　　時陰陽者萬物之根本也」(注21)，認為「陰陽四時者萬物之
　　終始也。死生之本也逆之則災害生從之則苛疾不起是謂得
　　道」(注22)。在這個大前提下，可見天地間萬物的生長變化
　　皆源自陰陽大氣。其氣既可導致災病以害萬物，也可以相
　　應藥物以救生靈。所以做為一個醫者，怎能不預知天地之

氣以養生祛病呢？即常言所謂「不通五運六氣，遍讀方書又何濟！」(注23)

(二)所謂「五運」即「五行」，淵於風、暑、濕、燥、寒的天之「五氣」。所謂「在天為氣。在地成形。故形氣相感而化生萬物矣。」(注24)。天之「五氣」因而成地之「五行」。所以在天為風，在地為木。在天為熱，在地為火。在天為濕，在地為土。在天為燥，在地為金。在天為寒，在地為水。由此而定位五行乃木、火、土、金、水。

「五行」以「歲運」為主。「歲運」者，即歲首的天干，統管全年之氣。亦稱大運或中運。再由天干五合配對，即「鬼臾區曰：土主甲己，金主乙庚，水主丙辛，木主丁壬，火主戊癸。子午之上，少陰主之；丑未之上，太陰主之；寅申之上，少陽主之；卯酉之上，陽明主之；辰戌之上，太陽主之；巳亥之上，厥陰主之。不合陰陽，其故何也？岐伯曰：是明道也，此天地之陰陽。」(注25)。其次，十干歲首即歲運之間，有太、少之別以表陰、陽。少則「不及」、太則「太過」。「不及」乃歲運弱少而氣衰，非但不能抵擋剋制之氣，亦難剋制所勝之氣；「太過」乃歲運有餘而氣盛，非但能乘所勝之氣，亦能抵制克制之氣。更由於陰、陽干的交替，歲運太過的次年，自然歲運不及，反之亦然。因此由甲子年起每逢陽干（甲、丙、戊、庚、壬）為「太過」之歲運而每逢陰干（乙、丁、己、辛、癸）為「不及」之歲運。故有「陽則太過，陰則不及」之說(注26)。另有所謂的「平氣」，乃氣介於「太過」和「不及」之間。這三種情形，也叫做「五運三紀」。此「平氣」為天干地支之間的互動，也就是天干若為太過，恰好有地支可以抑制；若天干為不及，恰好有地支相生助。也就是張景岳在《類經圖翼》中所說「運太過

而被抑，運不及而得助」。「五運」除「歲運」外，又可細分為「主運」和「客運」。「主運」者，將一年分五段，每段七十三天零五刻，始於木運即春，火運即夏，土運即長夏，金運即秋，水運即冬。另用五音，即角、徵、宮、商、羽表五行，以太、少分陰陽，用壬、癸、甲、乙、丙配太角、少徵、太宮、少商、太羽。用丁、戊、己、庚、辛配少角、太徵、少宮、太商、少羽。每年分段固定不變，起於春角終於冬羽。惟起始因年支不同而起於大寒氣的時刻不同。「客運」者與「主運」相對而共同主管一段運，七十三天零五刻。初運為大運天干的五行屬行，餘四運則按五行相生的關係，以太角、少徵、太宮、少商、太羽或少角、太征、少宮、太商、少羽，遂年變遷。即丁、壬年的天干，以太角、少角為初運，餘運順次排列；戊、癸年的天干，以太徵、少徵為初運，餘運順次排列；甲、己年的天干，以太宮、少宮為初運，餘運順次排列；乙、庚年的天干，以太商、少商為初運，餘運順次排列；丙、辛的天干，以太羽、少羽為初運，餘運順次排列。

(三)「六氣」即為六種不同的行氣，所謂風、熱、火、濕、燥、寒。更以「三陰三陽」之氣，來劃分陰、陽。「六氣」實與「三陰三陽」相對應。故「風氣」可化為「厥陰」即一陰、「熱氣」可化為「少陰」即二陰、「濕氣」可化為「太陰」即三陰、「火氣」可化為「少陽」即一陽、「燥氣」可化為「陽明」即二陽、「寒氣」可化為「太陽」即三陽。「六氣」又可分成「主氣」和「客氣」的不同。

(1)「主氣」乃主時之氣，為表現正常的氣候，將一年分成六個等分，每份主四個節氣，即兩個月，各六十天。自大寒起，順序排列，「厥陰風木」為初之氣、「少陰君火」為

二之氣、「少陽相火」為三之氣、「太陰濕土」為四之氣、「陽明燥金」為五之氣、「太陽寒水」為六之氣。年年固定不變，亦稱地氣。(注27) 就是將前段所謂「五運」的「主運」轉換成「六氣」的「主氣」。

(2)「客氣」即在天的「三陰三陽」之氣，亦稱「天氣」。可分為「司天之氣」、「在泉之氣」、和「四間氣」。「司天之氣」為主歲的的氣，位當三之氣。乃當令之氣。主上半年的氣候變化，統管初、二、三的氣，又稱為「歲氣」；「在泉之氣」則統管下半年的氣候，位當六之氣，即管四、五、終之氣，也稱地氣。「在泉」和「司天」之氣相對，一陰在泉則知一陽司天，反之亦然。「司天」與「在泉」之氣，可共管一歲(注28)。也就是將前段所謂「五運」的「客運」轉換成「六氣」的「客氣」。由以上所述，可將「司天、在泉、三陰、三陽之氣」列為以下圖表：

歲支	「司天」	「三陰三陽」	「在泉」
寅申	少陽相火	一陽，一陰	厥陰風木
巳亥	厥陰風木	一陰，一陽	少陽相火
子午	少陰君火	二陰，二陽	陽明燥金
卯酉	陽明燥金	二陽，二陰	少陰君火
辰戌	太陽寒水	三陽，三陰	太陰濕土
丑未	太陰濕土	三陰；三陽	太陰濕土

(四) 四間氣，是除了「司天」三之氣與「在泉」六之氣的餘氣。即初之氣、二之氣、四之氣、和五之氣。左為左間氣，右為右間氣。每一間氣只管一步，即六十日又八十七刻半。而「司天之氣」與「在泉之氣」共管一歲。

(五) 運氣同化，五運六氣同類化合。因運氣相同而產生相同性質變化，共計二十六年。所謂木同風化、火同暑熱化、土同濕化、金同燥化、水同寒化。因歲運有太過與不及，歲氣有司天和在泉的不同，因而有同天化、同地化的差別，而有天符、歲會、同天符、同歲會、太乙天符等五種情形。所謂天符年，乃大運與司天之氣相同屬性。計有乙卯、乙酉、丙辰、丙戌、丁巳、丁亥、戊子、戊午、己丑、己未、戊寅、戊申，共計十二年;所謂歲會年，即歲運五行與歲支五行相同。計有甲辰、甲戌、乙酉、丙子、丁卯、戊午、己丑、己未，共八年;所謂同天符，即陽干之年，太過的歲運之氣與在泉之氣相合同化。計有甲辰、甲戌、庚子、庚午、壬寅、壬申，共六年; 所謂同歲會，即陰干之年，不及的歲運之氣與在泉之氣相合同化。計有辛丑、辛未、癸卯、癸酉、癸巳、癸亥，共六年;所謂太乙天符，既是天符，又是歲會的年份，包括乙酉、戊午、己丑、己未，共四年。

(六) 勝複的氣，凡太過的氣，以本氣為勝氣、為發氣。以所不勝的氣(剋氣)為複氣，以所勝之氣(財氣)為鬱氣。凡不及的氣，本氣可為發氣，以制勝氣。以所不勝的氣(克氣)為勝氣，以所不勝氣的勝氣(食傷氣)為複氣。本氣虛不足為發氣，由其子氣(食傷氣)成複氣，以制勝氣。

(七) 鬱極乃發，發於主時。土鬱發於四氣。金鬱發五氣。火鬱發於三氣。水不發於主時而發於火時。風發鬱而木發無時。

(八)「運氣學」總結一年四季中，皆可能發生溫病或瘟疫。主
　　要在於加臨的火氣，當時令主氣與客氣相順，則多生臟腑
　　陽熱性疾病。當時令主氣與客氣相逆，則易流行溫病、瘟
　　疫。夫〈五運行大論〉中有謂「寒暑相臨。氣相得則和。不
　　相得則病也。」(注29) 所謂「氣相得則和」，即客主氣之間
　　相生或客主同氣，則相互和諧而相安無事。所謂「不相得
　　則病也」即客主之氣相互剋伐，則不相和諧而生疫病。然
　　而主客氣之間，寧可客氣勝主氣為相得，而主氣勝客氣為
　　不相得 (注30)。

肆。探討五運六氣的法則

　　「運氣學」，有著深遠的意義。惟其中的論述，在學理上
有值得探討和驗證之處：

(一)「五運六氣」用義宏深，立意致遠，乃仁心仁術的偉大表
　　現，所謂「不治已病治未病」。歷代前賢，憫天下蒼生受
　　疾之苦，推測天地間的行氣未雨綢繆，以求治病的先機。
　　是掌握流行性疾病、及造福人類福祉的至高層次。

(二)有關「五行」屬性和「陰則不及、陽則太過」(注31) 的原則
　　問題。所謂甲己以土論之、乙庚以金論之、丙辛以水論
　　之、丁壬以木論之、戊癸以火論之。如此的合化，〈五運
　　行大論〉中說，是根據《太始天元冊》(注32)，以天的五色
　　氣，丹、蒼、黃、玄、素，分佈在二十八宿 (注33) 的分野
　　上，再引出二十四山(每15度為一山)的天干方位和卦位而
　　定出的五種合化。此種合化的肇因，不但傳統上從未見如
　　此運用，而且缺乏理論的說服力。蓋論中並未解釋何時可
　　以看到這五種氣的顏色，是如此分佈在二十八宿上。其

次，以天象一大片顏色的位置訴之於地上的方位，或許可以大致上定為東、南、西、北、東北、西南、東南和西北等各占45度的範圍內。但若要定在每15度（二十四山）的範圍內，恐怕難度就很高了。除非應用到現代的儀器去測量，或者只能說是主觀的認定而非客觀的求真了。再說《太始天元冊》也未曾見傳於世，未知其內容及所根據。傳統上五行的「天干合化」主要是根據「河圖」的部分學說，因其四方和中央的生成數皆差五數而有了「逢五而化」（注34）的理論。也就是甲和己(1，6)差5，二者一起從甲子開始五虎遁（注35），逢五位為戊辰，戊為土，故指其合化為土。乙和庚，(2，7)差5，二者一起從丙子開始五虎遁，逢五位為庚辰，庚為金，故指其合化為金。丙和辛(3，8)，二者一起從戊子開始遁起，逢五位為壬辰，壬為水，故指其合化為水。丁和壬，(4，9)，二者一起從庚子開始遁起，逢五位為甲辰，甲為木，故指其合化為木。戊和癸(5，10)，二者一起從壬子開始遁起，逢五位為丙辰，丙為火，故指其合化為火。然而後世「五行」的發展，已確定此等合化，大致可分成能「合化」和「只合不化」的兩種情形。當主、客觀條件允許下，其結果才能合化，否則只合不化。事實上，只合不化的狀況，遠多於合化的情形。而合化也未必局限於甲己合化成土，乙庚合化成金，丙辛合化成水，丁壬合化成木，戊癸合化成火；因為合化也可分為夫從妻化和妻從夫化兩種情形（注36）。所以甲己亦可合化成木，乙庚亦可合化成木，丙辛亦可合化成火或金，丁壬亦可合化成水或火，戊癸亦可合化成土或水 。這些合化與否，皆能以自然現象作為解釋，以下依序敘述其原委。

(1) 首先以甲己為論，甲是能成棟梁的大木，而己土是善
於培養植物的沃土，二者之間的合化，因主、客觀環
境的改變而有化成木和化成土的不同。所謂主、客觀
環境，也就是當甲木成孤陽勢衰，而無法再從己土吸
取營養時，致使甲木不能生存而腐爛成塵，甲木才合
化成己土。同理，當己土成孤陰無氣，而四周盡被甲
木所包圍時，己土成為甲木之禁臠而質變，類似土皮，
而不再具有土的滋養功能。此時的己土也就合化成甲
木的一部分。這兩種合化都是特殊的情形，而一般狀
況皆是合而不化，各存其本性。一如樹木多生長在泥
土上，不僅泥土具有培養樹木的本牲，而樹木亦具舒
發泥土營養的特質。也就是甲依然是甲，己依然是己，
彼此合好互助互用，這才是平常最多見的情形。

(2) 乙與庚的情形，也是在一定的條件下，才可以合化成
金或者木。庚是刀斧性質的硬金，乙是芝蘭本性的巧
木。如果乙木全被庚的刀斧之金給剪除了，自然是成
就了庚金的威風，而完成了合化為金的局面。如果庚
金銹蝕，無刃可裁除乙木，甚而反致斧剪摧折，自然
只能合化成乙木的局面。這兩種情形，也都是特殊的
狀況。正常的狀態，斧剪固能突顯刀斧之利，亦能把
芝蘭修剪的生意盎然，婀娜多姿。所以木仍是木，金
還是金，二者合好而互蒙其用，才是常理。

(3) 至於丙與辛合化成水，丙是太陽的火，辛是配玉金飾
的柔金，除了合化成水，也能合化成金和火。縱觀自
古採金以砂金礦床區為主，而這些礦床區，基本上有
三大特徵即是光、熱、和水資源豐富。毫無疑問的光
和熱來自太陽的火能，而區內水力的豐富又與光熱有

同步的高值。這些現象，讓古代哲人注意到其與淘金、產金的相關性。故有「金水流通」 _(注37) 的說法。像是湖南的湘江、資水、沅江、和汨羅江，像是江西的修水、昌江、信江、和新安江等諸水為砂金主要分佈區。皆屬江南古陸的板溪群，有著相同的特質。所以「丙辛合化成水」自是砂金區域的特殊現象。然而也有其他的岩金礦產地區是沒有水流分佈的。即使在白天，這些岩金礦脈中是不見光和熱。唯有金礦的存在，自然這時的丙辛只能合化成金了。同樣的，當站立在岩金礦脈的山顛，即使烈日當空，卻不知腳下踏有萬兩黃金，這時的丙辛只有光和熱，也就是合化成火了。當然，最客觀的常態，是太陽照常帶來了光與熱，岩金依舊徜徉在山脈之中。火仍是火、金仍是金。

(4) 丁壬合化成木，也有一定的條件。丁既是火，也是熱。與丙火可區別為陰火和陽火。陽火猛烈而陰火昭融。在自然的現象上，可以將正常的日照視作丙的陽火，而將能燥濕的悶熱視作丁的陰火。壬水則是湖泊江河之水，可資灌溉之用。在熱帶或亞熱帶氣候悶熱的地方，只要有水流滋養，自然樹叢成林。但若是在緯度較高的寒帶，即使碰到悶熱的氣候，縱使水流湍急，恐也難於成林，而多成水泛木浮的局面，也就是丁壬合化成水了。同樣的，在沙漠地帶氣候酷熱，即使偶有乾枯的廢井池塘，也無濟於事，依然悶熱乾燥，也就是丁壬合化成火了。當然，最常見的狀態，就是氣候雖炎熱，亦多見充沛的水力分佈。所以，火仍是火、水仍是水。

(5) 戊癸合化成火，戊是厚重的土層，像是華北的黃土高原，癸是天降的雨露。《三命通會》論十天干合化時，認為戊癸的合化，非限於炎熱的季節不能合化（註38）。也就是說，當厚燥的土碰上氣侯的炎熱，亦即火炎土燥時，滴水入之，反激其焰。相信即使居於亞熱帶，當炎炎夏日的午後來上一場豪雨，其後可見地表泛起一層熱氣，空氣中也隱隱帶著焦味。這個熱和焦，是火的展現，也就是戊癸合化成火；但若是連續的毫雨，也能造成黃土高原上，洪水氾濫，滿佈河道，也就是戊癸合化成水；或者間斷的雨水並未濕透成災，反而突顯了土性。因為土是以濕性沉重為代表的，也就是戊癸合化成土；當然，最常見的狀態仍舊是厚土和雨水共存，土仍是土，水仍是水。

　　以上五點，說明十天干的五行合化，是自然界一部分特殊的形態。而「五運六氣」中，是以部分特殊的情形，做為全部一致的準則。因此難免有失於以偏蓋全的疏漏，這涉及學理上的問題，值得斟酌其合理性和代表性。

(6) 其次關於「陰則不及、陽則太過」。《內經》中多處談及太過與不及，像是〈天元紀大論〉中所謂，「五行之治各有太過不及也。故其始也。有餘而往不足隨之。不足而往有餘從之。知迎知隨氣可與期。」（註39）太過與不及本為自然變化的正常形態，但《運氣學》中以太、少為陰、陽，將十干歲首機械式的劃分為陰則不及、陽則太過。不及乃歲運衰少，太過乃歲運有餘。歲運太過的次年，自然歲運不及，反之亦然。凡屬陽干太過之年均在大寒中氣前十三天交運，凡屬陰干不及之年均在大寒中氣後十三天交運　。在〈素問・六微旨大

論>中論及「天氣始於甲。地氣始於子。子甲相合命曰歲立。」(注40)。因「甲」為陽干，其所稟受之氣來自前一年的陰干為不足，故為有餘。其稟氣不足，是因為前一年的日子不足365日的緣故，謂之不足。而甲子年又超過了365日，故此氣乃有餘。這是根據<六節藏象>中所云，「天為陽地為陰。日為陽月為陰。行有分紀。周有道理。日行一度月行十三度而有奇焉。故大小月三百六十五日而成歲。積氣餘而盈閏矣。」(注41)因為日、月行度的曆法差異，《運氣學》引用<六節藏象論>建立了「陰干不及、陽干太過」的應用法則。所謂「未至而至此謂太過⋯至而不至此謂不及」(注42)，以上所說的「未至」，指的是月的中氣，尤其是大寒。「而至」指的是運的氣，尤指客運的初運亦即中運/大運。「至而」指的仍是大寒中氣，「不至」指的仍是客運的初運也叫大運/中運。所以<六元正紀大論>中說，「運有餘其至先。運不及其至後。」(注43)。「運有餘/運不及」指的是大運或中運的有餘和不及。「其先至/其後至」指的是氣運的先來後到。但是有餘的甲子年，是因有閏月而天數較多而有餘。然而陰曆有三年一閏，五年兩閏的曆法。卻並非所有的陽干歲首皆能逢閏，陽干中也多有少於365個日子的年歲，可謂氣不足。而陰干歲首亦能逢閏，也多有超過365個日子的年歲，可謂氣有餘。所以「五運六氣」的這個論點，又是以偏蓋全，而不能作為原則性的常理。何況一年諸氣的強或弱，是否能由陰陽屬性來做決定，也都值得斟酌。因為強、弱或許包含在陰、陽的部分含義，卻並非陰陽整體的象義。怎麼說呢？ 讓我們在實際

的世界中觀察一下，固然有像林黛玉一樣弱不禁風的
女子，又何嘗沒有像王熙鳳一樣刁鑽潑辣的大姊頭呢？
同理，有像關公、秦瓊一樣雄糾糾氣昂昂的男子，又
何嘗沒有像劉阿斗、宋高宗般的懦弱無能的男士呢？
根據科學的統計，女人的平均壽命及耐力皆優於男性。
偏陰好靜的植物，其自然生命多長久於偏陽好動的動
物。自古至今也有不少女性的成就超過男人，何況今
日社會上，更多見女強人冠領群雄。回想自伏羲氏見
「河圖」以制卦，其卦理中持續的展示著陰陽共存、
對立、與轉化的特質。當表現「體」時，無論是「伏
羲卦」還是前文所說的「陳搏卦」（即所謂的先天卦）
總是一陰卦配一陽卦來彰顯陰陽相輔相成，為造物的
本體。當表現「用」時，又以「文王卦」的陰陽儀相
對，來彰顯陰陽抗爭與平衡的互用機制。當表現「宇
宙總體」時，又以六十四卦的卦卦相重，來彰顯陰陽
轉化和繁衍的演變能量。所以無論是共存、對立或轉
化，陰與陽乃整體性質的異同，而非單是氣量的多少、
盛衰。換言之，陽故能氣盛有餘，陰亦能氣盛有餘。
陰可能氣衰不足，陽亦能氣衰不足。一年之中、一季
之中、一月之中、甚至一日、一時之中，皆時而陰盛、
時而陽強。僅以年干「陽表有餘、陰表不足」(注44)機
械式的定義作為一年氣強或氣弱的原則，不僅錯誤的
認知了陰和陽的象義，更錯誤的應用了陰和陽的性質。

(三)「五運六氣」中的主運。其主運將一年中分為五個段落，
　　以金、木、水、火、土，五行來表示，頗為簡明扼要。只
　　是範圍過大，每一階段超過兩個月，其準確性值得斟酌。
　　且有錯亂了節氣的可能性。其次，將「主運」及「客運」

表以角、徵、宮、商、羽，再以太、少分陰陽作不同的次
序排列。其實不過是重複了五行十天干的特質，卻破壞了
十天干的習性。倘若必須依靠十天干代為計算，或與之同
義，那實在不需要用如此噱頭。姑且不論其五音排運的必
要性，事實上，從〈六元正紀大論〉中可知，凡角運因配丁、
壬合化木，隸屬風病。凡徵運因配戊、癸合化火，隸屬熱
病。凡宮運因配甲、己合化土，隸屬濕病。凡商運因配乙、
庚合化金，隸屬燥病。凡羽運因配丙、辛合化水，隸屬寒
病。如此還是以十干五行為論病準則，又何必再大費周章
引用角、徵、宮、商、羽配以太、少，徒令人耳目混淆而
已。同理，主運的提前與落後有十三天的差異。如此大的
差異相續，因為主、客運所掌管的區段皆相同，疊床架屋
倒不會造成以中氣為准的陰非不及，或陽非有餘的情況出
現 (註45)。

(四)「六氣」，所謂的「三陰三陽」之氣。

　(1) 運氣學中既然說地的運－五行，是由天的氣所成。所謂
　　　「在天為風。在地為木。在天為熱。在地為火。在天
　　　為濕。在地為土。在天為燥。在地為金。在天為寒。
　　　在地為水。」(註46)。無論是用天氣或是用地運（五行），
　　　應只論其一。設想天、地二者的氣既本源相同，在相
　　　同的空間，時間，和品質上，設定兩種系統，豈不是
　　　架屋疊床，其中一種恐怕形同虛設或造成判斷上的一
　　　些困擾而已。

　(2) 所謂風、熱、火、濕、燥、寒的「六氣」，其中的火
　　　與熱的本質為同一種氣。只是各在天、地的表現不同
　　　而已。為什麼將地上的火又增列為天上的一氣，似乎
　　　有刻意湊成六氣，以搭配「三陰三陽」之嫌。而且一

氣管兩個月，雖較主運短些，仍然時效過長，過於籠統。

(3) 「六氣」中諸氣的配置，引用易理之名，卻不根據其象意。以致名不符實，詞意不合。以下依次說明：

(a) 「太陽」之氣，以寒水為論。置於「六」地。配屬於小雪到大寒間，乃節氣十月中到十二月中。該時令確為寒水之期，是陰的至極，只是如此的設定，令人不解的是「太陽」中「至陽」的意義何在？雖然醫家多以太陽病，為太陽經絡易著風寒的道理。殊不知此處論的是天地氣息，而非人的症侯。「太陽」者，陽中之陽，火熱之相。

(b) 「陽明」之氣，以燥金為論。置於「五」地，配屬於節氣秋分到小雪間，乃八月中到十月中。然而立冬節後(小雪之前)，寒氣已生，水份漸重，金已生水何以言燥？陽氣漸失何以能明？

(c) 「太陰」之氣，以濕土為論。置於「四」地，配屬於節氣大暑到秋分間，乃六月中到八月中，該時節氣為土旺及金燥的節令。「太陰」為至陰的象意何在？ 至陰乃陰之極，寒濕之相。

(d) 「少陽」之氣，以相火為論。置於「三」地，配屬於節氣小滿到大暑之間。乃四月中到六月中，是陽氣旺極的時令。而「少陽」者，陰中始生微陽，不知以略具陽氣的「少陽」如何能居至陽之位？

(e) 「少陰」之氣，以君火為論。置於「二」地，配屬於節氣春分到小滿之間。乃二月中到四月中，是陽

氣漸漸變強的時期。而「少陰」是陽中始生微陰，乃陽氣泄於陰氣的開始，是陽氣漸衰的階段。無論是「少陰」之名或是節令之氣，在自然的氣候上均不足以擔當「君火」之實。

(f)「厥陰」之氣，以風木為論。置於「初」地。配屬於節氣大寒到春分之間。乃十二月中到二月中，是陰氣面臨氣將厥盡，故稱作「厥陰」。如此設定尚稱恰當。只是風與木，在天地為同氣，而大寒前後陰濕之氣尚重，其名卻未見濕象。

(4) 回溯易理中向以四象為春、夏、秋、冬所本，象象皆有實義，特將六氣加以修正並申論如下（可對照下圖）：

(a)「少陽」的象意是由陰中透出陽氣的時機。在實際的氣中，應是氣候開始由寒轉暖的時刻，天地間真正開始透出絲絲暖意的時節，大致在仲春與初夏的季節。這樣的季節，應居於春為木，以其氣「和煦溫柔。弱火伏其中。故木以溫柔為體。曲直為性。」(注47)。于節令應居二、三、四月間，於日時應居卯、辰、巳時。

(b)「太陽」為陽之極而將衰，以暑熱夏火為本，而將終於燥土。所謂「炎熾赫烈。故火以明熱為體。炎上為性。」(注48) 於節令應居四、五、六月間，於日時應居巳、午、未時。

(c)「少陰」的象意，是由陽中透出陰氣的時機。在實際的氣候中，應是氣候由熱轉涼的時刻，天地間在燥熱中開始透出一絲涼意的時節，大致在仲秋與初冬的季節。這樣的季節應居於秋為金，以其氣

「成物凝強。以強冷為體。從革為性。」(注49)。於
節令，應居八、九、十月間，於日時應居酉、戌、
亥時。

(d)「太陰」為陰之極而將衰，水氣正旺而將混於土，
滿地皆濕且寒。其氣「以虛寒為體。潤下為性。」
(注50)。於節令應居十、十一、十二月間，於日時應
居亥、子、丑時。可對照以下附圖為原來易理中四
象所代表四季的自然節氣圖。

(5) 惟「三陰三陽」的六氣乃中醫的主幹，其數象為
「六」，既不同於「四象」的四，亦不同於「八
卦」的八，故於「四象」的經緯下，另增設「陽
明」和「厥陰」二象。

(a)「厥陰」是大地開始回陽之初，但氣溫依然寒冷
的早春。這是陰氣臨終的掙扎，是陰氣最後的餘
氣，所以叫「厥陰」。大致分佈在冬末和初春，於
節令應居十二、一、二月間，於日時應居丑、寅、
卯時。

(b)「陽明」是大地雖然將要轉寒，但氣溫依然燥熱的秋老虎。是陽氣搏命的一擊，是陽氣最後的明顯展現，所以叫「陽明」。大致分佈在夏末至仲秋，節令應屬六、七、八月間；日時應居未、申、酉時。

(6) 故綜合自然現象與卦象，筆者將自然的「六氣」創作如下列的設置。其中五行之氣比鄰相生，次第相續。兩剋之間，有物通關。如此既合乎氣候的自然現象，亦合「五行」生息不絕的原理，即所謂的運轉不休，謂之「行」。更符合了自然節氣中的氣分點及「六氣」中陰陽的象義。

(a)「厥陰」水木之氣乃初之氣，自大寒至春分。

(b)「少陽」木火之氣乃二之氣，自春分至小滿。

(c)「太陽」火土之氣乃三之氣，自小滿至大暑。

(d)「陽明」土金之氣乃四之氣，自大暑至秋分。

(e)「少陰」金水之氣乃五之氣，自秋分至小雪。

(f)「太陰」濕土之氣乃六之氣，自小雪至大寒。

綜合上述，再以下圖示之，特稱之為「六氣圖」。

　　以上為筆者自創的六氣圖，圖中从最外層的各時辰、其次各月份、各節令、「三陰三陽」、五行和六階段之間的自然本氣。為了配合「五運六氣」中劃分成六等分，以諸氣為劃分點，涵蓋了三個月的主氣，卻能運轉於一年的時效內。

　　在運氣學中的「厥陰」，原被稱作風木，而風與木實乃同氣，實無需造次。且大寒到春分非只木氣尚有水氣，故宜水木並稱更甚於風木。「少陽」原被稱作相火。相火者，顧名思義，理應次於君火。現改設春分至小滿間，恰為火氣將盛未盛之時，且木、火相依共存，故宜木、火並稱。「太陽」原被稱作寒水，居於冬令，可謂未明其象。實則陽氣旺極而類火，亦即將衰於土。現依節令居小滿至大暑間，取火、土氣，以明實象。「陽明」原被稱作燥金，現依其象改於大暑至秋分間，身處燥土與秋金相連之期，誠乃燥金之象。「少陰」原被稱作君火，然其卦象乃盛陽中開始滲入了少許陰象而得名，為陽漸入陰的秋冬之際，現依象改於秋分至小雪之間，以召金水相生之象。「太陰」原被稱作溼土，卻被「運氣學」誤置於燥金時令。現依其

象，改設於小雪至大寒間，乃寒陰極盛，而將洩於土氣。因此，寒溼之外復有陰土，才能合稱溼土。而如此的搭配，亦相應於一天的十二時辰。本段強調主氣，是由於主氣需要和客氣相比較，以作為客氣的基礎面。

(五) 論客氣。「客氣」的分配，所謂「司天之氣」最為首要。其他如「在泉之氣」和「四間氣」皆由「司天之氣」而來。在〈六元正紀大論〉中，由運而論到氣，是根據〈天元紀大論〉所說，「子午之歲，上見少陰。丑未之歲，上見太陰。寅申之歲，上見少陽。卯酉之歲，上見陽明。辰戌之歲上見太陽。巳亥之歲，上見厥陰。少陰所謂標也，厥陰所謂終也。厥陰之上，風氣主之。少陰之上，熱氣主之。太陰之上，濕氣主之。少陽之上，相火主之。陽明之上，燥氣主之。太陽之上，寒氣主之。所謂本也。是謂六元」(注51) 這一段敘述，並未說明原委，而視之為當然！其後的「司天之氣」也就據此而定。然而其中以地支上見六氣的現象，是否與自然的情形相吻合，頗為重要。這不只影響其後理論推展的正確性，更加大了對實際事實的誤判性。以下特論述兩點為首要：

(1) 子午，丑未，寅申，辰戌，卯酉，巳亥，是否可以同論？　此六對地支，每對之間皆差六位，恰為對座或對宮，彼此間有一定的影響力。其本質之間，卻極為不同而且相抵觸。子為陰寒之水的極點，午乃陽熱之火的極點，二者皆將盛極而衰；寅乃木的旺氣，是熱與火的源起。申乃金的旺氣，是寒與水的源起；丑、未雖均是土。未為木的墓庫，性陽熱而木氣猶盛。丑是金的墓庫，性陰冷而金氣頗重。辰、戌亦然，二者皆為土。然而辰是水的墓庫，像是沼澤之地，含有大

量水分，生機無限。而戌是火的墓庫，火炎土燥，有
如戈壁，土燥而亢，缺乏生機。卯是木氣的旺極，而
酉乃金氣的旺極。二者之間，氣相對立而不和。巳是
火的旺氣，也是金的起始。亥是水的旺氣，也是木的
起始。凡此六對，皆有極強的相對沖起之性，故世多
以「六沖」稱之。既稱為「六沖」，可知其相沖的二
者，皆具有方位相敵對、五行相剋伐，陰陽相排斥的
特性。故可見其差異頗巨 (注52) ！而「五運六氣」中竟
然一視同仁，其中誤差豈可等閒視之！

(2) 基於以上的認知，姑且以其少陰為君火，午上見之尚
　　稱勉強，子上見之其理安在？ 試以南(午)、北(子)
　　半球為例，同一時空，南半球為冬至節時，北半球正
　　是夏至節，其氣適得其反，焉能同氣？其他如寅申、
　　巳亥皆是同理，不宜同論。倒是辰戌、丑未其理可
　　通。因辰戌中皆以戊土為主，上見太陽為合理。惟此
　　太陽應為火土之氣 ，而非寒水。丑未因皆以己土為
　　主，上見太陰尚為合理，惟此太陰為溼土而非燥
　　金 。

(六) 運氣學中所提及的四間氣、運氣同化、天符、同天符、歲
　　會、同歲會等項非原則上或根本上的癥結，屬於調整性的
　　應用，大有疊床架屋之嫌，且部分五行屬氣的認定有誤，
　　故可論性並不大。其他如勝氣、複氣、鬱氣、發氣等假設
　　性的認定，其可論性亦不大。惟有論證的結論或可作為經
　　驗法則，觀察其變化以作為預卜疾病的法規。

(七) 值得一提的是，在〈六元正紀大論〉中，總是以甲子、甲午
　　同論，乙丑、乙未同論，丙寅、丙申同論，丁卯、丁酉同
　　論，戊辰、戊戌同論，己巳、己亥同論等，前文已強調六

沖中各地支的本質不同，不宜同論。然而，當附上天干時，
因為月的干支純由年的天干決定，所以相同兩年的年天干
就造成了兩組十二個月相同的月份干支。以甲子年和甲午
年為例，從正月到臘月的丙寅、丁卯、戊辰、己巳、庚午、
辛未、壬申、癸酉、甲戌、乙亥、丙子、丁丑等十二個月
份的干支盡皆相同。這恐怕是《六元正紀大論》中，認為
它們可以同論的理由。事實上並非如此，年干雖同而地支
為對宮，正是所謂的「天比地沖」的情形 (註53)。好比在一
個鍋蓋下加大衝激力，其衝擊能量不可謂不大，豈能相同
論之！現以美國加卅聖荷西為例，若用1954年的甲午年和
1984年的甲子年比較，這兩年的平均年溫度分別是F69度和
F71.7度。所以3度應是合理的溫度差。然而，同是干支丁
卯的二月份 (節氣)，甲子年 (1984) 的二月平均溫是F68.61
度，而甲午年 (1954) 的二月平均溫是F59.71度，相差F8.9
度；同是月干支戊辰的三月份 (節氣)，甲子年的三月平均
溫度是F68.17度，而甲午年的三月平均溫是F72.13度，相
差F3.96度；同是月干支辛未的六月份 (節氣)，甲子年的六
月平均溫是F86.45度，而甲午年的六月平均溫是F81.94度，
相差F4.51度。依上例，援用1955年的乙未年和1985乙丑年
為例，兩年的平均年溫度，分別是F69度和F70.51度，所以
2度是合理的溫度差。但同是月干支己卯的二月份 (節氣)，
乙丑年的二月平均溫是F60.61度而乙未年的二月平均溫是
F65.90度，相差F5.29度；同是月干支壬午的五月份 (節氣)，
乙丑年的五月平均溫是F85.10度，而乙未年的五月平均溫
是F76.30度，相差F8.8度；同是月干支癸未的六月份 (節氣)，
乙丑年的六月平均溫是F85.45度，而乙未年的六月平均溫
是F77.81度，相差F7.64度。再依前例，援用1956年的丙申
年和1986丙寅年為例，兩年的平均年溫度分別是F70度和

F72.18度，所以F2.18度是合理的溫度差。同是月干支庚寅的正月份(節氣)，丙寅年的正月平均溫是F64.43度，而丙申年的正月平均溫是F58.24度，相差F6.19度；同是月干支乙未的六月份(節氣)，丙寅年的六月平均溫是F83.77度，而丙申年的六月平均溫度是F79.03度，相差F4.74度；同是月干支戊戌的九月份(節氣)，丙寅年的九月平均溫是F75.48度而丙申年的九月平均溫是70.87度，相差F4.61度。以上所舉諸例，均為相同的天干而地支相沖的年分所造成相同干支月份的平均溫度的比較。其月平均溫差均超過了合理的年平均溫差，故知不能以相同天干的年份所造成相同干支的月分為同論。下面以簡表列出上列氣溫的比較，資料來源取自San Jose City 氣象局網站。

氣溫比較列表

月份\年度	1954	1984	1955	1985	1956	1986
正月					58.24	64.43
二月	59.71	68.61	65.9	60.61		
三月	72.13	68.17				
四月						
五月	81.94	86.45	76.3	85.1		
六月			77.81	85.45	79.03	83.77
七月						
八月						
九月					70.87	75.48
十月						

(八)《傷寒例第三》(注54) 開宗即引用<陰陽大論>所謂「春氣溫和。夏氣暑熱。秋氣清涼。冬氣冷冽。此則四時正氣之序也。」(注55)。這四時之氣正是易學中所謂的自然現象中四象的主氣。由此四時節令的主氣，已將少陽(春)、太陽(夏)、少陰(秋)、太陰(冬)的自然定位，此與易理及五行的含義

不謀而合。其次論及各月的主氣，也提到「正月二月寒漸
將解...三月四月或有暴寒其時陽氣尚弱...五月六月陽氣
已盛...七月八月陽氣已衰九月十月寒氣尚微十一月十二
月寒冽已嚴...」(注56) 這樣的自然之氣，才是所謂「六氣」
與每兩個月的月令配合，也就是，一、二月的「初」之氣
「厥陰水木」，三、四月的「二」之氣「少陽木火」，五、
六月的「三」之氣「太陽火土」，七、八月的「四」之氣
「陽明土金」，九月、十月的「五」之氣「少陰金水」，
及十一月、十二月的「六」之氣「太陰濕土」，一如前文
（p.115）筆者所屬意的「六氣圖」所列。雖然《傷寒例第
三》有作者真偽的爭論，但此部份卻不失真，因為和自然
的情況吻合。其次〈陰陽大論〉也提到「夫陽者生氣也。陰
者死氣也。故陽氣一日而主外。陰氣一夜而主內。一日外
者分為三時。平旦人氣始生為少陽也。日中人氣隆盛為太
陽也。日西人氣始衰為虛陽也。陽氣虛者，陰氣即開也。
陰氣開者即申酉戌。少陰生也...亥子丑時。即至陰也...
寅卯辰即厥陰。」(注57) 以一日、一夜的主氣，「三陰三
陽」對應各個時辰，將平旦為「少陽」，日中為「太陽」，
日西為「少陰」，午夜為「太陰」，黎明初曉為「厥陰」。
惟獨缺少了「陽明」，其原因可能有二，一則〈陰陽大論〉
中對時辰的規範未能精確的定義為兩個時辰。一則〈陰陽大
論〉中對「陽明」的主氣未能有明確的定義。雖整體尚未臻
理想，但已有了較正確的架構。

(九)啟玄子所補注有關七大篇的「五運六氣」，其六氣的引用
似乎偏重於人體的「三陰三陽」。例如「少陰君火」是因
人的心經而定，「太陽寒水」是因人的膀胱經而來等等。
然而「五運六氣」講的是以天體宇宙為主體，應該是以利

用天地的氣為輔助醫者的治療工具。人是天地間的接受體位，將此人體的狀態為主，反推演於天體或自然界，可說是要「天、地法於人」了，且與自然的氣感不相吻合，顯得格格不入，更失去了根源於易理象意的意義。《傷寒論》中有云，「太陽病欲解時。從巳至未上。」(注58)，亦指人體太陽受風寒的病，可能痊癒於巳時到未時。這個時段是天地陽氣最盛的時候，故能去其寒氣而愈。若這個時段是太陽寒水的話，這個傷寒病恐怕就無治了。況且，無論是《傷寒論》或是《傷寒例》中，也只論及季節的冷暖寒熱而已，並未見「五運六氣」的方法使用。據說醫聖仲景生前，熟讀《素問》。但醫聖的著作，並未見其使用「五運六氣」。究其原因，可能是一則醫聖所讀《素問》不同於啟玄子所補注。一則醫聖不完全認同「五運六氣」而未加以使用吧。

(十) 近年來，有過兩次危害人類頗巨的疫病，一次是發生在2002年12月5日或6日開始的SARS，即是壬午年大雪節(注59)左右的節氣。換算成「運氣學」其主、客氣分別為厥陰風木和少陰君火。兩者之間的關係為相生。所謂的「氣相得則和」(注60)，故不應有疫病出現。另一次為自2019年11月6日或7日開始的COVID-19（新冠狀病毒），即是己亥年立冬節(注61)附近。若換算成「運氣學」，其主客氣分別為陽明燥金和少陽相火。此乃「客氣勝主氣為相得」。亦即所謂「氣相得則和」，依「運氣學」理論也不應有疫病現象。

伍。結語

唐之先賢啟玄子王冰補注《黃帝內經素問》篇時，已經應用到「五行」和「干支」。可惜當時「五行」學的理論和應用未臻完善，致使理論中多捨近求遠，大有隔靴搔癢之患。至今「五運六氣」仍然停留在啟玄子創作/補述時的成品，亦可見其中不乏機械式的安排和假設性的嘗試。令人唏噓的是，先賢窮其一生致力於易醫學的開創以利蒼生。但千年來，卻未見有效的繼承和創新。致其理論未見進一步的研發和改進。後學者若不是敬而遠之，就是墨守成規，未能去其弊而揚其善，致使明珠沉於大海。

作者應用易學的基本理念，和明清兩代五行完備以後的觀點，著重其原則性的探討和實例的驗證。可知「運氣學」缺乏實際的可行性。驗證所得到的結論，和明代兩大醫家汪省之和張景岳對「運氣學」的看法不謀而合。二者的觀點也是最為恰當，最值得提倡並作為研習的指導原則。汪省之認為「不可拘泥其法，還應求法外之遺漏」。張景岳認為「讀運氣者，當知天道有是理，不當曰理必如是」（注62）。也就是惕厲我們能承先啟後，立足于先人的成就，本著大醫精誠的仁心仁術，精益求精，將中華文化推向至善至美的境界。

【第七章 第一節 五運六氣 附注】

（注01）道教人物，齊地人，生卒年不詳，活躍於漢成帝年間；

（注02）又稱為《太平經》，是漢成帝時齊人甘忠可編著的一部黃老道術著作，共12卷，現已亡佚，其詳細內容已不能知曉。　相傳是由神人授予方士于吉的東漢道教太平道典籍，成書於東漢中晚期；

（注03）東漢道士，琅琊郡（今山東省臨沂市）人，傳說是道教典籍《太平清領書》的作者；

（注 04）傳說由神人授予方士于吉的東漢道教太平道典籍；

（注 05）東漢末年鉅鹿人。乃東漢太平道創始人和黃巾起義領袖；

（注 06）見《道德經》首章；

（注 07）與《靈樞》合之而為《黃帝內經》。具中醫完整的理論體
　　　　系。內容包含了養生氣功、應對自然現象及不治已病治未
　　　　病的預防思想、陰陽五行、及氣運對疾病的指導、臟象學
　　　　說、臟腑經絡的知識、望聞問切的診斷、針灸方劑的運
　　　　用、治病標本緩急的次序、辯證論治的治則、及對表裡虛
　　　　實寒熱陰陽等具體疾病的認識等；

（注 08）同第五章（注 37）；

（注 09）脈學著作。西晉王叔和撰，10 卷。集漢以前脈學之大成，
　　　　選錄《內經》《難經》《傷寒論》《金匱要略》及扁鵲、
　　　　華佗等有關脈學之論說，闡析脈理、脈法，結合實際臨
　　　　床，詳辨脈象及其主病。《脈經》系我國現存較早的脈學
　　　　專書，首次系統歸納了 24 種脈象對其性狀作出具體描
　　　　述，還保存了大量古代中醫文獻資料。見百度百科脈經
　　　　條；

（注 10）即《針灸甲乙經》，西晉皇甫謐撰。共 12 卷，128 篇。前
　　　　六卷論述基礎理論，後六卷記錄各種疾病的臨床治療，包
　　　　括病因、病機、症狀、診斷、取穴、治法和預後等。見百
　　　　度百科《甲乙經》條；

（注 11）字稚川，號抱樸子，人稱葛仙翁，丹陽句容（今屬江蘇）
　　　　朝時代的陰陽家，醫學家、博物學家、製藥家和煉丹術
　　　　家，著名的道教人士。見維基百科葛洪條；

（注 12）字通明，自號華陽隱居，諡號貞白先生。丹陽秣陵人，南
　　　　朝道士、醫學家、文學家與書法家，善於描寫自然風景，
　　　　精通醫藥與天文知識，兼修佛、道二教，道教上清派的代

表人物。見維基百科陶弘景條；

（注13）向被華人譽為藥王，著名的醫師與道士。著有《備急千金
要方》，，共三十卷，二百三十二門。在《千金要方》中
完整地提出了以臟腑寒熱虛實為中心的雜病分類辨治法，
收集藥方五千三百首。《千金翼方》是對《千金要方》的
補編，共有三十卷。見維基百科孫思邈條；

（注14）道教上清派茅山宗第十二代宗師，唐代的著名修為道士；

（注15）著名學者、醫學家、飲食家，被譽為世界食療學的鼻祖。
其著作《食療本草》是世界上現存最早的食療專著，乃集
古代食療之大成，與現代營養學相一致。為我國和世界醫
學的發展作出了巨大的貢獻；

（注16）中國古代十大女醫之一。著作有《唐志》著錄《黃庭內景
經》一卷。堪稱為「五運六氣」的思想指導、自然觀、生
理病理觀、病因病機論、診治法則、方藥理論、運氣計算
方法及其在醫學中的運用；

（注17）見《黃帝內經　素問》北京　人民衛生出版局　2005〈卷二四
氣調神大論篇第二〉頁4；

（注18）此七篇如若「運氣學」的總論，乃前賢唐代王冰所補述。
堪稱為「五運六氣」的思想指導、自然觀、生理病理觀、
病因病機論、診治法則、方藥理論、運氣計算方法及其在
醫學中的運用。見百度百科五運六氣條；。

（注19）〈四季調神大論篇〉論的是天地自然本氣的性質；〈生氣通天
論篇〉論的是人體陰陽本氣與寒、暑、濕、氣等狀況。此
二篇不屬於「運氣學」的七篇；

（注20）同（注17）〈卷一生氣通天論篇第三〉頁4；

（注21）同（注17）〈卷一四氣調神大論篇第二〉頁4；

（注22）同（注21）；

（注 23）見《中醫名言大辭典》中原農民出版社 1991；頁 54；

（注 24）同（注 17）〈卷十九 天元紀大論篇第六十六〉頁 128；

（注 25）同（注 17）〈卷十九 五運行大論篇第六十七〉頁 130-131；

（注 26）見《五運六氣詳解與運用》甘肅科學技術出版社 1987；〈第三章 太過不及與平氣〉頁 28；

（注 27）同（注 17）〈卷十九 天元紀大論篇第六十六〉頁 128-130.即天時主氣的分配固定；

（注 28）同（注 17）〈卷二十一 六元正紀大論篇第七十一〉頁 154-175.即地理客氣的輪轉搭配；

（注 29）同（注 17）〈卷十九 五運行大論篇第六十七〉頁 131；

（注 30）同（注 26）〈第四章 六氣 四.客主加臨〉頁 83；

（注 31）同（注 27）頁 129；

（注 32）距今三、四千年前，可能是我國東周時期的天文星圖。僅見於《黃帝內經‧素問‧天元紀大論》所引用，並未見於其他書籍且早已失傳；

（注 33）是古代中國天文學的術語，指的是天球上黃道和天赤道附近的二十八個星座。見維基百科二十八宿條；

（注 34）見《命理新論》臺北 三民書局 1962〈第三章 天干沖剋合化概論〉頁 17；

（注 35）同（注 33）〈第九章 四柱八字排列法〉頁 65；

（注 36）見《八字命理之奧密》台中 瑞成書局 1984〈第三篇 命局五行律數變化 第一章五行律數變化〉頁 67；

（注 37）見《造化元鑰評注》臺北 武陵書局 1987〈五行總論 八月辛金〉頁 495；

（注 38）見《三命通會》〈卷二 十幹化氣〉頁 62；

（注 39）同（注 17）〈卷十九 天元紀大論篇第六十六〉頁 129；

（注 40）同（注 17）〈卷十九 六微旨大論篇第六十八〉頁 136；

（注 41）同（注 17）〈卷三 六節:臟象論篇第九 〉頁 18；

（注 42）同（注 17）〈卷三 六節臟象論篇第九 〉頁 19；

（注 43）同（注 17）〈卷二十一 六元正紀大論篇第七十一〉頁 163

（注 44）同（注 26）；

（注 45）「五運六氣」的作者意圖將兩種曆法，陰曆和節氣，融為
　　　　　一爐；

（注 46）同（注 17）〈卷十九 天元紀大論篇第六十六〉頁 128；

（注 47）見《五行大義-中國哲學書電子化計畫》〈卷第二 辨體性〉

（注 48）同（注 47）；

（注 49）同（注 47）；

（注 50）同（注 47）

（注 51）同（注 24）頁 130；

（注 52）同(注 32)〈第四章 地支沖合會刑穿及其生肖〉頁 19；

（注 53）天干相同而地支相沖謂之。

（注 54）《傷寒例第三》乃《傷寒論》的症侯實例部分；

（注 55）見《注解傷寒論》北京 人民衛生出版社 2004〈卷二 傷寒
　　　　　例第三〉頁 32；

（注 56）同（注 53）頁 33；

（注 57）見《黃帝內經》〈太素 卷三 調陰陽 〉；

（注 58）同（注 53）〈辨太陽病脈證並治法上第五〉頁 52；

（注 59）該年大雪節為 12 月 7 日；

（注 60）同（注 29）；

（注 61）該年立冬節為 11 月 7 日；

（注 62）見《五運六氣》上海 上海技術出版社 任應秋編 1959；
　　　　　頁 75。

第二節　中醫十二經脈與易經六爻卦的對應與隸屬

壹。易理是研究經脈的依據

中醫的根本在於《周易》及其所包含的易理，是公認的事實。《素問上古天真論篇第一》即有如下的記錄：「歧伯對曰：上古之人。其知道者。法於陰陽。和於術數。」[注1]。所謂陰陽和術數皆易學也。諸多中醫經典之作，也多提及以易理作為準繩，不再贅述。唐代名醫有藥王之稱的孫思邈也說過，「不知易。不足以為太醫。」[注2] 的名言。明代傑出中醫張景岳[注3] 也認為「可謂一言一字，皆藏醫學之指南；一象一爻，皆寓尊生之心鑒，是中醫學之淵藪。」清代經學家廖平[注4]，曾將詩經，易經，內經等三者反復印證。證實內經的理論本於易經，而其數理又取決於「圖書」。總而言之，易學指導了千年來中華文明的演進，其哲理廣泛的存在於傳統的人文科學。正如孔子所說的「易與天地准。故能彌綸天地之道。」[注5] 易理既能涵蓋天地間的事務，又怎麼不能指導醫學呢？自古至今，不少書籍談到易與醫時，只觸及原則性的概念，而無法深入細節。中醫與易學，雖有如房宇和地基的密實關係行之多年卻未見兩者間的必然性。偶有相關的著作，卻總是失於原理根據的誤謬。每每將自創的卦理，用來解釋其書中的醫理。然而傳統的易理，既然出自《周易》，其涉及範圍既廣且深。上自天文下至地理，其中道理更可做為人類行為的準則。如此多元性的學理做為中國文化的根本，已行之數千年。又豈能任意竄改其原則和性質？或彼等總推說其自創的卦理淵自夏朝的「連山易」或是殷商的「龜藏易」！只是「連山」及「龜藏」在漢代初年即已失佚，並無實質資料可考。除非考古實物出土，難以證明其自創卦理的真實性和可靠性。若以易理作為推展針灸與經脈的藍圖，則中醫學如何從已知的臟腑關係，縷出易理的常規？千年來，我

們看到了人體經絡與三劃卦的對應，卻從來沒有過契合臟腑關係的六劃卦，出現在中醫學中。所謂契合的關係，是學理必須與事實相呼應。因為卦理一向不離傳統的認知，乃根源于自然現象的法則，是應用數千年的人文科學。況且三劃卦是單卦，是變化的啟始，具備著開拓及單純的特性。而六劃卦是重卦，是變化的結果，具有著延續而複雜的性質。蓋人體的構造，是肇始與成長並存的結構，無論由精卵到成體，或是由幼兒到成人，都存在著這種並存的結構體位。人體的功能也是如此，無論是五臟六腑本身及其相互運作的系統，或是由形體到官竅的聯繫，都表現著單純與複雜並列的性質。所以起始的三劃卦並不足以展現人體成長而延續的複雜生理系統。所以探討易理與經脈的研究，必須在重卦的六十四卦中剝析出十二經脈的歸屬方為首要。子曰：「必也正名乎…君子於其所不知。蓋闕如也。名不正。則言不順。言不順。則事不成…」(注6)。所以今日探索易理與經脈間的關係，首重易經中那十二個卦可以代表這十二正經呢？也就是說想要藉著易理來對經脈作深入的探討，必須先正其十二經之卦名。能正其卦方能知其象，明其理。才能探索出經脈更多的細節作為日後病理治療的根據。

貳。認知易的卦象與變數

　　易學自古被稱作象數之學，是因為易理首重觀象及變數。所以取象和數變的原則，就是研究易理與經脈的基石。傳統"周易"的原則是人法於天。易理所謂的天，指的是自然，或是時間。因此根據自然天文的數與象，向來是指導傳統文化的最高指標。尤其是代表自然數的「河圖」與「洛書」。孔子認為該數列是一切數象的根本。誠如《繫辭上傳卷三》中所云：「參伍以變錯綜其數。通其變遂成天地之文。極其數遂定天下之象。非天下之至變其熟能與於此。」(注7)。

　　蓋卦有單卦(三畫)、重卦(六畫)之別。單卦源於四象，所謂「易有太極。是生兩儀。兩儀生四象。四象生八卦。」(注8)。欲知其卦象得先明其自然大象為根本，即天、地、水、火、風、雷、山、澤。其次「近取諸身」(注9)，以人身的位置和意義來定象。故乾為首、坤為腹、兌為口、離為目、震為足、巽為股、坎為耳、艮為手。再者「遠取諸物」(注10)，乃由物的性能方面，推想日常所知的事物。故乾有馬象、坤有牛象、兌有羊象、離為雉象、震為龍象、巽為雞像、坎為豕象、艮為犬象。以上所述皆為造卦的基本象義，故又稱作「本象」。但由於世間事物繁多，「本象」並不足以喻之而〈說卦〉有「廣象」(注11)。「廣象」不足又加以「逸像」(註12)，「逸像」不足又增以「補像」等。

　　蓋易之象、數二者相合相連。而象根於數，數寓於象。無論是由象推數，或是由數合象，自有確定的範圍及詳細密實的數理。是故言象必兼數，言數必兼象。惟後世學易多以數象至艱，理則難明。其實易之象數本法於天地，而後觸類引伸，致能彌綸天地之大道。既能擴及天地之大，可知列象之多，取象之繁不勝枚舉。特將取象明數的原理陳述於下：

(一) 易經中，決定取象的指導原則有三(注13)：

　(1) 明體用，知卦的結構和功能。由數可知其體的狀態、範圍和功能。觀象需以數為準，由數可知象的大小、遠近、和動靜。體為用之主，用為體之能。

　(2) 察情偽，明瞭重卦(六爻)上下兩卦間的關係。重卦可見主體與對體關係，以及兩互卦(注14)善惡情形，善則吉惡則凶。

　(3) 探消息，重卦的爻位是否當位 (注15)？　是否得時得用？當位者乃六爻的正當位。

(二) 根據以上取象原則，可以延伸出八種取象的方法：(註16)

　(1) 取卦畫象。卦狀形如事物，如山雷頤；火雷噬嗑。

　(2) 取卦性情。由內外卦的性情以明事物之象，如澤山咸。

　(3) 取卦體象。陽在上象止，陽在下象動，陽在中象陷，陽
　　　在上下象離。陰在上象悅，陰在下象入，陰在中象麗，
　　　陰在上下象坎。

　(4) 由二至四爻，三至五爻成為互卦。能因互卦而見其象。

　(5) 陰陽爻位對換的錯卦立象，如天澤履---地山謙。

　(6) 上下卦的對調後再顛倒的綜卦立象，如水風井---澤水
　　　困。

　(7) 爻相因取象。如澤火革，錯爻成山火賁，而有豹變。

　(8) 爻變立象，如六書中的假借，水澤節，兌陰爻出自坤母。
　　　故兌亦言「不傷財，不害民」。

(三) 易理中，數的意義：

　孔子認為數是變化的根源，象和數是分不開的。正如同陰
　和陽互相包含。可說是象中有數，數中有象。易理中，數
　主要是根據「圖書」天文的自然數，又可分為三種性質的
　數，即自然數、數數、和理數。

　(1) 自然術數是易學最重要的原理。乃「圖書」的思想，是
　　　建立易學的根本。包含了數的形態，本是來自天文的景
　　　象，其中蘊含著天地運轉的道理，是古聖成方圓，立規
　　　矩的準繩。但是「河圖」與「洛書」，自古被流傳作神

奇式的傳說。所謂的「龍馬」和「神龜」。雖然傳奇易於流傳卻缺少了科學的根據，失去了理論的說服力。本文作者經過連續十年的夜觀天象，完全以天文解讀了「河圖」與「洛書」的實質變化。並將整個過程記錄在本書上部《易海釋源 第二章 河圖洛書》當中，致使「圖書之數」不僅恢復了天文本來面貌，更能成為合乎科學立論的根據。本章因限於篇幅而不再贅言其形成原因。

(2) 數數。即所謂「天數五。地數五。五位相得而各有合。天數二十五。地數三十。凡天地之數五十五。」的奇數和偶數。凡象必有數以定其形，因數而成其象。

(3) 理數。是道理的始末，而並非數字的數。比如說心有城府的「心中有數」 和亡國之象的「氣數已盡」。這裡的數絕非數數所能代表。這個理數或本于自然、或本于人心， 所以有象之前多存在理數。有象之後多存在數數。而「圖書」的數象，又為理數的根本。其含義已超越了理數和數數，是一切哲思的本源，是易學的基本法義，更是中華文化的源起所在。

(四) 認知世應

世應爻代表相交感的雙方。世爻代表己方，應爻則是相應的對方。由卦象的世應爻，可知卦象的主客關系。六十四卦分作八宮，即乾、兌、離、震、巽、坎、艮、坤。每宮各八卦，每卦六爻，每爻配以渾天甲子及六神關係（比、食、財、官、印）。每卦另有二爻以配世、應。乾宮八卦屬金、兌宮八卦屬金、離宮八卦屬火、震宮八卦屬木、巽宮八卦屬木、坎宮八卦屬水、艮宮八卦屬土、坤宮八卦屬土。以下特以乾宮八卦（天、垢、遯、否、觀、剝、晉、大有）為例：

1 乾為天	2 天風姤	3 天山遯	4 天地否
印戌土　世	印戌土	印戌土	印戌土　應
比申金	比申金	比申金　應	比申金
官午火	官午火　應	官午火	官午火
印辰土　應	比酉金	比申金	財卯木　世
財寅木	食亥水	官午火　世	官巳火
食子水	印丑土　世	印辰土	印未土
5 風地觀	6 山地剝	7 火地晉	8 火天大有
財卯木	財寅木	官巳火	官巳火　應
官巳火	食子水　世	印未土	印未土
印未土　世	印戌土	比酉金　世	比酉金
財卯木	財卯木	財卯木	印辰土　世
官巳火	官巳火　應	官巳火	財寅木
印未土　應	印未土	印未土　應	食子水

叁 。應用於經脈的象數原則

(一) 由卦象中認知卦位(注17)。卦中取象，卦位佔有重要的比例。
　　《易傳》中涉及「位」之處甚多，像是《繫辭》中有「卑
　　高以陳貴賤位矣」；《象辭》中有「剛之位」，「位得當」
　　等；《說卦》中有「天地定位」，有「君臣然後有上下」
　　等等。在六十四重卦中，約略可分出九種卦位：

(1) 重卦有上卦的上位、下卦的下位；

(2) 重卦有內、外位，　外卦為上，　內卦為下；

(3) 重卦有前、後位，　上卦為前，　下卦為後；

(4) 重卦有陰、陽位，也叫陰陽卦，　如地天泰卦；

(5) 重卦有剛、柔位，如天地否卦，外剛而內柔；

(6) 重卦有遠、近位，　遠為外卦/上卦，　近為內卦/下卦；

(7) 重卦中，一二爻象地，三四爻象人，五六爻象天；

(8) 相同重卦有平行之位；

(9) 由於爻位相錯，　以致卦的陰陽相反。

(二) 河圖諸數中顯示出以結構為主，功能為輔的原理：

(1) 河圖的陰陽觀，所謂的奇偶搭配，是做卦的緣起觀。宇宙
間各種生機的狀態，皆應有陰陽相呼應。河圖所顯示天
象的結構，也可應用於人體的經絡結構。尤其是表裡經
脈的搭配結構，充分表現了河圖的陰陽思想.。

(2) 「參伍以變錯綜其數」河圖的五方五位啟迪了五行思想。
各行不同的數象，顯示出變化才是萬物發生的關鍵

(三) 洛書諸數中表達出以功能為主，　結構為輔的原理：

(1) 洛書合十的功能，表現出對宮強而有力的影響。可因對
宮的搭配，達成圓滿狀態，是解決方案的有力參考。

(2) 「參伍以變錯綜其數」也表現出洛書中央五的性情，展
示了隱性的恒差，是平衡功能的主要支撐。

(四) 卦中世應爻的對稱，可標示出經脈的主客體。能知經脈

的主客體，則能調整經脈的變易。可作為經脈辨證論治的
重要參考。

肆。生理關係與易理術數間的演進

　　生理的結構與功能，若能與易理的定義相吻合，按照易理
的卦性及臟腑的特質亦可發掘出代表十二經脈的重卦。

(一)術數配合臟腑的演進

　　歷代醫家對於術數的應用，乃秉著天人合一，象數同源
　　的觀念，基於河圖生成之體，將人的內臟配以圖書五數以
　　應五行。逐漸形成以術數為本的臟腑關係，在演進過程中
　　如前文所言（p.99），首先用生數表五臟以示先天為生成
　　之本。 故以「7」表五臟之心，因心為五臟之首. 以「9」
　　表五臟之肺，因肺為心的旁護。以「5」表五臟之脾，因
　　脾居身體中心。以「3」表五臟之肝，因肝主升，主動，
　　故以震卦3象之。因腎居於下，以「1」表五臟之腎。

(二)五臟位置既定，以河圖數比對臟腑的功能。可見諸臟腑的
　　表裡關係，及屬性如下：

　　(1) 心的功能，主要在於心氣推動血液在脈中運行，流注全
　　　　身。有傳輸營養和滋潤的作用。而小腸則不僅能受盛與
　　　　化物，更能分清別濁的吸收營養津液和排出糟粕到大腸
　　　　的功能。所以二者不僅功能相輔相成，且有經脈相互絡
　　　　屬，故為表裡。因兩者皆有推動和傳輸熱能的特性，故
　　　　其特性為火，屬熱。火有陰陽的不同，心為陰為2，而小
　　　　腸為陽，故為7。

　　(2) 肝主舒泄，具有保持全身氣機疏通不滯，散而不鬱的作
　　　　用。膽與肝相連接位於肝的短葉中，膽內貯藏膽汁， 可

注於腸內以助小腸的化物作用。膽汁來源於肝，由肝的餘氣所化；而膽汁能泄注於小腸，又賴於氣機的調暢，所以膽的活動，膽汁的分泌與排泄，均取決於肝主舒泄的功能。若此，一則結構相連，一則功能互輔，故為表裡。更因升動舒泄與木的曲直散泄之性相同，故二者性皆為木屬風。但木有陰陽的不同，肝為陰為8，而膽為陽為3。

(3) 脾與胃以膜相隔，一主升、一主降。雖相反卻互相輔助，因而完成了對食物的消化、吸收、運輸、及容納的作用。故互為表裡.又因脾、胃為升降的樞紐，居身體的中央/中焦，故以土論之。雖同為土，但脾喜燥忌濕，胃則喜濕忌燥。所以二者皆以濕性為準繩，其共性為土，屬濕。但土亦陰陽有別，脾為陰為10，胃為陽為5。

(4) 肺主氣，能從自然中攝取清氣而排出體內的濁氣。有肅降、宣散的功能。而大腸則以傳化糟粕為主要功能。二者更以經脈的絡屬相連接，故肺的肅降有助大腸的傳導作用。何況氣為水之帥，故肺能疏通調節全身水液運行的通道；而大腸則接上傳下將糟粕排出體外。因此二者互為表裡。也因二者皆有沉降的性質，故共性為金。但金亦陰陽有別，肺為陰為4，大腸為陽為9。

(5) 腎藏精，其精可化為氣。其氣通過三焦，布散全身。能促進機體的生長，發育和生殖。膀胱則有貯尿和排尿的功能，此等功能均依賴於腎的氣化固攝，以維持水液的正常代謝。同樣的，膀胱調節了腎成品的儲存和排出。兩者功能互輔互成，互為表裡。且腎與膀胱通過經脈互為絡屬，更以全身血液和津液的運行及排泄為主，故共

性為水。但水亦陰陽有別，腎為陰為6而膀胱為陽為1。
見下圖以河圖數配置臟腑：

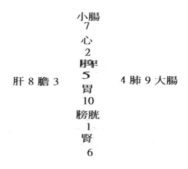

(三)其次，更以臟腑正應陰陽五行，以明生理結構等諸性情。
因臟為陰而盡配陰干，腑為陽而盡配陽干。所以甲為膽，
乙為肝，以表木的陰陽；丙為小腸，丁為心，以表火的陰
陽；戊為胃，己為脾，以表土的陰陽；庚為大腸，辛為肺，
以表金的陰陽；壬為膀胱，癸為腎，以表水的陰陽。見以
下附圖關於陰陽五行與臟腑的配置：

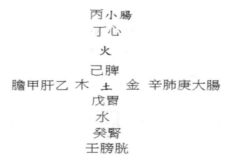

(四)若更以「先天卦」配以「洛書」數，將結構與功能合一。
見以下附圖用洛書數配先天卦及經脈圖，得圖文闡釋如下：

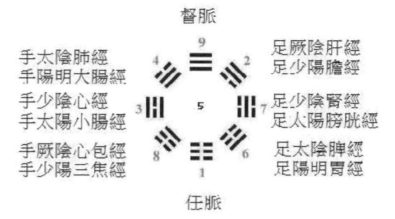

(1) 上圖是以經脈藉著相同卦象，表現出相同性質但陰陽有別的表裡關係[注18]：

　　(a) 以九居乾為天以示外。總表督脈統一身之陽及外在。

　　(b) 以一居坤為地以示裡。總表任脈統一身之陰及內在。

　　(c) 以二居巽為木，示表裡足少陽膽經和足厥陰肝經。

　　(d) 以三居離為火，示表裡手太陽小腸經和手少陰心經。

　　(e) 以四居兌為金，示表裡手陽明大腸經和手太陰肺經。

　　(f) 以六居艮為土，示表裡足陽明胃經和足太陰脾經。

　　(g) 以七居坎為水，示表裡足太陽膀胱經和足少陰腎經。

　　(h) 以八居震為火，示表裡手少陽三焦和手厥陰心包經。

(2) 上圖中，若再以「洛書」對角合十特性配以卦象，可見：

  (a) 一與九的數及卦象，任督二脈有成否極或泰來之勢；

  (b) 四與六的數及卦象，有手足同名經補益及宣瀉之勢；

  (c) 三與七的數及卦象，有手足同名經克中能生之勢；

  (d) 八與二的數及卦象，有手足同名經氣逆無制之勢。

(3) 若此不僅可見全身十二經脈的分配及連結，起於手太陰肺經，終於足厥陰肝經。更使經脈符合成卦的次序，所謂的乾於坤，兌於艮，離於坎，和震於巽。也使得人體的經脈功能合于易理的邏輯運行。如此人身先天的體位，藉由後天的作用而能自然相通、相輔，而相成。不只驗證了人身生理與自然法則的不謀而合，也再次印證了天人合一的理念。

(五) 由上圖的卦數與經脈的配合，能以易理比對臟腑關係而知人體相同的生理機能。

(1) 脾的功能，在於運化後的升清。無論是氣或者是津液都送去了同是太陰的肺經；

(2) 胃的功能，在於受納後的降濁。無論是氣或者是津液都送去了同是陽明的大腸經；

(3) 心既是血的推動力(氣)又是諸血(液)所歸，是人體陽氣的根本。而腎能藏精、主水和納氣，是人體陰液的根本。心與腎乃「水火之宅」，二者有著息息相關的互輔性。所以心火腎水相交融(既濟)不只是長壽健身之道，更是傳統修身練氣的不二法門。若心腎不交(未濟)而身心

　　兩虧，則一切養生修身的法則皆屬妄然。

(4) 小腸主要功能在於對食物的消化和吸收並分清別濁，使清的津液去了膀胱。而膀胱再次分清別濁，將清者為汗濁者為尿的排出體外。

(5) 心包主要是保護心臟代心受過(心火)。所以無論是肝實的肝陽上亢或肝火上炎，心包均是直接的受害者。

(6) 三焦為元氣通行和水液運行的通道，但見膽囊濕熱、膽鬱痰擾、及肝氣鬱結所造成的脅肋漲痛都脫不開與三焦的直接關係。

　　如此人身諸經的先天卦體位，藉由後天卦的作用，皆能相通、相輔、和相應。誠如《靈樞九針十二原第一》所說，「知其要者一言而終。不知其要流散無窮。」 (注19) 所以用易理比對生理，不只驗證了人體結構與自然法則的不謀而合，更再次印證了天人合一的理念。

伍。生理卦的形成

　　由易理原則及臟腑特質，能確定十二正經的代表卦。

(一)十二正經卦形成的法則：(1) 五行 (2) 陰陽 (3) 卦位 (4) 卦理。

(1) 根據五行：肺、大腸屬金；脾、胃屬土；心、小腸屬火；心包、三焦屬相火；肝、膽屬木；腎、膀胱屬水。

(2) 根據陰陽：五臟及心包絡屬陰卦；六腑屬陽卦

(3) 根據卦位：重卦有上、下位， 外卦為上位，內卦為下位；上卦為前位，下卦為後位；外卦為遠位、內卦為近位；重卦有陰陽位、及剛柔位；相同重卦有平行之位。

(4) 根據卦理:：以爻爻相錯，陰陽互變為取卦法則。

(二) 十二經脈的卦別：乾卦為督脈，坤卦為任脈。二者為父母卦，不列入十二經卦。

(1) 肺和大腸經屬金， 故以三畫兌卦為根本。兌為陰性而嬌嫩，誠如肺為嬌臟，實為三畫卦兌卦的本色。故肺經的六畫卦為三畫兌卦的重複；大腸經雖亦屬金，但為陽。因大腸居於肺之下，所以肺兌六畫卦的內卦宜變錯爻位為艮卦，故大腸經的重卦為上澤下山的咸卦。大腸經的下艮卦屬土，誠如大腸在下輸送糞土。

(2) 脾和胃皆屬土，故以三畫的艮卦為本。艮為陽，為山丘。誠如胃能儲藏受納，且為陽。故胃經的六畫卦為三畫艮卦的重複；脾亦屬土但為陰且附於胃後，故胃艮重卦的下卦宜變錯爻位為兌卦，所以脾經的重卦為上山下澤的損卦。

(3) 心和小腸皆屬火。火為離卦為陰、為麗火。是溫煦輸布的能源，誠如心的能量可以推動血液的運轉。所以心經的三畫卦以離卦為本，而心經的六畫卦為三畫離卦的重複。雖然小腸也以傳送輸布為主，但其性為陽且在心之下，故心經重離卦的下卦宜變錯爻位為坎卦。所以小腸經為上火下水的未濟卦，正如同小腸有推動氣化與輸布津液汗尿的功能。

(4) 膀胱與腎皆屬水，水為坎卦。坎為為卑濕，為溝瀆乃

是陽卦。因此膀胱經的三畫卦是以坎卦為本色。而膀胱經的六畫卦則為三畫坎卦的重複。又因膀胱距心臟較遠而腎距心臟較近，故膀胱經重坎卦的下卦宜變錯爻位為離卦以表腎經，所以腎經卦為上水下火的既濟卦。此卦乃陰陽卦，正如腎為水火之宅含腎陰及腎陽。

(5) 肝與膽皆屬木，木為巽卦。巽為風、為樹。性柔和而散泄。屬陰卦。由此肝經的三畫卦以巽卦為本色，所以肝經的六畫卦為重巽的卦象。而膽腑為陽且居於肝臟之下。所以膽經的重卦，應是重巽卦的下卦宜變錯爻位為震卦而成上風下雷的風雷益卦。

(6) 心包與三焦屬相火。相火者次於君火且為火之助者。故謂之宰相之火。八卦中惟有震卦為陽木，乃火的長生位。震卦為雷，性升動為陽。乃陽木生火之象(即相火)，因此重震卦為三焦經的卦象；心包性柔不同于三焦的陽剛。且心包居於三焦之內，故心包經應是重震卦的下卦變錯爻位為巽卦而成上雷下風的恒卦。

陸。十二經脈重卦象圖

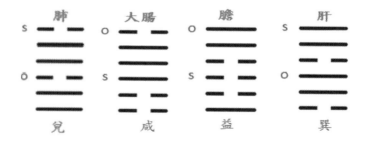

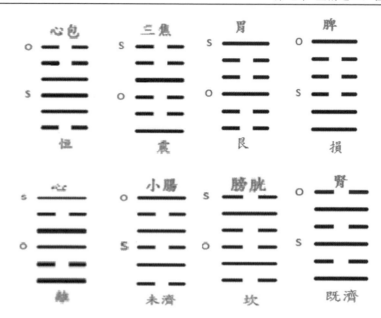

柒。驗證

　　承繼前賢對易學與經脈諸關係的推演[注20]，本文更延續其理而創建了十二正經脈與六爻重卦的對應。其中具有以下諸特點：

(一) 卦象與脈象

　　(1) 肺吸清呼濁，腎氣化蒸騰，三焦通行元氣，均需津氣上行，故卦象皆開口在上。

　　(2) 大腸上承下輸，心包通連三焦，膀胱貯尿排尿，皆有來有去，故卦象上下皆開口。

(3) 肝的舒泄調暢，小腸的化物出焉，胃的以降為和，皆重在下達，故卦象開口在下。

(4) 心臟運行血液於血脈之中，脾經運化水穀精微於機體之內，而膽汁分泌後貯藏於膽囊，皆重在封閉的環境中運作，故上下皆不開口。

(二) 卦體與經脈：

(1) 凡同名經皆有相同下卦。如太陰的肺經和脾經皆源於兌卦；如陽明的大腸經和胃經皆源於艮卦；如少陰的心經和腎經皆源於離卦；如太陽的小腸經和膀胱經皆源於坎卦；如少陽的三焦經和膽經皆源於震卦；如厥陰的心包經和肝經皆源於巽卦。

(2) 所謂陽經陽屬，陰經陰屬。更可見經脈循行，陰陽增減次第有所不同；若順行，陰之位由太陰，少陰，而厥陰遞減。陽之位則由少陽，太陽，而陽明，漸增。. 若逆行，則陽之位由陽明，太陽，而少陽遞減。陰之位則由厥陰，少陰，而太陰，漸增。誠如年、月、日、時，陰陽之氣周而復始，循行不已.

(三) 卦德與經脈：

(1) 現行的宇宙，無論是生命體或是自然現象，都處於能量為基礎的狀態。能量的流通是一種動態，必然有主體和客體的對應。這個對應代表著互相交感的主客方。

(2) 易經六十四卦中，卦卦皆有主、客體的對應。但除了乾坤的父母卦外，只有這十二個經卦的主客體（世爻、應爻）位在第三爻和第六爻上。三爻與六爻的對應，代表了

追求人與天、陰與陽、生命與自然的相應。充分達成了人天合一、人天相應的哲理。

(3) 所以這十二個卦的配置，是從自然數、臟腑特質、卦性和五行的搭配。所得到了最完美的組合，更驗證了其推演的正確性。

(四) 彖象卦辭與經脈性情的相應：

將十二經卦中的諸卦彖辭，應用於解析十二經脈如下：

(1) 肺經於兌卦。兌卦辭曰，「兌亨利貞」(注21)。是說肺要運行順暢，必需堅守其本性。其彖辭曰「兌說也。剛中而柔外。說以利貞。是以順乎天而應乎人。說以先民。民忘其勞。說以犯難。民忘其死。說之大。民勸矣哉。」(注22) 此句用以解釋於肺經，肺在工作時的狀態必須是歡愉的。肺的特性是內剛毅而外柔順。內剛毅是能堅守其宣發、肅降的本性。外柔順是指容易受到外在氣候的影響。能堅守本性，才能使其運行順暢。因此肺對外要能順應天氣的變化，對內要能配合機體的需求。肺經若能運行順暢，機體就不會有勞頓之苦。肺經若能抵擋外來的災邪，機體就不致生病或死亡。所以大家要珍惜肺能愉悅工作的重要性啊！

(2) 大腸經於咸卦（澤山）咸卦辭曰，「咸亨利貞取吉」(注23)。是說大腸經要能通暢而盡忠職守，更宜重視所攝取的食物和水液。其彖辭曰：「咸感也。柔上而剛下。二氣感應以相與。止而說。男下女。是以亨利貞。取女吉也。天地感而萬物化生。聖人感人心而天下和平。觀其所感。而天地萬物之情可見矣。」(注24) 用以解釋於大腸，

謂其功能在於交感。因其結構乃柔上剛下，致陰陽二氣
能交相感應。二氣由於感應而能喜悅相融。如同君子謙
下而能禮敬女子，恪守本分而亨通順利。大腸經以陰柔
為上位，喻為食物。故知大腸以善攝食物為先，其次將
吸收後的殘渣糟粕送至肛門，排出體外。這由上至下的
運化，皆由於大腸經具備著二者，所謂上能吸收、下能
傳輸，間的相互感應而成。此等感應，無疑的顯現出天
地間萬物眾生彼此的體恤之情，而終能使眾生平順安康。

(3) 胃經於艮卦。艮卦辭曰：「艮其背不獲其身。行其庭不
見其人。無咎。」(注25) 這是說，將食物納入胃中時，並
不需要瞭解胃的結構及運作。其象辭曰：「艮止也。時
止則止。時行則行。動靜不失其時。其道光明。艮其止。
止其所也。上下敵應。不相與也。是以不獲其身。行其
庭不見其人。無咎也。」(注26) 用此句解釋於胃經，是說
胃有運化與否的功能。該消化的時候消化，該停止的時
候停止。消化與否，若能掌握住時機則胃經必能健康無
礙。胃的運作功能會停於固定的所在，它的輸入與輸出
是相互對應而不相互協調。所以說將食物納入胃中時，
是否瞭解胃的結構和功能是沒什麼關係的

(4) 脾經於損卦（山澤）。損卦辭曰：「損有孚。元吉。無
咎。可貞。利有攸往。曷之用。二簋可用享。」(注27) 這
是說脾是利於升清的，其運化的作用能利益機體，能持
恒則無害處而無往不利。它是怎麼運作的？只要按節令
來用膳即可。其象辭曰：「損。損下益上。其道上行。
損而有孚。元吉無咎。可貞。利有攸往。曷之用。二簋
可用享。二簋應有時。損剛益柔有時。損益盈虛。與時
偕行。」(注28)。此句用以解釋脾經：脾是利用下面的資

源來利益上面的臟器。脾是利於升清的，是把下面的資源，向上輸送到肺、心、頭、目，甚至透過心肺以生化氣血，營養全身、饒益健康。脾能恆常運作，則無疾病咎害，而增益機體。它是怎麼做到的呢？只要依照時令，享用適量的食物即可。無論是機體的調整陰陽，或是補虛去實，都得配合節令來用膳。

(5) 心經於離卦。離卦辭曰：「離。利貞。亨。畜牝牛。吉。」(注29)。這是說心臟能本分而持恒的運作才能亨通有利。養心，正如養成母牛般溫馴的個性方為吉祥。其象辭曰：「離。麗也。日月麗乎天。百穀草木麗乎土。重明以麗乎正。乃化成天下。柔麗乎中正故亨。是以畜牝牛吉也。」(注30)。用以解釋於心經，心臟是機體的明燈，一如日月在天上的明亮，一如植物在土地上的美麗，正如加倍的光明更能表現出正道而能教化天下。心臟具備上下中正的柔順之位，有此亮麗而柔順的特質，必然能夠通行無阻。所以心性要養成如母牛般的溫馴才是吉祥健康啊！(意指保持平和的心態，才不會造成血壓衝擊血管壁的各種冠心疾病)

(6) 小腸經於未濟卦（火水）。未濟卦辭曰：「未濟。亨。小狐汔濟。濡其尾。無攸利。」(注31)。這是說小腸經的運作順利，其狀態正如小狐狸快要渡過河時，尾巴雖打濕了，好像也沒啥收穫。其象辭曰：「未濟亨。柔得中也。小狐汔濟。未出中也。濡其尾。無攸利。不續終也。雖不當位。剛柔應也。」(注32)。此句用以解釋小腸的運行順利，是因為秉持了柔順的天性。一如小狐狸渡河時的情形，表現出小腸運作的狀態。雖然尾巴濕了，也沒得到任何好處，也不能繼續到終點。這好像所做都不

適當，但由於恰到好處的配應，完成了機體賦予的天職！這是就小腸的功能經常是處於運作當中而言。由受盛、泌別到傳化等作用，小腸所作都是中間轉化的處理過程。其處理既需要親自接觸（濡其尾），自身雖得不到任何好處和結果，可是卻能利益了整個機體（無攸利，不續終也。雖不當位，剛柔應也）。

(7) 膀胱經於坎卦。坎卦辭曰：「習坎。有孚。維心亨。行有尚。」(注33) 這是說膀胱經乃重複的三畫坎卦，利於升。但要維持脈中亨通，需注重膀胱經的調劑。其彖辭曰：「習坎。重險也。水流而不盈。行險而不失其信。維心亨。乃以剛中也。行有尚。往有功也。天險。不可升也。地險。山川丘陵也。王公設險以守其國。險之時用大矣哉。」(注34)。用以解釋於膀胱經，重複的三畫坎卦，代表著雙重的危機。正如水流其中而不滿溢，雖行經了險隘也能堅守其信念。維持脈中的貫通是因有剛毅的信念。能注重膀胱經的調整，必能看得見功效。脈中有高高在眼、瞼上的天穴，也有低低在腳骨縫間的地穴。正如古代將侯在險要的地方設置關隘以保護其國境的安全。同理，這些重要的穴位，在疾病來臨時也可有治療的重大作用。

(8) 腎經於既濟卦（水火）。既濟卦辭曰：「既濟. 亨小。利貞。初吉。終亂。」(注35)。這是說腎經的通泰，若不珍惜其運作的成功而失於維護，即使開始時運作順利，最後必招致危疾。其彖辭曰：「既濟亨。小者亨也。利貞剛柔正而位當也。初吉。柔得中也。終止則亂。其道窮也。」(注36)。此句用以解釋腎經，可說腎經的狀態在沒用心維護下，開始也能維持一陣子的通泰。這是因腎經

中天生的結構，水火/陰陽、精氣/津血皆得當所使然。但最後仍難免陷入了危難之中，因為沒能及早的維護而致窮途末路了。

(9) 心包經於恆卦（雷風）。恆卦辭曰：「恆。亨。無咎。利貞。利有攸往。」 (注37)。這是說心包經亨通而無害，特得利於本性的持恆，必能造福機體。其彖辭曰:「恆。久也。剛上而柔下。雷風相與。巽而動。剛柔皆應。恆。恆。亨。無咎。利貞。久於其道也。天地之道恆久而不已也。利有攸往。終則有始也。日月得天而能久照。四時變化而能久成。聖人久於其道而天下化成。觀其所恆而天地萬物之情可見矣。」 (注38)。用以解釋於心包經，心包經需持久的運作，則能亨通。因陽剛在上，陰柔在下。雷風的交相影向，使得下卦的巽也起而動之。若此剛柔相呼應，經脈才能長久的運行。能持久的心包經，才能亨通而無害。故利於堅持本性，長存其道。天地的運行，也是持久運行而不會冒然停止啊！能夠循行不止，才能終而復始。日月因為時間的存在，而能謂之長久。季節因為時間持恆的變換，而能成就萬物。聖人也因為長時間的堅持理念，而能教化眾生。能察覺到這些恆常的細節則能領悟到寰宇的真性情。這都說明了心包經持恆的正常運作才能使機體長壽健康。

(10) 三焦經於震卦。震卦，辭曰：「震。亨。震來虩虩。笑言 啞啞。震驚百里。不喪匕鬯。」(注39)。這是說三焦經，雖會有著大聲的震動，而經脈是暢通無阻的。即使聲音大的嚇人，傳出了很遠以外，三焦也能從容應對而不會舉止失措。其彖辭曰:「震亨。震來虩虩。恐致福也。笑言啞啞。後有則也。震驚百里。驚遠而懼邇也。出可以

守宗廟社稷。以為祭主也。」(注40)。用以解釋于三焦經，是說三焦經的表現在於震動，而經脈常是暢通無阻的。即使有著駭人的巨響，也會因而導致一些利益的。能夠從容的應付，表示有著充分的準備；雖然超大的巨響，無論遠近都被驚嚇到的。但能處變不驚的應對，則能保護機體的臟腑。三焦經確實不愧為機體內在的守護者啊！

(11) 膽經於益卦（風雷）。益卦辭曰：「益。利有攸往。利涉大川。」(注41) 這是說膽經是有益於機體的，膽經在身中的作用是遠端的，能助益其他臟腑。其象辭曰「益。損上益下。民說無疆。自上下下。其道大光。利有攸往。中正有慶。利涉大川。木道乃行。益動而巽。日進無疆。天施地生。其益無方。凡益之道，與時偕行」(注42)。此用以解釋膽經，其能利用上面的資源來利益下面的臟器，機體自然健康長壽。由上而下的助益，必定是宏大光明，有利機體的運作。由於元素的配合恰當，而度過各種艱難，使得性質為木的膽經，順風通暢。因為膽經的運行，是生動而謙遜的。故能夠天天進益沒有止境。正如同天降雨露（膽汁），地生萬物而澤被蒼生了。所以膽經增益的意義，是無時無刻不在啊！

(12) 肝經於巽卦。巽卦，辭曰：「巽。小亨。利有攸往。利人。」(注43) 這是說肝經的運行不夠完善。真正要健康的運作，需要得到大力的濡養。其象辭曰：「重巽。以申命。剛巽乎中正而志行。柔皆順乎剛。是以小亨。利有攸往。利見大人。」(注44) 該句解釋於肝經，意謂著肝經本屬陰柔之經而重複單巽卦的含意，顯露出陰柔順從了強健的陽剛。雖能入於系統的運作，總因受肝陽壓制以致肝失疏泄，肝氣鬱結，故運作不夠完美。肝陽能使氣

血上亢，肝陰不足益使肝陽更為偏亢是為不美。故宜平
抑肝陽，息風止痙，濡養肝陰，以求陰陽相互制約，方
能大利機體。

捌。結語

　　本文雖以正名為本，更重在探討易理法則與十二經脈間
的關係。由適用於醫理的象數法則，以推演十二經脈的相應和
作用。從次第的對應中，漸次比對出經脈間的生理關係。這個
比對不只驗証了經脈藉由易理象數，傳達出臟腑間的互動和功
能。更可進一步確認十二經脈與易卦的配屬，而能顯示出經脈
更為深入的哲學意義。誠如《靈樞》所云，「能知六經標本者。
可以無惑於天下。」(注45)。相信借此十二經卦，對於針灸以及
中醫的後續發展，將會有相當的助益。

【第七章　第二節　中醫十二經脈與易經六爻卦的對應與隸屬
　附注】
（注 01）見《黃帝內徑　素問》北京　人民衛生出版社　2005〈卷一
　　　　　上古天真論篇第一　〉頁 1；
（注 02）見《類經附翼·醫易義》，明代醫學家張介賓曾說：「賓嘗
　　　　　聞之孫真人曰：不知易。不足以為太醫。」；
（注 03）本名介賓，字會卿，號景嶽，別號通一子，明代傑出醫學
　　　　　家，溫補學派的代表人物；
（注 04）字季平。晚號六譯。四川井研縣人。清末至民國時期學
　　　　　者、思想家。廖一生治經學，融合古今中外多種學說，形
　　　　　成一套獨特的經學理論體系，在中國學術史上佔有重要的
　　　　　地位；

（注 05）見《易經集注》臺北　文化圖書公司　1994〈周易　卷三　係
　　　　　詞上轉　第四章〉頁 94；

（注 06）見《四書讀本》台南　利大出版社　1985〈淪語子路第十三〉
　　　　　頁 257；

（注 07）同（注 05）〈周易　卷三　繫詞上傳　第十章〉頁 101；

（注 08）同（注 05）〈周易　卷三　繫詞上傳　第十一章〉頁 103；

（注 09）同（注 05）〈周易　卷三　繫詞下傳　第二章〉頁 106；

（注 10）同（注 09）；

（注 11）見《易鑰》臺北　天龍出版社 1983〈第六章　數象理的連鎖
　　　　　作用第四節廣象和逸象〉頁 236；

（注 12）同（注 11）；

（注 13）同（注 11）〈第六節　觀象要旨〉頁 246；

（注 14）見百度百科互卦條。易學名詞。即重卦去了初爻及六爻，
　　　　　中間四爻相連互分作上下兩卦；

（注 15）見百度百科當位條。易學名詞。即陽爻居陽位、陰爻居陰
　　　　　位，謂之得位，或者是稱當位、正位、位正、在位；

（注 16）同（注 11）〈第五節　取象八法〉頁 242；

（注 17）　見《斷易新論》臺北　希代書版有限公司　1981〈第三章
　　　　　世應裝卦原理〉頁 131；

（注 18）同（注 11）〈第五章　第十五節人身配合洛亦相通〉頁 222；

（注 19）見《靈樞經》北京，人民衛生出版社 2005〈卷一　九針十
　　　　　二原第一〉頁 3；

（注 20）見本章前文〈四。生理關係與易理術數間的演進〉

（注 21）見《易經集注》臺北　文化圖書公司　1994〈周易　卷二　下
　　　　　經〉頁 83；

（注 22）同（注 21）；

（注 23）同（注 21）頁 48；

（注 24）同（注 23）；

（注 25）同（注 21）頁 75；

（注 26）同（注 21）頁 76；

（注 27）同（注 21）頁 60；

（注 28）同（注 21）頁 61；

（注 29）同（注 21）〈周易 卷一 上經〉頁 47；

（注 30）同（注 29）；

（注 31）同（注 21）〈周易 卷二 下經〉頁 90；

（注 32）同（注 21）〈周易 卷二 下經〉頁 91；

（注 33）同（注 21）〈周易 卷一 上經〉頁 45；

（注 34）同（注 33）；

（注 35）同（注 21）〈周易 卷二 下經〉頁 89；

（注 36）同（注 35）；

（注 37）同（注 21）〈周易 卷二 下經〉頁 49；

（注 38）同（注 37）；

（注 39）同（注 21）〈周易 卷二 下經〉頁 74；

（注 40）同（注 39）

（注 41）同（注 21）〈周易 卷二 下經〉頁 62；

（注 42）同（注 41）；

（注 43）同（注 21）〈周易 卷二 下經〉頁 82；

（注 44）同（注 43）；

（注 45）同（注 19）〈卷之八 衛氣第五十二〉頁 108。

第三節 中草藥的陰陽五行屬性

壹。中醫與中藥，辨證與論治

　　中醫向以辨證與論治為綱領。辨證總結於寒、熱、虛、實、表、裏、陰、陽與五臟六腑所產生的變化，而五臟六腑的各經脈，本就具有五行的屬性，這個屬性常用做辨證的基礎。然而辨證的五行和論治用藥的五味並不相等，再加上陰、陽、寒、熱在其中的變化，更讓習醫者抓不到要領，況且臨床診療多見寒、熱與虛、實夾雜。症侯治癒的程度，除了辨證功夫的到位，還需要對藥性的充分認識，而中醫治療的重點較偏重個人化，即使相同主訴的病人，其兼、次證侯也不盡相同，常見到異病同治或同病異治的情形，而如何靈活應用中藥也佔有相當重要的比例。因此在對治證侯時，能充分瞭解中藥的五行屬性使藥性發揮到最大的療效，是作者提倡中草藥五行屬性的最大目的。

　　中草藥的性味歸經，自古皆本於《神農本草經》，簡稱《本草》。是現存最早的中藥學專著，其作者不詳，約成書于秦漢時期。書內記載的藥物凡365種，分上品、中品、和下品共三品，原書早已佚失。南朝陶弘景為《神農本草經》做注，並補充了《名醫別錄》(註1)。編定《本草經集注》共七卷，把藥物的品種數目增加至七百三十多種。清朝孫星衍(註2)將《神農本草經》考訂輯複，成為現在的通行本。中藥以味比分類，論有實據，這原來是最好的取用法則，只是中醫在辨證的分析時除了寒、熱、陰、陽，亦多涉及五行的偏專與調和。因此在充分認知藥性功能的前提下，致力於推廣中藥的陰陽五行屬性，也可作為辨證論治時用藥的依據方法。

　　中藥的性能分類，大約可分為四氣的寒、熱、溫、涼，和五味的辛、甘、酸、苦、鹹，以及四個氣機的升、降、浮、沉。嚴格的說，四氣實為寒、熱二氣，溫、涼只是寒、熱不同的程度差異。而四個氣機，僅是就炮製方法的功用而言。所謂升、浮屬陽，降、沉屬陰。至於五味更是基本的滋味，實際上，又可分為辛、香、甘、甜、酸、澀、苦、辣、鹹、淡等諸味。而醫典在形容中藥時，常常以四氣的寒、熱、溫、涼，加在五味之上，有時是表達同一樣的特性卻有不同的歸經，像是黃岑、黃蓮的苦寒。有時又是要表達出相似而異的功能，像是花椒、高良姜的辛熱。所以要將中藥的四氣、五味、和五行理論放在一起，作上等號，基本上就困難重重。更遑論要將辨證和論治放在同一個系統下去分析比較了。但是作者鑒於五行干支中的十天干，本來就具有五行及陰陽的本質，更是地支的元素(注3)，概括著寒、熱、陰、陽、升、降、浮、沉、表、裏、虛、實等特質。若能將天干也表現諸味的特色，則無論是陰、陽、寒、熱、諸味、及五行所涉及的各項變化，都能因天干之間的關係而縱貫連橫。也因而能表達出中藥內含的各種特性。尤其是治與證之間，更能緊密的契合在一起。如此將諸味的特性相等於諸天干的特質，借著諸味與天干的轉換，讓五行的象義和法則，充分的展現在中藥的應用上。

　　古代道醫陶弘景著有《輔行訣》一書，以五行作為中藥歸類的準則。然而，當時五行的思想還醞釀在演進的過程中，其分類並不完全是以藥味的五行特質來區分，而是雜以藥物的歸經和五行的順逆作歸屬。這樣的分類不僅複雜了五行的單純性和一貫性，也混淆了五行的取用原則。其中補泄的法則，也與五行間的生剋關係產生背逆。況且五行的本質是持續相繼的，正如生命活物。且在某種特定的證侯下，或在炮製的過程中，

藥性本身都可能因而升出變化，產生不同的五行性質的狀態。若以機械式的定義和規則，難免有藥性脫序或失真的遺漏。所以要確切懂得中藥所產生的變化，更須熟稔五行在自然界的法則。固然，作者所強調的正五行分類法也並非一定完美；只是在性味和歸經的基礎上，又增加一個輔助的工具。使我們在選擇藥劑的時候，更能對證下藥。然而，以五行分類中藥，其中含括諸多變化性。應用本文中藥的五行屬性時，請務必與有經驗的中醫師請教後，方宜使用。

貳。　總論---諸味與十天干的五行配屬

(一)辛、香者，前者屬味覺，後者屬嗅覺。二者皆有異味，謂之辛。無論是味覺或嗅覺，辛、香都有能散、能行的特質。同樣的，五行中的木行有生長、升發、彎曲、條達、和舒暢等諸特性，故能帶出辛、香，能散、能行的特質。總因木的特質根源於「和煦溫柔，弱火伏其中」(注4)。故木以溫柔為體、曲直為性。所以辛味乃五行中的木行。更因陰陽有別，作者將辛味中含有溫熱性而能發散為主的諸藥劑，列為甲木。將辛味中含有寒涼性而能發散為主的諸藥劑，列為乙木。因為乙木本身多陰柔，乃芝蘭卉草，性雖寒涼卻亦有行散的功能。另有行氣類藥，其功效為治療裡證，像是理氣藥，開竅藥，活血化瘀藥等，總以性溫熱者屬甲木，性寒涼者屬乙木。

(二)鹹、淡、及平者，皆列為五行的水行。所以列為水，因為鹹者，能軟堅、散結和瀉下作用。這些作用正如同雨露，非但有潤下而且有腐蝕的特性，亦即軟堅散結的特質。所以本書將鹹味列為癸水。因為五行中，癸為雨露之水。而

淡、及平者，能滲濕利水，正如湖泊、川渠的功能。五行中，是以壬水來表示湖泊、河川、及水渠。所以諸味中的淡與平，是以壬水為代表的。另有寒涼之氣，也可用水行來表示。因為自「處暑」後，壬水長生起，氣候漸涼，皆由於水氣所至。乃至「冬至」，更以癸水為本氣。而小寒，大寒之所以寒，也由於癸水的延申，因此水也代表了寒涼的象意。本書特以壬水示涼，而以癸水示寒。

(三)苦味的特性是能燥、能泄、能堅。所謂燥，是燥濕。所謂泄，是降泄。所謂堅，是堅腎。另外也有瀉火存陰的特質。這些特性都與金的象意相吻合。燥濕是庚金的本能，但庚金也具有降泄的能力，因為凡金皆有沉降之性，若有水相伴，則能金水相生。辛金更是水的源頭，水能潤下，所以降泄也是辛金的本質。也因為能生水，故能堅腎。腎者，象意在水。至於瀉火是因火本能克金，加強金則能耗火，使能勝之氣而無能勝。這正是五行中，體強用才(我剋者)的道理，所謂「金多能傷火勢」。既然能瀉火，自然能存陰。更何況金能生水其性冷，必然存陰。無論是陰金或是陽金都具備了苦的特徵，所以苦味象意在金。本文分別以庚金能燥能除，辛金能軟能堅為分別。

(四)酸、澀二者，皆以收斂固澀為主。而收斂固澀的功能，恰與土的作用相似。尤其是戊土，均適用於斂汗、止瀉、固精、止帶等方面。酸與澀，二者間或有稍許不同，酸能生津，所謂酸甘化陰，酸與甘亦有近似之處，皆宜滋陰。澀就沒這些功能了而純為戊土，用在固澀祛濕。酸乃戊土滲水以成，因此澀與酸雖都是厚土，卻有著含水份不同的差異程度，但也都有泄火退熱的本質。至於酸、澀取用的分別則在於能產生津液與否。但看證候中是否有此需要，再

分別選用即可。〈內經〉中以酸為木行，固然木行亦有收斂
固澀的作用，如同土行。然而木行特重升發、行氣的本能，
酸、澀則未見此專長。土亦不具此功能。況且酸能養肺止
咳，這是土的作用又豈是木行的功能？

(五) 甘、甜性情有些相似，卻又迥然不同。甜為味覺，甘則不
只是味覺，還有口感。例如品茶的甘美，並非只是甜味。
所以用甜來替代甘並不是很適當的。甘也確有少許的甜味，
卻不能太過與不及。太過謂之甜膩，不及謂之平淡無味。
所謂「脾氣有餘，失之在甜。脾氣不足，致胃納呆。」納
呆者，食少無食欲，口中無味。所以甘味，大致介於甜、
淡二者之間。其特性是既能補益，又有緩急與調和的作用。
審以五行，己土為濕潤的田園沃土，向以生長萬物為本，
蓄藏豐富，最具補益之功。且己居於河圖中央的成數，與
其他四行皆具調和之力。又為陰儀，其性自然柔和而不急
促。己土除了能補養脾胃，潤補肺金，不僅因為濕土能生
金，良田中的管道更足以宣肺利水，這都是甘能養肺的原
理。己土更能養肝，五行中有甲、己合好的情形，也就是
濕土最能養木的自然法則。同時己仍具有土性收斂，固澀，
與泄熱的原有特質，雖然其收斂，固澀的作用不及於戊土，
卻因其土中包含較多水份，更能祛心火、痰火、驚嚇而收
鎮心安神、清熱解毒、平肝潛陽之效。綜合以上諸項特點，
己土實足以象甘味。

(六) 至於溫、熱和辣之間的性質，亦有其異同之處。相同之處，
都有溫度升高的感覺。相異之處，溫煦讓人感覺舒泰，而
熱辣的感覺就比較突兀與強烈。而辣又可說是熱之極了。
審以五行，火行最足以代表溫、熱。丙火向來是太陽的表
象，丁火則是炎烈莫當，內性昭融(集中)。因而無論是春

秋或上午的溫煦旭陽、無論是夏日或中午的炎炎烈日、無論是寒冬或傍晚的殘日餘輝，所差異的都是熱度的高低。也就是說，從微溫到大熱，都由丙、丁火來取用。考量其中變異，丙為「臨官」，丁為「帝旺」(註5)。節令五行以丙火居四月，以丁火居五月。又以丙火為巳時，以丁火為午時。因此本書以丙火為溫，以丁火為熱。而辣既是熱之極，則自然也以丁火為代表。又因五行中向以鍛鍊的爐火比喻成丁火，其作用內蘊而強烈。蓋證候所論的陰虛之火，也謂之丁火。因為這陰虛和火辣，都來自內在強烈的感受，具有相同的特質，外隱而內揚都宜以丁火為代表。故丙丁火雖皆以溫熱為其共同的特性，然而在中藥的應用上，也著實存在不同的治療領域。

叁。個論-----中草藥的五行分類

　　本表中的性味、歸經，乃根據上海科學技術出版社，2005年發行的《中藥學》一書。歸經欄中，諸經皆以一字表示，如「大」為大腸經，「小」為小腸經等等。以下為中草藥陰陽五行的十天干分類圖表：

(一) 木行

　　溫柔為體，曲直為性，其象為仁。陰陽五行總以甲、乙為木行的代碼。甲木者，陽散以泄而風木相生，其性陽和。乙木其性寒涼也有行散的功效，兩者皆以通暢機體為主要性能。

甲1：發散，行氣，袪寒，止咳平喘，解風熱（辛溫）。屬於發散升陽，亦即所謂折陰而助陽氣。*者，凡陰虛，陽亢，燥熱，傷陰，血虛者忌用；

名稱	性味	歸經
麻黃	溫，辛，微苦	肺，膀
桂枝	辛，甘，溫	心，肺，膀
生薑*	辛，溫	肺，脾
紫蘇	辛，溫	肺，脾
豆鼓	辛，微，溫	肺，胃
防風	辛，微溫	膀，肝
香薷	辛，微溫	肺，脾，胃
白芷*	辛，溫	肺，胃
荊芥	辛，微溫	肺，肝，脾
羌活*	辛，苦溫	膀，腎
蒿本*	辛，溫	膀，肝
辛夷*	辛，溫	肺，胃
蘇子	辛，溫	肺，大
細辛*	辛，小毒	心，肺，胃
蒼耳子*	辛，苦，溫，小毒	肺
蔥白	辛，溫，甘	肺，胃
禹白附	辛，溫	肝，腎
天南星	辛，溫，苦，有毒	肝，脾
半夏	辛，溫	脾，胃
桔梗	辛，苦，平	肺
款冬花	辛，溫，微苦	肺
紫苑	辛，溫，苦，甘	肺
白芥子	辛，溫	肺，胃

甲2： 理氣，止痛，利濕，舒肝，袪風(辛溫平)。屬於行氣除痹 (註6) 止痛，多含苦辛通降(辛開苦泄)。旁經別治者。* 者，辛溫香燥，耗氣傷陰，氣陰不足者慎用。

名稱	性味	歸經
陳皮	辛，苦，溫	脾，肺
青皮	辛，苦，溫	肝，膽，胃
木香	辛，苦，溫	脾，胃，膽
沉香	辛，苦，溫	脾，胃，腎
檀香	辛，溫	脾，胃，肺
烏藥*	辛，溫	脾，肺，膀，腎
荔枝核	辛，溫，微苦	肝，胃
佛手	辛，苦，溫	肝，脾，胃
香橼	辛，酸，溫，微苦	肝，脾，肺，胃
薤白	辛，苦，溫	肺，胃，大
降香	辛，溫	肝，脾
大腹皮	辛，微溫	脾，胃，小，大
全蠍	辛，平，有毒	肝
白蒺藜	辛，苦，平	溫
蜈蚣	辛，溫，有毒	溫

甲3： 活血化瘀，袪風濕，強筋骨，舒筋活絡，止瀉止痛，開竅醒神(辛溫)；通調經血，利水通乳(辛苦溫)。*者，凡陰虛火旺，汗血和月經過多者慎用。

名稱	性味	歸經
川芎*	辛，溫	膽
香附*	辛，微，甘，苦，平	肝，脾，三

姜黃	辛，苦，溫	肝，脾
延胡索	辛，苦，溫	肝，脾，心
川烏*	辛，大毒	腎，心，脾
伸筋草	辛	肝
沒藥	辛，苦，平	肝，脾，心
乳香	辛，苦，溫	肝，脾，心
獨活	辛，苦，溫	肝，膀
威靈仙	辛，鹹，溫	膀
五加皮	辛，苦，溫	肝，腎
路路通	辛，苦，平	肝，胃，膀
蠶沙	辛，苦，溫	肝，脾
尋骨風	辛，苦，平	肝
老鸛草	辛，苦	肝，大
澤蘭	辛，苦，微溫	肝，脾
海桐皮	辛，苦	肝
海風藤	辛，苦，微溫	肝
千年健	辛，苦，溫	肝，腎
蟾蘇	辛，溫毒	心
麝香	辛，溫	心，脾
甘松	辛，甘，溫	脾，胃
蘇合香	辛，溫	心，脾
樟腦	辛，熱，有毒	心，脾
石菖蒲	辛，苦	心，胃
遠志	辛，苦，微溫	心，腎，肺

乙木1：發散，行氣，清熱，解風熱(辛涼)。 *者凡陰虛，陽亢，上逆，肝風(注7)者忌/慎用。

名稱	性味	歸經
薄荷	辛，涼	肺，肝
菊花	辛，微寒，甘，苦	肺，肝
升麻*	辛，甘，微寒	肺，脾，胃，大
柴胡*	辛，苦，微寒	肝，膽
浮萍	辛，寒	肺，膀
豆鼓	辛，甘，寒，微苦	肺，胃
牛蒡子	辛，苦，寒	肺，胃
葛根	辛，甘，涼	脾，胃
蔓荊子	辛，苦，寒	膀，肝，胃

乙木2：行氣，清熱，解毒，涼血，止痛，開竅(注8)，醒神(辛涼)

名稱	性味	歸經
冰片	辛，苦，微寒	心，脾，肺
郁金	辛，苦，寒	肝，膽，心
淩霄花	辛，微寒	肝，心，包
臭梧桐	辛，苦，甘，涼	肝
枳實	辛，苦	脾，胃，大
秦艽	辛，苦，微寒	肝，膽，胃
佩蘭	辛，平	脾，胃，肺
青木香	辛，苦，寒	肝，胃
豬薟草	辛，苦	肝，腎
魚腥草	辛，微，寒	肺

| 防己(漢) | 辛，苦，寒 | 膀，腎，脾 |

(二)溫熱，其象在禮。陰陽五行總以丙、丁為火行的代碼。丙為陽火，而丁為陰火。

丙1：溫補腎陽，諸陽之本(溫，甘，鹹)。

名稱	性味	歸經
淫羊霍	溫，甘，辛	腎，肝
巴戟天	辛，甘，微溫	腎，肝
益智仁	溫，辛	腎，脾
補骨脂	溫，苦，辛	腎，脾
沙苑子	溫，甘	腎，肝
海馬	溫，甘，鹹	腎，肝
續斷	辛，甘，苦，微溫	肝，腎
鎖陽	溫，甘	腎，肝
肉從容	溫，甘，鹹	腎，大
核桃仁	溫，甘	腎，肺，大
紫河車	溫，甘，鹹	腎，肺，心
鹿茸	溫，甘，鹹	腎，肝
杜仲	溫，甘	腎，肝

丙2：溫理活血袪寒，溫中散寒止痛，舒肝散寒止痛，逐瘀消癥(注9)，　燥濕化痰(溫，辛)具行氣、溫熱的功效。*者陰虛、陽亢、孕婦、濕熱、泄痢等忌用。

名稱	性味	歸經
艾葉	溫，苦，辛	肝，脾，腎
丁香	溫，辛	脾，胃，腎

肉豆蔻*	溫，辛	脾，胃，大
炮薑	溫，苦，澀	脾，肝
斑蝥*	溫，辛，大毒	肝，胃，腎
澤蘭	苦，辛	肝，脾
小茴香	溫，辛	肝，腎
五靈脂	溫，苦，鹹	肝
九香蟲	溫，咸，甘	肝，脾，腎

丙3：氣味芳香，偏溫燥，苦溫燥濕，用以化濕運脾。

名稱	性味	歸經
蒼朮	溫，辛，苦	脾，胃
霍香	微溫，辛	脾，胃，肺
草豆蔻	溫，辛	脾，胃
白豆蔻	溫，辛	脾，胃，肺
草果	溫，辛	脾，胃
厚樸	溫，辛，苦	脾，胃，大

丁：溫中散寒，溫肺化飲，溫肝散寒止痛，溫腎助陽，溫陽(心)，通脈，回陽救逆 (注10) 總以溫陽(熱、辛)為要。*者陰虛，陽亢，孕婦，濕熱泄痢等忌用。

名稱	性味	歸經
附子*	熱，辛，甘	心，腎，脾，肺
乾薑	熱、辛	脾，胃，心
高良姜	熱，辛	脾，胃
蓽茇	熱，辛	胃，大

花椒	熱，辛	脾，胃，腎
仙茅	熱，辛	腎，脾，肝
肉桂	熱，辛，甘	脾，腎，心，肝
吳茱萸	熱，辛，苦	脾，肝
海狗腎	熱、鹹	腎
巴豆*	熱，辛，大毒	胃，大，肺
胡椒	熱，辛	胃

(三)土行含散持實為體，稼穡為性；土者積塵成實，含容有間故而能持。土性渾厚其象在信。陰陽五行總以戊己為土行代碼。

戊：止汗，斂肺固精，縮尿澀腸，止遺，止血(酸，澀)重在能止。有*者，孕婦忌用。

名稱	性味	歸經
五味子	酸，甘，溫	肺，心
炮羌	澀，苦，溫	肝，脾
木瓜	酸，溫	肝，脾
金櫻子	酸，澀，平	腎，膀，大
五倍子	酸，澀，寒	肺，大，腎
烏梅	酸，澀，平	肝，脾，肺，大
櫻粟殼	酸，澀，平	肺，大，腎
禹餘糧	澀，甘，平	大，胃
坷子	酸，澀，苦，平	肺，大，腎
赤石脂	澀，甘，溫	大，胃
山茱萸	酸，澀	肝，腎
灶心土	溫，辛	脾，胃
海漂蛸	澀，鹹，微溫	肝，腎

綠萼梅	澀，平，微酸	肝，胃，肺
花蕊石*	酸，澀，平	肝
仙鶴草	澀，苦，平	肝，脾，肺
紫珠	澀，苦，涼	肝，胃，肺
白及	澀，苦，寒，甘	肝，胃，肺
棕櫚炭	澀，苦，平	肝，肺，大
血餘炭	澀，苦，平	肝，胃，膀
藕節	澀，甘，平	心，肝，胃

己：補益固澀，安神和中，重鎮安神，調和緩急，退熱養陰等功效。*者，孕婦忌用。

名稱	性味	歸經
黨參	甘，平	脾，肺
黃芪	甘，微溫	脾，肺
人參	甘，微苦	脾，肺，心
西洋參	甘，寒，微苦	腎，肺，心
太子參	甘，平，微苦	脾，肺
冬蟲夏草	甘，平	肺，腎
白扁豆	甘，微溫	脾，胃
飴糖	甘，溫	脾，胃，肺
白朮	甘，苦，溫	脾，胃
山藥	甘，平	脾，胃，心，肺
甘草	甘，平	脾，胃，心，肺
蜂蜜	甘，平	脾，肺，大
覆盆子	甘，酸，微溫	肝
大棗	甘，溫	脾，胃

刀豆	甘，溫	胃，腎
桑漂蛸	甘，咸，平	肝，腎
蓮子	甘，澀，平	脾，腎，心
合歡	甘，平	心，肝
芡實	甘，澀，平	脾，腎
浮小麥	甘，涼	心
石斛	甘，微寒	胃，腎
生首烏	甘，苦，平	肝，心，大
阿膠	甘，平	肺 肝，腎
龍眼肉	甘，溫	心，脾
熟地黃	甘，微溫	肝，腎
糯稻根鬚	甘，平	心，肝
制首烏	甘，澀，微溫	肝，腎
玫瑰花	甘，溫，微苦	肝，脾
蟬蛻	甘，寒	肺，肝
桑葉	甘，寒，苦	肺，肝
三七	甘，溫，微苦	肝，胃
當歸	甘，辛，溫	脾，肝，心
百合	甘，微寒	肺，心
北沙參	甘，微苦，微寒	肺，胃
南沙參	甘，微苦，微寒	肺，胃
黑芝麻	甘，平	肝，腎，大
黃精	甘，寒	肝，腎
天冬	甘，苦，寒	肺，腎
麥冬	甘，微苦，微寒	肺，心，胃
玉竹	甘，微寒	肺，胃

桑椹	甘，寒	肝，腎
枸杞子	甘，平	肝，腎
女貞子	甘，苦，涼	肝，腎
龜板	甘，寒，鹹	肝，腎
墨旱蓮	甘，酸，平	肝，腎
木賊	甘，苦，平	肺，肝
蒲黃*	甘，平	肝，心
絲瓜絡	甘，平	肺，胃，肝
鉤藤	甘，微寒	肝，心，包
烏梢蛇	甘，平	肝
桑白皮	甘，寒	肺
酸棗仁	甘，酸，平	心，肝，膽
朱砂	甘，寒	心
瓜蔞	甘，寒，微苦	肺，胃，大
龍骨	甘，平，澀	肝，腎，心
琥珀	甘，平	心，肝，膀
天麻	甘，平	肝
竹茹	甘，微寒	肺，胃
柏子仁	甘，平	心，腎，大
竹瀝	甘，寒	心，肺
膨大海	甘，寒	肺，大
火麻仁	甘，平	脾，大
夜交藤	甘，平	心，肝
金銀花	甘，寒	肺，心

(四) 金行　強冷為體，從革為性。金者，成物之所，物成則凝強。金性嚴肅，其象為義。陰陽五行總以庚、辛為金行代碼。

庚: 祛風，燥濕，止血，降泄，堅腎，瀉火養陰(味苦而燥)。

名稱	性味	歸經
五加皮	苦，辛，溫	肝，腎
狗脊	苦，甘，溫	肝，腎
紫花地丁	苦，辛，寒	心，肝
桑寄生	苦，甘，平	肝，腎
椿皮	苦，澀，寒	肝，大
桑枝	苦，平	肝
百部	苦，平，微溫	肺
苦杏仁	苦，微溫，小毒	肺，大
千年健	苦，辛，溫	肝，腎
柿蒂	苦，澀，平	胃
連翹	苦，微寒	肺，心，膽
老鸛草	苦，辛，平	肝，大
蒼朮	苦，辛，溫	脾，胃
松節	苦，溫	肝，腎
番瀉葉	苦，寒，甘	大
大黃	苦，寒	脾，胃，心，大，肝
貫眾	苦，微寒，小毒	肝，脾
牽牛子	苦，寒，有毒	肺，大，腎
白鮮皮	苦，寒	脾，胃
路絡通	苦，平，辛	肝，胃，膀
穿心蓮	苦，寒	大，肺，胃，小

辛: 活血，涼血，利水，通淋，降氣，化痰(味苦)。*者，孕婦，經血多者忌用，血虛無瘀，脾胃虛寒者慎用。

名稱	性味	歸經
板藍根	苦，寒	心，胃
絡石藤	苦，微寒	肝，心
丹參	苦，微寒	心，肝
梔子*	寒，苦	肝，肺，胃，三，心
苦參*	寒，苦	心，肝，胃，膀，大
夏枯草	寒，辛，苦	肝，膽
龍膽草	寒，苦	肝，膽，膀
黃芩*	寒，苦	肺，胃，膽，大
益母草	苦，辛，微寒	肝，心，膀
黃蓮*	寒，苦	心，肝，膽，胃，大
黃柏*	寒，苦	腎，膀，大
白鮮皮	寒，苦	脾，胃
白前	苦，微溫，辛	肺
秦艽	苦，辛，微寒	胃，肝
甘遂	苦，寒	肺，大
豬苓草	苦，辛，寒	肝，腎
京大戟	苦，寒，辛	肺，大，腎
川練子	苦，寒，小毒	肝，胃，膀，小
臭梧桐	苦，辛，涼，甘	肝
前胡	苦，辛，微寒	肺
雷公藤	苦，寒	肝，心
牛黃*	苦，涼	肝，心
牛膝	苦，甘，平，酸	肝，腎
旋覆花	苦，辛，鹹，微溫	肺，胃
枇杷葉	苦，微寒	肺，胃

蒲公英	苦，寒，甘	肝，腎
郁李仁	苦，甘，辛，平	大，小

(五) 水行　寒虛為體，潤下為性。水者，陰極生寒，本性流動，其象為智。陰陽五行總以壬、癸為水行的代碼。

壬：滲濕利水，清熱排膿，通氣下乳，利尿通淋，解毒消腫，除溼退黃(淡平微寒涼)，*無水濕者禁用。

名稱	性味	歸經
茯苓	淡，甘，平	心，脾，腎
薏苡仁	淡，甘，微寒	脾，胃，肺
豬苓*	淡，甘	腎，膀
澤瀉	淡，甘，寒	腎，膀
冬瓜皮	甘，微寒	肺，小
葫蘆	平，甘	肺，小
通草	淡，甘，微寒	肺，胃
燈心草	淡，甘，微寒	心，膀，小
金錢草	淡，甘，微寒	肝，膽，腎，膀
垂盆草	淡，甘，酸，涼	肝，膽，心，小

癸：请热祛火，軟堅散結，平肝潛陽 (注11)，请肝明目，活血逐瘀，化痰(鹹寒)。*者，脾胃虛，陰虛火旺，潮熱骨蒸，孕婦忌用

名稱	性味	歸經
鱉甲	鹹，寒	肝，腎
石膏*	甘，辛，大寒	肺，胃

蘆根*	寒，甘	肺，胃
寒水石	寒，辛，鹹	心，胃，腎
知母	寒，苦，甘	肺，胃，腎
虻蟲*	寒，苦	肝
竹葉	寒，淡，辛．甘	心，胃，小
鴨蹠草	寒，甘，苦	肺，胃，膀
石決明	鹹，寒	肝
海浮石	鹹，寒	肺
滑石	寒，淡，甘	胃，膀
車前子	寒，甘	肝，腎，肺
珍珠母	鹹，寒	肝，心
紫貝齒	鹹，平	肝
代赭石	寒，苦	肝，心
羚羊角	鹹，寒	肝，心
水蛭*	鹹，平，毒，苦	肝
僵蠶	鹹，平	肝，肺
海藻	鹹，寒	肝，腎
大青葉	鹹，苦，大寒	肺，胃
昆布	鹹，寒	肝，腎
礞石	鹹，平	肝，肺
淡竹葉	寒，甘，淡	小，心，胃
浙貝母	苦，寒	肺，心
穿山甲*	鹹，微寒	肝，胃
蛤蚧	鹹，寒	肺，腎

伍. 結論

　　以上中草藥的陰陽五行歸屬，是比較諸味的特性與十天干的特質而加以類比分行的。然而任何一種中藥皆可能含有數種五行，這數種五行會歸納成那一類/行，則有賴於十天干的變化原則，或為生剋，或為合化，或為合而不化等等。所以中草藥的五行應用，必以藥性和其自然法則，做為歸類的基石。如果使用者能熟稔五行變化而能應用自如，必能將五行學的精華，充分的發揮於中醫之中。

【第七章 第三節 中草藥的陰陽五行屬性 附注】

（注01）藥學著作。簡稱《別錄》，3 卷。輯者佚名（一作陶
　　　　　氏）。約成書於漢末。是秦漢醫家在《神農本草經》一書
　　　　　藥物的藥性、功用、和主治等內容有所補充之外，又補記
　　　　　365 種新藥物。見百度百科「名醫別錄」條；

（注02）清代著名藏書家、目錄學家、書法家、經學家。字淵如，
　　　　　號伯淵，別署芳茂山人、微隱。陽湖（今江蘇武進）人，
　　　　　袁枚稱他為「天下奇才」。通曉經史、文字、音訓、諸子
　　　　　百家等；

（注03）見《命理新論》臺北 三民書局 1962〈第七章 第一節 地
　　　　　支藏天干〉頁 48；

（注04）見《五行大義》唐蕭吉著〈第二辨體性〉「木居少陽之位春
　　　　　氣和煦溫柔。弱火伏其中故木以溫柔為體曲直為性。」；

（注05）同(注3)〈第六章 十天干周行十二地支的生死歷程〉頁 39

（注06）中醫用語，由風、寒、濕等引起的肢體疼痛或麻木的病。
　　　　　見百度百科痹症條；

（注07）中醫用語，由肝陽化風上擾，或肝風挾痰火上沖，氣血並
　　　　　走於上，或肝臟陰血虛極生燥生風，從而發生以善行數變

及動搖振頭為特徵。临床出现眩晕欲仆，震颤，抽搐等症状的病证。多由肝肾阴液精血亏虚，血不养筋，肝阴不能制约肝阳而肝阳亢奋无制所致。見百度百科肝風條；

(注 08) 中醫用語，指臟腑與體表器官生理上相通的孔道。人有九竅，分別七陽二陰。所謂心開竅於舌（與耳），肺開竅於鼻，肝開竅於目，脾開竅於口，腎開竅於耳及二陰；見百度百科開竅條；

(注 09) 中醫用語，用於活血化瘀，消除徵瘕積聚之意。見百度百科逐瘀消徵條；

(注 10) 中醫用語，治療真陽衰微。陰寒內盛，亡陽氣脫者謂之。凡症見汗出不止、四肢厥冷，呼吸微弱、脈微欲絕、下利清穀、惡寒卷臥等徵侯，可用；溫腎袪寒藥與益氣固脫藥合用之。見百度百科回陽救逆條；

(注 11) 中醫用語，因肝陰不足，陰不制陽致肝陽上亢。肝陰不足是由腎陰虛，腎水不能滋養肝木及氣鬱化火，內耗肝陰所致。平肝潛陽，既能補肝陰之不足，又能抑制亢盛的肝陽。見百度百科開竅條；見百度百科平肝潛陽條

──── 易學語錄 ────

聖人設卦觀象繫辭焉而明吉凶

剛柔相推而生變化　是故

吉凶者失德之象也　悔吝者憂慮之象也

變化者進退之象也　剛柔者晝夜之象也

六爻之動三極之道也

第八章 五術之三，命

　　命，乃論命之意。論者，評論，議論之意。也就說根據一些規畫出的原則和法理將一個人的基本資料予以分析，可知曉一生盛衰的大勢及運途的關鍵所在。所謂的基本資料則是每個個體的生辰，也就是以出生的年、月、日、時來探討出該時間組合的命格和運勢等細節。所謂的原則法理則是能合乎自然，放諸四海皆准的定律。由於是評論而來，所以必有所本。有其基本的學理所在，而非憑空臆想，毫無根據。而且所論出的現象，還能有事實的印證。傳統上一般論命的方法，主要有紫微斗數、子平推命、和星平會海等方式來認知人生的過程。另外也有利用面相，和手相來論命的。如麻衣神相等的不同類別。本章則是以子平推命和紫微斗數為討論的主要對象。

第一節　子平論命

　　「子平論命」，是因宋代隱士徐子平，即徐大升所著的《淵海子平》(注1)而得名。其術一改過去以「年」為主的推命方式，而是以「日」為主的推命依據。後經明朝劉伯溫著《滴天髓》(注2)加以闡釋。更以生年、生月、生日、和生時為基礎，推出十天干配合季節論其五行生剋等的各種關係，而加以論斷命運的格局及其優劣。其中五行還包括了陰陽，也就是以十天干和十二地支為生辰諸項的代碼。因有年、月、日、時的四個組合且每一組合各有干與支二字為基礎，故統稱為「八字」，也叫做「四柱」。「子平論命」堪稱是易學中，哲理最為完備，思想最為完整，邏輯最為合理，而法則最合乎自然現象的一門人文科學。從干支五行的認知到「用神」的認定，皆取用於自然的現象為本。並用合乎傳統的中庸邏輯，和極端變異的法則來加以推論以期能涵蓋各種不同的命式結構。本文雖不能事無巨細

的介紹該學說，但也盡可能的介紹該學說的基本理念和其特有
的性質。本文參考書籍取自吳俊民大師的《命理新論》(註3)、言
如山大師的《八字命理之奧秘》(註4)、和孔日昌大師的《子評命
學精義》(註5) 等書。

壹。子平推論的主體架構

(一)干支是統一而且能相互比較的全代碼

所謂干為天元，支為地元，支中所藏干為人元。地支能換算成
天干，故有地支藏天干的歌訣。所謂「子宮癸水在其中，丑土
癸辛己上同，寅藏甲木兼丙戊，卯中乙木獨相逢，辰中乙戊三
分癸，巳中庚金丙戊重，午中丁火共己土，未中乙己並丁宗，
申内戊庚壬水位，酉中辛金獨豐隆，戌宮辛金及丁戊，亥藏壬
甲是真蹤。」(註6) 也就是說，子中藏有癸水、丑中藏有己土、癸
水、和辛金，寅中藏有甲木、丙火、和戊土，卯中藏有乙木，
辰中藏有戊土、乙木、和癸水，巳中藏有丙火、戊土、和庚金，
午中藏有丁火、和己土，未中藏有己土、乙木、和丁火，申中
藏有庚金、壬水、和戊土，酉中藏有辛金，戌中藏有戊土、辛
金、和丁火，亥中藏有壬水、和甲木。但是地支所藏天干的數
量並非由每個天干均分，而是由月令中因日用事而定(註7)。即所
謂的月令人元用事，也就是日元強弱狀態的根本。

(二)八字的排命格式

(1) 命局的排法是以年、月、日、時的次序，用其各別的干支次
第排列。除了時的干支，年、月、日的干支都可在「萬年曆」
(註8) 上尋得。另外由年上也可用「五虎遁」(註9) 的方法尋出
月的干支，即所謂的「甲己之年丙為首，乙庚之歲戊為頭，
丙辛必定從庚起，丁壬壬位順從流，更有戊癸何方覓，甲寅
之上好追求」。這裡所謂的首、頭、起、位、方，都是月份
中正月的地支，也就是寅月。所以甲己之年必定從丙寅月起，

而乙庚之年必是從戊寅上起等等，以此類推。同理，時辰的干支是由日干來計算的，也是用「五虎遁」推算出來。只是時辰是從子時開始計算，故而有「甲己還歸甲，乙庚丙作初，丙辛從戊土，丁壬庚子居，戊癸何處發，壬子是真途」之說。無論是年月或是日時，都是基於「六十甲子」(注10) 的循環應用。凡由第一和第六組的甲、己，第二和第七組的乙、庚，第三和第八組的丙、辛，第四和第九組的丁、壬，第五和第十組的戊、癸，其排列出來的干支，每差五干都是相同的。故有「五虎遁」的稱謂。令人驚訝「圖書」所傳遞出的訊息，其自然星象的數數不僅可做為哲理的基礎，在應用的術理上也發揮的淋漓盡緻，巧妙絕倫。

(2) 蓋子平論命所用的干支是基於二十四節氣的太陽曆 (注11) 來計算月份。每年有十二個月，每月有一節和一氣。因此一年的十二個月有十二個節和十二個氣，清楚的界定了每個月的起始和主氣 (注12)。這個節氣點完全是依照太陽照射地球的位置而定，且與月亮朔望的太陰曆毫無關係。因此並無閏月的考量。中國歷代對十二個月的建制有所不同，但自漢武帝恢復正朔為夏曆，以寅為正月，卯為二月，辰為三月，巳為四月，午為五月，未為六月，申為七月，酉為八月，戌為九月，亥為十月，子為十一月，丑為十二月。沿用至今已有兩千餘年。然而，命理大家吳新民老師對年的分界點，卻有著革命性的創見。認為既然以太陽照射地球的情形為準，例如在北半球當太陽正照赤道時為春分和秋分點，也稱作「卯正」和「酉正」(注13)。當太陽正照北回歸線時為夏至點，也稱作「午正」(注14)。當太陽正照南回歸線時為冬至點，也稱作「子正」(注15)。而「子正」雖為節氣的冬至點，卻也是太陽降極復生，為陽氣初生之月。既為陽氣升發之始，故應為一歲之首。周代建制，以子為正月。即取此意。如此的創見，正可比擬為一日之首的子時：子正之前為前一日的夜子時，子正

之後為次日的早子時。同理冬至之前屬於前一年的流年干支，冬至之後屬於次年的流年干支 (注16)。這種理論確實影響了傳統以立春為年界的五行比重。吳俊民大師認為這是在這個時段內，導致論命失真的原因。命理最重印證，還希望讀者大眾凡遇有冬至後的生辰不妨加以印證以得精髓。

(3) 傳統的命局格式寫法，是年、月、日、時的干支由右寫到左。但今日坊間，因受到西方由左寫到右和電腦打字排列的影響，多改為從左到右的格式寫法。作者因為多年傳統的延續，故仍保持了由右到左的習慣。

(三) 認知陰陽五行

(1) 何謂陰陽五行？所謂行，乃流行於天地之間循環無窮的氣流。五行即春夏秋冬四季的氣候。既言四季又何以稱五？蓋四季中，每季的第三個月表現出與本季不同的氣流，其性質為土行的表現，統稱為四季月。故春夏秋冬四季有木火金水，外加土以成五行。而陰陽五行，則是將每一行再分陰陽性的不同，也就是十天干。所謂的陽木為甲，陰木為乙；陽火為丙，陰火為丁；陽土為戊，陰土為己；陽金為庚，陰金為辛；陽水為壬，陰水為癸。

(2) 陰陽五行，即十天干在四季的表現如何？尤以清末民初徐樂吾的《造化元鑰評注》(注17) 中的闡述，最為淋漓盡致，微妙微翹。其中不僅論述了五行，木、火、土、金、水各行的整體性質，更細言了甲、乙木，丙、丁火，戊、己土，庚、辛金，和壬、癸水分別在三春（正、二、三月），三夏（四、五、六月），三秋（七、八、九月），及三冬（十、十一、十二月）各季節中不同的性情。該書也記錄各季節五行變化的特質及其強弱，可謂是認識陰陽五行必須熟讀的大全之作。

(四) 八字間的關係

四柱八字的代碼間，有著諸多的相關原則，諸如：

(1) 限於與日元 (注18) 的關係，有比、劫、食、傷、財、官、印等 (注19)。

(2) 四柱干支都能互有的關係，則有五合、六合、三合、三方、刑、沖、破、害等關係(注20)。

(3) 另外四柱干支間，還有一些特定的關係對於命局影響頗大，即所謂的吉凶神煞等等 (注21)，吉神像是天乙貴人、文昌、天德、天德合、月德、月德合、將星、祿神、驛馬、三奇貴等吉神；凶神像是陽刃、飛刃、紅妍煞、咸池、劫煞、亡神、空亡等凶煞。凡吉凶神煞，於命局中影響甚大不得忽略。故論命需參考以上所述的各種關係，細細分析四柱間的生剋制化，方能規劃出命局中縱橫的複雜態勢與結構，得以認知命運的格局和「用神」 (注22) 所在，而具備了論命的先決條件。

(五)「日元」為本

乃生日的干碼，為自我的代表(注23)。論命首要判定日元的強弱，方能奠定論命的基礎。其後才能以日干五行為中心，來審慎八字中與其他五行盤根錯節的關係。一般日元的強弱取決於以下諸條件：

(1) 地支十二長生---亦即長生、沐浴、冠帶、臨官、帝旺、衰、病、死、墓、絕、胎、養等由出生至再生的十二個階段(注24)；但凡日元居於長生、臨官、帝旺、衰和墓位者為得氣而有根。否則地支無根而致天干虛浮。

(2) 四時旺相---亦即四季裡五行的盛與衰 (注25)。

(3) 人元的深淺---人元是否能生助日元或有根；

(4) 六神生剋(注26)---日元為主，與年月時的天干及其人元的諸種關係。所謂與日元同類者，陽見陽或陰見陰為比肩。陽見

187

陰或陰見陽為劫財；被日元所生者，陽見陰或陰見陽為傷官。陽見陽或陰見陰為食神；被日元所剋者，陽見陰或陰見陽為正財。陽見陽或陰見陰為偏財；剋伐日元者，陽見陰或陰見陽為正官。陽見陽或陰見陰為偏官/七殺；生助日元者，陽見陰或陰見陽為正印。陽見陽或陰見陰為偏印，也叫梟神。

(5) 日元與各干支間的生助、剋瀉等重要法則(注27)來決定日元的衰、旺；

(6) 能知日元的狀態，才能在比較中尋出適當的格局及「用　神」的所在(注28)。

(六)「月柱」為綱---「月柱」乃生月的干支代碼，其以節令為綱。無論是八字的設立、日元的強弱、命格的取決、用神的擇定、運勢的起伏、吉凶神煞的設定、乃至命運的終結，均與「月柱」的規畫佈局息息相關，故謂之提綱。

(七)「命格」的取決---命格為命運的格局，是論命成型的本體，一如個人的姓名，能知其名，方能對其評頭論足，知所善惡。命理學家可經由格局的成敗來推論人生的富貴貧賤。子平推論的命格大致可分為三大類，正格類，變格類，和雜格類。

(1) 正格類也稱為普通格，是以日元為主，相較于月支藏幹的本氣為取決的標準。乃依五行的偏全輕重，求其補偏救弊以合乎中和之道。可分為財、官、印，殺、食、傷、比、劫等八格(注29)。

(2) 變格類也稱為特殊格或外格，所謂異于五行中和的常理為變/外格。其重點乃整個八字所形成氣勢所在。可分為專旺，從格，和化氣格等(注30)。

(3) 雜格類則為與前述的正、變格不能完全歸屬的狀況，又可分為以下三類：(a)由正格變化而成者(b)由遙結影響而成格

者，及（c）由五星演變而成格者等（注31）。不同類的命格，適用於不同的論命法則。

(4) 正格類、變格類、雜格類等諸命格只是就命局的型態言，與命運的貴賤興衰無關。

（八）「用神」的意義

上述的命格如人的軀體，「用神」則有如人的魂魄。八字取「用神」，為命學最高深的學理。八字中除了日元以外，其餘的天元、人元（注32）、以及地元雜然並陳，到底應以何字最為重要？此字即「用神」所在（注33），「用神」乃八字整體的樞紐。五言獨步云：「有病方為貴。無傷不是奇。格中如去病。才祿兩相隨。」所以命書萬卷，此數語可以括要，明乎撰擇「用神」之道（注34）。由命格取用神，可有以下諸要點：

(1) 凡正格取用神，以四法為主，即病藥、扶抑、調侯、和通關為準則（注35）。重點在於五行中和或氣勢流通；

(2) 凡諸變格取用神，則以氣勢所在為用神所在，更以補瀉用神為喜，視形勢強弱而定。

(3) 然而雜格的用神，除了適用於由正格變化而成者，仍需斟酌月令之氣為准。另如「虛邀」、「暗拱」、「聯珠」、「一氣」等格並無一定法理可循，只能說是一種看法（注36）。所謂依五星沿變而成格，需審視其特殊結構而配以特殊法則（注37）如青龍伏形格，朱雀乘風格，玄武當權格，白虎持世格等等。姑且不論其名目多而雜，選取用神的法則有根據星宿者，有根據納音五行者。其法多與子平論法並不相同，實乃古人因其形勢完整，再三推敲而成。然而其命局喜忌和行運得失卻也跳不出正格與變格推論法，故並不宜提倡，參考可也（注38）。

（九）總之八字中凡見有雕、枯、旺、弱之病（注39）必補以損、益、生、長之藥（注40）。凡見衰弱者宜扶之，強健者宜抑之。

凡見寒者宜暖之，暖者宜寒之。凡見懸隔阻塞者，而能有通關之物。凡見氣勢所在，則以所在氣勢的補助或宣瀉者為用。凡此等等，皆為八字選擇「用神」的不二法門。

貳。子平推論的決定因素

(一)孔子在《繫辭》中，曾以日月晝夜的交替，和寒暑冷熱的交織等自然現象來表達時間的運行；回顧易學中的重要理念，無一不是從自然的變化中體驗而來。像是「河圖、「洛書」、「四象」等等，而這個自然的變化，所根據的就是時間的推演。因此易學最注重在宇宙中的決定因素就是時間，同樣的事情在不同的時間，會有不同的結果。所以在易學的理論中，總以時間為決定事態的絕對因素。也順應了易學中以「天」為時間的實質意義 (注41)。

(二)以干支作為時間的代碼---天干代表天流動的行氣，地支代表地固定的行氣。以十天干配十二地支導致每一輪 (注42) 干支的搭配組合，總會有兩個天干的差異。這個差異用以表現出以時間為主的氣，含有流動的哲學意義。任何一年皆以干支的排序而成，謂之流年。每十二年為一輪，五個一輪剛好六十年。由甲子排到癸亥，稱為一甲子；任何一月也以干支的排序而成。十二地支就代表了十二個固定的月分和其行氣而形成了一年的組合，每一個月謂之流月。流月的干支，因為年的天干而有不同。例如甲年起始於丙寅月，乙年起始於戊寅月等等。其中排序的方法，因為每逢「五」會有相同的排序，故有「五虎盾」的歌訣便於計算；這種行氣的排序不僅表現在年月上，同時也表現在日時上；古代以圓周360度為計算日子的根本再加以調整 (注43)，因而流日排干支的計算方法較為複雜，一般可從「萬年曆」上查閱，更為方便準確；至於流時的計算因為流日的天干不

同而有不同的起始排序，如甲日自甲子時開始，繼而乙丑
時、丙寅時等依次相續。而乙日則始於丙子時，繼而丁丑
時、戊寅時等依次相續，也是適用「五虎遁」的排序法則。

叁。運勢

　　蓋子平論命從四柱八字的干支代碼中，不僅可從「命」的
格局和形態以推知命的貴賤貧富。更可從生辰中推演出「運」
的走勢和性質。命如車輛，運如道路。車子的完善和道路的良
好狀況，可表現通暢與否的行車交通。同理命和運的搭配是否
適當，可得知一生榮辱興衰的階段。「運」有十年大運和流年、
流月的中、小運之分。大運好未必整個十年都好，還需審核流
年的好壞。流年好也未必整年都好，還需推敲流月的吉凶。同
理，大運差未必整個十年都差，還需審核流年的好壞。流年差
也未必整年都差，還需推敲流月的吉凶；所以大運吉，未必年
年吉，但該大運結束時多半回味無窮。而大運凶也未必年年凶，
但該大運結束時多半不堪回首。而流年和流月的組合，可知短
期內的福禍相依。至此可知論命的始終。

肆．結論

　　八字格局，常見最易犯錯的是對格局的定義不清。其中尤
其是「化氣格」。格局本身的氣，是否能化已經是個問題，另
外與其它特殊格局的辨識，也會存在著一失足成千古錯的機率。
「化氣格」也稱「化象格」乃變格中最為複雜，推論最不易精
的一種格局。「化」者合化也，其中有合、有化。在易學中，
出自「圖書」的架構和功能。蓋「河圖」有共宗、同道、為朋、
為友、同途等架構為合的基礎；「洛書」則以五居中為常數，
能彰顯四八方變化的功能所在。但常見批命者一見甲己、乙庚、
丙辛、丁壬、戊癸等組合，即謂之「化格」。殊不知「化格」

者不僅要能「合」，而且要能「化」。「合」者乃和好而互相吸引的意思，正如異性之間的彼此投緣。但是否能組成一個新家庭，卻需要成熟的相關因素。所謂成熟的因素，在「化氣格」的要件中就是命局中主要的趨勢所在。當「趨勢」與「化神」一致或「趨勢」生助「化神」時，才能使這兩個天干合體，且化現為新科的「化神」而成就「化氣格」。不少的論命者，注意到主體相合的二天干，卻忽略了特定趨勢的存在與否。缺少大勢的存在，本欲合體的二天干只能「合而不化」(注44)。所謂「合而不化」非但不能以「化格」論之，反而造成兩天干相剋導致其一大失血的情況(注45)。正如起初雖兩情相悅，卻終因志趣相悖而分開成怨偶。所以倆者之間「合化」與「合而不化」相差之大，可謂天地之遙。然而格局所影響的主要是論命運、取用神的方法不同，而非命運的吉凶成敗。命運的好壞，固然存在著命格的影響，但更重要的是命和運的搭配如何。更何況，心態的達觀，無欲則剛，不論清風明月又能耐我何？以下特列舉案例以供比較；由於受到西方書寫的形式和現代排版的影響，當下坊間排八字的順序，為從左到右：所謂年，月，日，時的次序。然而「易理」究竟是傳統文化，且筆者以多年的習慣仍維持傳統八字的寫法，乃由右到左的時，日，月，年，若造成閱讀不便之處，尚祈讀者見諒。以下舉三例，分別為（1）化氣格（2）合而不化（3）從強專旺等三種命格。讀者可嘗試著分析其不同之處，或成格的原因，以體會其命格的細膩和精要。

（1）化氣成格				（2）合而不化				（3）從強專旺			
正	日	比	劫	正	日	比	劫	比	日	比	劫
才	元	肩	財	才	元	肩	財	肩	元	肩	財
己	甲	甲	乙	己	甲	甲	乙	甲	甲	甲	乙
巳	辰	申	丑	巳	申	申	丑	辰	子	申	丑

【第八章 第一節 子平論命 附注】

（注01）子平之理，始於唐朝李虛中，後經呂才裁定之，並無述
　　　　作。直到宋代徐升，字子平 以人命日主，分作六事，議論
　　　　精微，作《淵海》集諸儒之義。傳佈至今。見百度百科徐
　　　　升條；

（注02）相傳明初劉基所作。後經清代道光年間的任鐵樵結合一生
　　　　命理實踐分篇增注，闡微發隱，正本清源，並以大量時人
　　　　命造作為例證，使命理學返回大道，被世人推崇為命理學
　　　　中的聖經。見百度百科滴天髓條；

（注03）《命理新論》吳俊民著 臺北三民書局發行 1962 年；

（注04）《八字命理之奧秘》 言如山著 臺中 瑞成書局 1984 年；

（注05）《子評命學精義》孔日昌著 臺北東星出版社發行 1986 年

（注06）見（注03）〈第七章 第一節 地支藏天干〉頁 49；

（注07）見（注03）〈第七章 第二節 地支的月令分日用事〉頁 51；

（注08）記錄一定時間範圍內的具體陽曆與陰曆的日期的年曆。見
　　　　百度百科萬年曆條；

（注09）見（注03）〈第九章第一節六十甲子年月的循環應用〉頁 63

（注10）乃十天干與十二地支的搭配，由甲子至癸亥共六十組合之；

（注11）又稱陽曆。是以地球繞太陽公轉運動週期為基礎而制定的
　　　　曆法；

（注12）見（注03）〈第五章 第二節 一年的二十四節氣〉頁 31；

（注13）同（注11）頁 32；

（注14）同（注12）；

（注15）同（注12）；

（注16）同（注08）頁 65；

（注17）《造化元鑰評注》臺北，武陵出版有限公司 1987；

（注18）即生日的天干碼；

（注19）見（注05）〈第六章 第二節 六神之作用〉頁 157-165；

（注 20）見（注 05）〈第五章　日主強旺衰弱與四柱生剋制化形沖會合〉頁 117-145；

（注 21）見（注 05）〈第三章　吉凶神煞對命局的作用〉頁 61-77；

（注 22）見本章節第（六）「命格」的取決、（七）「用神的意義」；

（注 23）乃生日的本體元氣，以生日的天干為主；

（注 24）見（注 05）〈第一章　第二節　月建節氣及四季五行長生旺弱之介紹〉頁 14-19；

（注 25）同（注 24）頁 19；

（注 26）見（注 05）〈第二章　第三節　以日干為主審六神生剋〉頁 42

（注 27）見（注 03）〈第十九章　天干生剋合化季地支沖合會刑穿的關係〉頁 294-330；

（注 28）同（注 19）；

（注 29）見（注 05）〈第七章　第一節　正格類〉頁 175-202；

（注 30）見（注 05）〈第七章　第二節　外格類〉頁 203-212；

（注 31）見（注 05）〈第七章　第三節　雜格類〉頁 213-217；

（注 32）地支中所藏天干為人元；

（注 33）見（注 05）〈第八章　第一節　八字用神取斷法〉頁 221-237；

（注 34）見（注 03）〈第二十一章　第一節　先賢的議論〉頁 374；

（注 35）見（注 03）〈第二十一章　第二節　用神的種類及其選取法〉頁 382-402；

（注 36）見（注 05）〈第七章　第三節　雜格類〉頁 215；

（注 37）同（注 32）頁 216；

（注 38）見（注 03）〈第二十三章　特別格局的成敗得失　第七節　各種雜格的檢討〉頁 737-797；

（注 39）見（注 03）〈第二十一章　第二節　用神的種類及其選取法〉頁 382-384；

（注 40）同（注 42）；

（注 41）見〈本書第一章第二節子平論命〉頁 85；

（注 42）每十二年的干支為一輪；

（注 43）見（注 03）〈第八章 第一節 五行用事〉頁 55；

（注 44）見（注 04）〈卷二 第三篇 第五節 天干合而不化律數變化
　　　　　〉頁 77；

（注 45）相合二者若不能化，則形成了正剋的情形。被剋者若衰
　　　　　弱，則為害不輕。反之亦然。

第二節　紫微斗數

　　紫微斗數相傳為陳摶老祖希夷先生所傳授，故見斗數中
特列出其生平小傳，以為推崇。斗數者，乃諸多星曜之義。是
以百餘顆的星斗來推斷人生的吉凶。因其以紫微星為諸曜之首，
故稱為紫微斗數。其論述正確而細膩，常令人歎為觀止。惟斗
數排盤雖繁複卻易排。難處在於當數顆主星在一起時，或是抵
消，或是加強了某些狀況。但最為美中不足的還是如何排列閏
月的命盤。逢閏年最常見的排法是，「若生在閏月要從下月安
身命。」(注1)；也有另一種說法，「凡陰曆十五日前生者，以本
月論。陰曆十五日後生者，以下月計。」(注2) 無論是第一種還是
第二種說法，令人起疑問的是，若生在閏月的下半月又要如何
排盤？在排盤的應用上，總有一個月或是半個月的時間，重複
了或者說消失了。這是人文科學在推演自然科學的一大盲點和
缺失。事實上筆者以為斗數前輩迁（音于）頑埜（音野）農鄭
老師，所提倡的黃道天星所運行的位置，應是最合理的解決閏
年在斗數排盤中的難題。特於此章節將鄭老師所著《紫微斗數
閏月探幽》(注3) 中，不同一般閏月的排盤方法介紹如下：

(一)閏月的一年有十三個宮位

閏月是一獨立的月份，應有其獨有的宮位而非本月。故閏月的
宮位宜向後延。閏年的正月與臘月占著同一個宮位。但其內容
並不盡相同，四化也因月干不同而有差別 (註4)。

(二) 安閏月的身命宮以下月計算
如閏二月的身命宮以三月計，因為閏二月所多運轉的時間在黃
道上佔據三月的位置。閏月後的月份亦當如此計算 (註5)。

(三) 安閏月的月系諸星以本月計算 (註6)
月系諸星如左輔、右弼、天刑、天姚、天馬等諸星，皆以本月
月系諸星，為閏月月星的排序。例如閏二月仍以二月的排序相
同。因為任何閏月皆無法越過下月的中氣，而能具有下月的月
干，故仍以本月計。

(四) 安閏月時系的火、鈴星不加生時而以年支計算 (註7)
非閏年的火、鈴星，通常是以生時配合年支來定位的。流年的
地支可分為四組，即寅午戌、申子辰、亥卯未、和巳酉丑。若
逢閏月火、鈴星則固定以四組的年支為定位，不加生時。

(五) 命宮不起大限 (註8)
自古即有斗數命宮是否起大限之爭。無大限之論是比照「子平
論命」不從月宮提綱起運。眾說紛紜，讀者可以個人實際經驗
的實證法則為判斷依據。

(六) 結論
(1) 關於上列諸點，筆者以為前三點都非常合理。是相當邏輯的
將人文的閏月，以黃道的位置來解析。可說是最傑出的閏月
排法。惟第四點未知其詳，筆者才疏學淺或許有所遺漏。也
可能鄭老師有其他作品論及該原因？在未獲原著正式的原
因前，僅能憑《紫微斗數全書》中〈安火鈴二星訣〉中以四組年
支定位為由，免其時序混淆。 (註9)。至於第五點大運的起始
宮，其實與閏月無關，而適用於所有的紫微命盤。除了命宮

無大限的看法外，坊間尚有由命宮起大限；或是陽男陰女由命宮順行的下一宮起大限，及陰男陽女由命宮起大限逆行等看法不一。讀者可依事實自證之。

(2) 曾聞人云紫微斗數需以中國本地的時間為準，原以為只是笑談。奈何近年來中國移民移居世界各地，常有人提問國外的新生兒是否應換算成中國時間來論命？作者以為切切不可。蓋無論是太陽曆或是太陰曆，總是要以當地的真正太陽時或太陰時為准。即使是格林威治時間，也是依當地平太陽時化分出的人工時區。然而現代的科技的進步，確實帶給我們諸多方便。可從「中央標準時間」透過經度差和季節差，很容易的找出當地的真正太陽時(注10)。值得注意的是，無論是子平還是紫微，如果是出生在南半球的時間，則需要作大幅度的調整。這是因為當地現行的時間系統，是以北半球的節令為準而與當地的節氣和季節不相吻合。故需要核計出正確的當地時間，方能作為論命的基礎。

【第八章　第二節　紫微斗數　附注】

（注 01）見《紫微斗數全書》陳希夷著臺北 宏業書局 1982 頁 53

（注 02）見《紫微精解》天滴子著臺北 希代書局 1983 頁　18;

（注 03）《紫微斗數閏月探幽》迁頑埜農著 臺北武陵出版社 1986

（注 04）見（注 03）頁 205 ;

（注 05）見（注 03）頁 83;

（注 06）見（注 03）頁 85;

（注 07）見（注 03）頁 267;

（注 08）見（注 01）頁 58;

（注 09）見（注 01）頁 55;

（注 10）見《命理新論》吳俊民著 臺北三民書 1962 年頁 28。

———— 易學語錄 ————

危者安其位者也

亡者保其存者也

亂者有其治者也

是故君子

安而不忘危　存而不忘亡　治而不忘亂

是以身安而國家可保也

幽贊於神明而生蓍

參天兩地而倚數

觀變於陰陽而立卦

發揮於剛柔而生爻

和順於道德而理於義

窮理盡性以至於命

第九章 五術之四，　卜

　　卜者，乃事先推斷事情未來的結果和吉凶。也稱作占卜或卜卦。客觀的說，占卜是中華文化的主流，因為易經的著作就是為了占卜的使用。只是易經還具備了更深層的寰宇哲理。占卜隨著時代的演變，也發展出各種不同的方法和工具。由甲骨文時期的龜甲，秦漢時的蓍草，乃至於唐宋時的竹片和錢幣。由於用具的不同，也展示了方法的改進。卜卦至今流行的方法，是以金錢卦和梅花易數為主。二者皆以六爻卦為本。所謂的金錢卦是以三個古幣投擲六次來求出六爻的卦象，再從其卦理得知其結果。而梅花易數，則主要是從時間上起六爻，以知其卦而能斷其結果。無論是金錢卦或是梅花易數，其特殊之處是每一卦的每一爻都配以地支而不用天干，稱作以支裝卦。其獨到之處，是將心中所想的問題，用六爻來表達出問題未來的結果。這個獨到之處，似乎是沒啥辦法可以講得清楚。照理來說，就算是抽籤也會有正確與否各一半的機率，然而由卜卦分析所得出的結果，其準確性常令人瞠目結舌，準確度可說是異常的高。不僅如此，所卜的卦象中還能告知有關事情的發展，無論是成功還是失敗，會發生在什麼時間。這些功能確實能幫助我們在人生的旅途中，達成預定的目標。嚴格的說，卜卦與論命都有這些功能，而它們的差異在於卜卦是就單一事情的發展而論，而論命則重在命運長時間的延續性。當然兩者都有相互重疊之處，比如占卜的卦象中，也偶有顯示出過去、現在和未來較長時間的情況。而論命也能論斷短時期內的榮辱成敗，像是流年、流月、乃至流日。但終究是二者各有所長，各有所重。

　　本章節將金錢卦和梅花異數，合併在六爻卦下統一論述。因為二者皆以六爻卦為論斷的基礎，兩者可互為參考。另外本章還有一個重點，即對「奇門遁甲」術的驗證。「奇門遁甲」

為上古時代的兵書，相傳乃由天人傳授黃帝於戰蚩尤時。因為
「奇門遁甲」術在制盤和施術時需要精准的方位度數，黃帝為
了使用「奇門遁甲」術而發明了羅盤。傳說中最為人津津樂道
的「遁甲」術使用者，除了黃帝，莫過於號稱臥龍先生的諸葛
孔明。所以將「奇門遁甲」列為卜術之中，乃該術能預知戰爭
的成敗，故以卜術涵括之。嚴格說來，該術不僅是卜術而已，
更能實際的掌握了發生的經過和結果。由於「奇門遁甲」術的
靈驗，今人又多不知其詳，故總被渲染成靈異奇談，神鬼怪說
之類，故筆者特於此章論述，以證其真實性。

第一節　六爻卦

　　所謂六爻卦，即《易經》中所論述的六十四卦，因為從三
畫的八個單卦(注1)「引而伸之。觸類而長之。天下之能事畢矣。」
(注2)，而有了六十四卦。既然「天下之能事畢矣」，故能彌綸天
下之事。然而這只是占卜的基礎。占卜之術到了唐、宋時期，
出現了「用支裝卦」的情形，也就是說六十四卦的每一爻都有
了十二地支的歸屬。既有了陰陽五行的屬性，爻與卦之間就存
在了六神(注3)的關係。蓋占卜是以所問事情的五行屬性為本(注
4)，配以世、應爻與用神等主、客觀的情況，加以卦變、爻變、
及時間的生、旺、墓、絕可知其事的吉凶成敗。

　　本章節所引介的占卜理念和法則，主要源自宋代大儒邵
康節先生的《梅花易數》、清代占卜名家王洪緒先賢所著《卜
筮正宗》以及當代邵偉華大師所著的《周易與預測學》、和天
智生大師的《斷易新論》等書。以下特將個中原委一一道來。

壹。「用支裝卦」(註5) 的意義

「用支裝卦」也稱「納甲裝卦」(註6)或是「渾天甲子」(註7)這是目前「占卜」書籍多不說明其論據所在，而僅列其裝卦後的結果。使後學者只知其然而不知其所以然。

(一)蓋《易經》的六十四卦，無論是卦辭、爻辭、彖辭、象辭，畢竟是一對一的靜態對應。而世間的人事物又何止千千萬？六十四卦真的能作到「天下之能事畢矣(註8)」？為了這個目的，欲使卦爻能與萬事萬物變動的性能相對應，而設定了「用支裝卦」的基礎。藉著五行的動連形態(註9)及日、月運行的十二支(註10)，表現出受到時間屬性的影響。這個影響在易學中可說是凡事最大的決定因素，所謂同樣的事情在不同的時間，會有迥然不同的結果。同時十二支又含有陰陽五行的屬性，配以各個卦爻，自然能與六神和時間形成了一部聯動的機器。用現代的觀念也可說是一套軟體的應用程式，或是App。但又不需要使用在任何特定的設備上。這個機器或軟體的發動，當然早已不是靜態的對應，而是n次方的動連形態了。因此能以簡易的十二支串連出如此巨大的功能，不僅僅改變了卜易的方法，也使得占卜的功效無遠弗屆了。這是卜易前輩天智生大師在《斷易新論》(註11)中的論述。

(二)具備了能對應天下事的的動機後，又該如何來「用支裝卦」呢？首先，我們知道「六十四卦」是重卦含有六個爻，乃由兩組三個爻的單卦所組成。一般稱在下面的單卦為下卦，或內卦。在上面的單卦為上卦或外卦；內卦中的三爻，由下往上稱作初爻、二爻、和三爻。上卦中的三個爻，由下往上稱作四爻、五爻、和六爻。當然這個組合的排列會有四種狀況（1）下卦為陽，上卦為陰。（2）下卦為陽卦，上卦也為陽卦（3）下卦為陰卦，上卦也為陰卦、或是（4）

下卦為陰卦、上卦為陽卦等等的不同組合。由所述陰陽性不同的上、下卦，也可見到了四種不同的爻的組合，如同爻之四象。即（a）「初九」、「九二」、「九三」、「六四」、「六五」、和「上六」。（b）「初九」、「九二」、「九三」、「九四」、「九五」、和「上九」。（c）「初六」、「六二」、「六三」、「六四」、「六五」、和「上六」。（d）「初六」、「六二」、「六三」、「九四」、「九五」、和「上九」(注12)。以上為四組基本陰陽卦所導致爻的組合。

(三)再以十二支的支首與上述爻性的陰陽組合相搭配，支首陽則順行、陰則逆行，可得出「用支裝卦」的爻象基礎(注13)。蓋六十四卦本出自於八卦。而八卦以乾、坤二卦為父母卦。所謂震、坎、艮三陽卦均出自乾卦。巽、離、兌三陰卦皆出自坤卦。十二支如何作為各卦爻的支首和各卦爻的次序呢？（1）因地法於天，而乾為天為首。故以十二支首的子水為乾卦支首，且陽卦順行，可得內卦的爻次為子、寅、辰，外卦的爻次為午、申、戌。（2）因震卦乃乾卦的長子，故取乾卦的第一爻子水為震卦支首，且陽卦順行，可得內卦的爻次為子、寅、辰，外卦的爻次為午、申、戌。（3）因坎卦乃乾卦的次子，故取乾卦的第二爻寅木為坎卦支首，且陽卦順行，可得內卦的爻次為寅、辰、午，外卦的爻次為申、戌、子。（4）因艮卦為乾卦的幺兒，故取乾卦第三爻辰土為艮卦支首。且陽卦順行，可得內卦的爻次為辰、午、申，外卦的爻次為戌、子、寅。（5）因坤卦與乾卦相距八位，由子數八而至未(注14)，故坤卦的支首為未土且陰卦逆行。可得坤卦的內卦爻次為未、巳、卯，外卦的爻次為丑、亥、酉。（6）因幼女（兌卦）最與母親（坤卦）親近，且陰卦逆行。故取與未土最近的巳火為兌卦支首，可得內卦的爻次為巳、卯、丑，外卦的爻次為亥、酉、未。

（7）因離卦乃坤卦的次女，故取坤卦中次於巳火的卯木，為離卦支首。且陰卦逆行，可得內卦的爻次為卯、丑、亥，外卦的爻次為酉、未、巳。（8）因巽卦乃坤卦的長女，故取長於卯木的丑土為巽卦的支首。且陰卦逆行，可得內卦的爻次為丑、亥、酉，外卦的爻次為未、巳、卯 (注15)。從以上八種基本的重卦組合，可知內外卦共有十六個單卦，上下各八個卦以不同的八個下卦，分別搭配八個不同的上卦，可以得到六十四卦爻象全圖 (注16)。

貳。用卦的形態：

(一)金錢卦在用到卦的形態時多以後天卦為主，即所謂的離南，坎北，震東，兌西，巽東南，艮東北，乾西北，坤西南。

(二)梅花異數則是以先天卦為本，即所謂的乾一、兌二、離三、震四、巽五、坎六、艮七、坤八。

(三)先天卦斷吉凶，止以卦論，不多用易之爻辭。後天卦則用爻辭，兼用卦辭 (注17)。

(四)按照先、後天卦出現的次序 (注18)，金錢卦的卜卦方法應早於梅花異數。

叁。卜卦的方法：

(一) 金錢卦（以錢代筮草法）

執古錢幣三枚，誠心祝告心中的疑問，祝畢將古幣搖擲六次。其古幣的無字面為背。若投擲的三幣僅有一幣為背為「單」為陽，畫記號如「、」；若投擲有二幣為背為「拆」為陰，畫記號如「〃」；若投擲三幣皆為背為「重」，謂之發動為陽，畫

記號如「O」；若投擲三幣皆為字為「交」，謂之發動為陰，畫記號如「X」。由於六個爻的陰陽可知所卜為何卦 (注19)。由於渾天甲子，可知卦中六爻的爻支。

（二）梅花異數（以時間起卦法）

(1) 此乃宋代易學大師邵康節先生所創。以年、月、日之總數取上卦。以年、月、日、時之總數取下卦。又以年、月、日、時為總數取爻。如子年為一數。丑年為二數。直數至亥年為十二數。月如正月為一數，直到十二月，亦作十二數。日數如初一，為一數。直至三十日為三十數。時如子時一數，直至亥時為十二數。將年、月、日，共計幾數，再以八除之的零數/餘數作上卦。再將年、月、日數加時之總數，以八除之的零數/餘數為下卦，若能以八除盡者為坤卦；更以六除年、月、日、時的總數作動爻 (注20)。

(2) 另有起卦之法，如物數占、聲音占、字占（一字至十一字）丈尺占、為人占、自己占、占動物、占靜物等 (注21)。

（三）卦定終身

以生時之卦定終身，乃當代卜易大師邵偉華先生的創作。其法源自于梅花異數。但不同於問事的起卦法，不用年支而改用年干。其法乃用年干數+陰曆的月份數和日子數的總數，以八除之其所得的餘數/零數為上卦。將上卦的總數再加上時辰的總數，以八除之其所得的餘數/零數為下卦。若能以八除盡者為坤卦；再以六除之卦的總數作為動爻 (注22)。

肆。分析卦的要素：

卜卦的當下，常會出現一些主、客觀的個體、狀態或形態，具有絕對性的關鍵，特此闡述於下。

（一）用神

卜卦的用神不同於論命的用神 (註23)。卜卦的用神，乃心中問題的屬性。因為「用支裝卦」後，各爻與所屬卦有了五大關係的產生。即所謂的比、食、財、官、印的各屬性。雖說五卻實則為六 (註24)，因六爻皆有相屬的關係。

（二）原神 (註25)

乃生助用神的爻。凡發動、旺相、臨日、月建、化進神、化回頭生、旺動而臨化空亡，動而遇忌神反生用神等皆吉兆。凡原神休囚逢絕地、旬空、月破、化退神、臨三墓、動而變絕、變剋、化破、化散等皆為有病、無力生助用神的原神。

（三）忌神 (註26)

乃剋害用神的爻。如木剋土、金剋木之類。

（四）仇神 (註27)

乃剋害原神且生助忌神的爻。

（五）伏神 (註28)

用神不上卦，即用神不出現時，而以用神所臨的日月為用神。若也不臨日月，可借八純卦中的用神，稱為伏神。

（六）飛神 (註29)

伏神所在原卦之爻，稱為飛神。

（七）進神 (註30)

卦爻因動而化進，即寅化卯，巳化午，申化酉，亥化子，丑化辰，辰化未，未化戌，戌化丑。

（八）退神 (註31)

卦爻因動而化退，即卯化寅，午化巳，酉化申，子化亥，辰化丑，丑化戌，戌化未，未化辰。

（九）用神兩現 (注32)

卦中有兩個用神，取其離世爻近者，或用神得生助者，或旺於月、日者為用神。另《增刪卜易》 (注33) 中有云「舍其休囚而用旺相，舍其靜爻而用動爻，舍其月破而用不破，舍其旬空而用不空，舍其被傷而用不傷。」

（十）世應爻 (注34)

六爻之中有世、應爻。世爻為自己、問卦之人；應爻為所測之人和事。二者相差四位。世爻興旺為佳，更得月、日、動爻、用神等生合為吉上加吉。世爻若遇旬空、月破、休囚等為凶，再遇刑、沖、破、害為凶上加凶。

（十一）卦爻變 (注35)

卦與爻皆能變動。爻動卦則變，爻不動則卦不變。卦變有變生、變絕、變剋、變墓、變比和。卦象為大象，剋少生多者為大象吉，生少克多為大象凶。卦化回頭剋者，不論用神衰旺，都以凶斷。大象凶，出月遭殃。

（十二）動靜爻及變爻 (注36)

爻有動靜之分。靜爻有旺相、休囚之別。旺相之爻可生成或剋害休囚之爻。動爻乃發動之爻，能剋靜爻。靜爻即使旺相也不能剋害動爻。動爻所變出之變爻，能生、剋、沖、合動爻而不能生剋他爻。變生者為吉，變剋者為凶。動爻及他爻皆不能生、剋變爻。唯有日、月能生剋、沖合、對制一切爻。

（十三）卦有體用為先，繼有互變次之。

即所謂體用互變。大凡占卜，以體為主，用互變皆為應卦。用最緊，互次之，變又次之。故用為占之即應、互為中間之應、變為占之終應。互卦則分為有體之互與有用之互。若體在上卦，則上互為體互。下互為用互，若用在上卦，則上互為用互，下互為體互。凡變卦剋體事末不吉。凡變卦生體及比和，則事終吉利 (注37)；

（十四）卦中有生體之卦，則吉事應之必速。

若用卦生體，則事即成就。若互卦生體，則事漸成。若變卦生體，則稍稍遲耳。如占吉事無生體之卦而有剋體之卦，則事不諧。如占不吉之事，卦中有生體之卦則有救無害。無生體之卦，事不吉 (注38)。

（十五）卦爻之反吟 (注39)

乃卦變沖剋，如乾與巽，坎與離，震與兌，艮與坤。以及爻變沖克，如子與午，丑與未，寅與申，卯與酉，辰與序，巳與亥。

（十六）卦爻之伏吟 (注40)

乃卦變的六爻地支五行與本卦六爻的地支五行不變。可有內外伏吟，如乾卦與震卦，無妄與大壯等，六爻五行皆為子、寅、辰、午、申、戌；另有外卦伏吟，如恒與姤、小過與遯、歸妹與履、豐與同人、訟與解、否與豫等，外卦五行皆為午、申、戌；以及內卦伏吟，如屯與需，泰與複，大有與噬嗑，隨與夬，大畜與頤、小畜與益等，內卦五行皆為子、寅、辰。

（十七）遊魂與歸魂 (注41)。

遊魂者，往也。為八宮中的第七卦。歸魂者，回也。為八宮中的第八卦。

（十八）卦有六爻，分列五行。

本有五種關係，即我剋者為財、剋我者為官、生我者為印、我生者為食、及同我者為比。因分屬六爻，故謂之六親 (注42)。

(十九) 六神配十天干 (注43)。六神即青龍木、朱雀火、勾陳土、螣蛇土、白虎金、玄武水。配以十天干得知如下：

	甲乙日	丙丁日	戊日	己日	庚辛日	壬癸日
上爻	玄武	青龍	朱雀	勾陳	螣蛇	白虎
五爻	白虎	玄武	青龍	朱雀	勾陳	螣蛇
四爻	螣蛇	白虎	玄武	青龍	朱雀	勾陳
三爻	勾陳	螣蛇	白虎	玄武	青龍	朱雀
二爻	朱雀	勾陳	螣蛇	白虎	玄武	青龍
初爻	青龍	朱雀	勾陳	螣蛇	白虎	玄武

(二十) 暗動與日破 (注44)

靜爻旺相，日辰沖之為暗動；靜爻休囚，日辰沖之為日破。

(二十一) 爻有獨發、獨靜，和盡發、盡靜。

卦中有五爻不動僅一爻發動，為之獨發。卦中有五爻俱動僅一爻不動，為之獨靜。獨發、獨靜，可觀事成之遲速。動者速，靜者遲。至於吉凶，生者吉，剋者凶。至於盡發，乃六爻全動，雖如百花齊放，有似「既濟卦」卻正是「開到荼靡花事了」 (注45)。而盡靜，有如含苞待放，一似「未濟卦」戒慎恐懼終必成就。故靜者多美而動者常疚。

(二十二) 六爻間的生剋

概以五行生剋為基礎，凡世爻、用神皆以逢生為吉，能有喜慶。可有月建、日辰之生、動爻之生、變爻回頭生等；凡世爻、用神皆以受剋為害，必有禍患，可有月建、日辰之剋、動爻之剋、變爻回頭剋等。凡仇神、忌神等皆宜逢剋(注46)。

(二十三) 入墓 (注47)

因季節有四時旺相，而五行有十二長生。爻之性情，以五行定之，故爻亦有十二長生。五行遇土為入墓為不吉，墓者，不吉之所。即水墓在辰，木墓在未，火墓在戌，金墓在丑。入墓之法有三, 即用、世入墓、入動墓、 動而化墓。凡用爻不宜入墓，忌神入墓為佳。用爻重疊，宜墓庫收之。故入墓者有吉有凶。世爻、用神隨官鬼爻入日墓，若休囚無氣被剋而入墓，必見凶危。若旺相者更有生扶則為有救；若世爻、用神入動墓，或動而化墓，須待沖墓之期以論吉凶；若世爻、用神旺相，墓爻值空破，須墓爻填實之期而凶。若世爻、用神休囚，值其填實之期以應吉。

(二十四) 月建司權 (注48)

即月令。掌管一月三十日的權令、萬測之提綱。月建能助爻象之衰弱，能抑爻象之旺相。能制服動變之爻，能扶起飛伏之神。故月建對強旺之爻能剋之、沖之、刑之、破之。使其雖旺亦衰; 對衰弱之爻，能生之、合之、拱之、扶之。使其雖衰亦旺。爻與月建合而有用，月建入爻，越見剛強。卦無用神，得以月建為用神，不必尋伏神。月建入卦爻動而作原神者，為輻更大。動而作忌神者，為禍更凶。月建入卦則速，不入卦則緩。爻值月建旺相當權，逢空不空，逢傷無害。

(二十五) 月破 (注49)

月建沖爻為月破。月破為枯根朽木，逢生不起，逢傷更傷。雖為用神或伏神，究竟無用。日辰不能生之，動爻為忌神者，亦不能為害。作變爻者，不能剋傷動爻。目下雖破，出月則不破。今日之破，填實之日不破。逢合之日不為破。近應日時，遠應年月。

(二十六) 日建當令 (注50)

日建者，即十二地支，周而復始。地支為一日之主。是卦中六爻五行生、旺、墓、絕的具體標誌。是卜卦學中，決斷成敗的重要依據。日建四時俱旺，為六爻之主宰，行一日之令，與月建同權同功。日建當令，能生之、合之、扶之、比之休囚衰弱之爻。日建當令，能沖之、剋之、刑之強旺之爻。日建當令，月沖而不破，爻逢月剋，月剋而無傷。逢動爻之剋，則不為害。化回頭之剋，則不為禍。

(二十七) 爻之旬空 (注51)

月有三旬，即上、中、下三旬。凡十天干從甲起，由於配十二地支，必餘兩地支謂之旬空。故甲子旬有戌、亥為空亡。甲寅旬有子、丑為空亡。甲辰旬有寅、卯為空亡。甲午旬有辰、巳為空亡。甲申旬有午、未空亡。甲戌旬有申、酉空亡。有所謂「旺不為空、動不為空、有日建動爻生伏者不為空、動而化空、伏而旺相皆不為空；月破為空、有氣無動為空、伏而受剋為空、春土、夏金、秋木、冬火是真空」旬空，填空之日不為空。出旬之時不為空。

(二十八) 定應期 (注52)

占卜中相當重要的一環。乃定準吉事的到來和凶事發生的時間。這個時間即定期。定應期，是占卜的最後階段，也是占卜

是否成功的重要一環。

(二十九)應期之法 (注53)

應期之法頗多，主要有以下數種：

(1) 用神合住，衝開之期斷之。

(2) 用神休囚，生旺之期斷之。

(3) 用神無氣，旺相之期斷之。

(4) 用神旺而不動，沖動之期斷之。

(5) 用神有氣發動合日辰或日辰臨動或日辰生世，本日斷之

(6) 用神受制，制殺之期斷之。

(7) 用神得時旺相，動而又遇生扶，以生扶之期斷之。

(8) 用神安靜，逢沖之期斷之。

(9) 用神不現，出現之期斷之。

(10) 用神旬空，出空之期斷之。

(三十)生世生用及剋世剋用的應期 (注54)

生世生用為吉神，凡世及用神喜臨日月建及動爻相生和化回頭生為喜事應期。剋世剋用為忌神，凡世及用神受剋為災禍；若忌神受剋，逢墓、入墓、休囚、化退、合、死、絕，反為喜。惟測行人及官訟，反以用神受剋為喜。

(三十一) 逢合及逢沖應期 (注55)

合有三合、六合之分。吉事喜有三合、六合。但憂疑禍患、出行、行人則不宜。合則為牽絆，動而不動。逢合應期有逢生旺、值日填實、出空、沖合等應期。沖指六沖而言，凡吉事不宜沖，

沖則必散。凡官訟憂愁之患宜沖，沖則必散為吉。近病逢沖則愈，久病逢沖則死。用神逢沖應期在於逢合及填實之期。

（三十二）三刑應期 (注56)

三刑主凶災禍患之事。有兩爻相刑，如寅巳、巳申、子卯等。有三爻相刑，如寅、申、巳俱全，及一子刑三卯。凡世爻、用神遇刑，其應期在於出空、沖墓、填實之期。

伍。占卜之道 (注57)

(一) 既明占卜之理，能知天下吉凶。藉著占卜能知其機變。其機理雖無固定的外形和痕跡，卻能藉著卦象來顯示其意義。以乾卦為例，乾有著孜孜不倦的機理，也可見到各類不同的象義 (注58)。而占卜所蘊含吉凶的事理，也會藉著不同的卦象來表達。所以卦象沒有不能變異的道理，因為易的原則，就重在變異啊！

(二) 占卜之法，先看《周易》爻辭，以斷吉凶。次看卦之體用以論五行生剋。又次看剋應，複驗己身之動靜。正如前術若以先天卦斷吉凶，不甚用易之爻辭。若以後天卦則用爻辭。

(三) 占卜之學最為重要的兩篇卜訣，一為相傳戰國時孫臏的《通玄賦》(注59)，一為明代劉基的〈黃金策總斷千金賦〉(注60)學者宜融會貫通。

(四) 占卜的人文性質，有其非常特殊之處。最為重要的機制在於整個占卜過程中是圍繞著「用神」在推演和分析。「用神」者乃問題的五行屬性。例如有關現實中金錢、娶妻的問題，以「才爻」為解決；有關現實中事業、學業和嫁夫的問題以「官爻」為中心；有關現實中父母、文書、住房

的問題以「印爻」為重點；有關現實中工作、子嗣的問題以「食爻」為解決；有關現實中朋友、兄弟的問題以「比爻」來解決。這樣的處理，是將精神與實質融合在一起，是將心思合成於方法之中的絕妙法則。惟一能合理解釋其論據，恐怕也只有從第八識（注61）探知一二了。

【第九章 第一節六爻卦 附注】

（注01）即三畫的八個單卦，所謂的乾三連，坤六斷，震仰盂，艮
　　　　覆碗，離中虛，坎中滿，兌上缺，巽下斷；

（注02）見《易經集注》臺北 文化圖書公司 1994〈周易 卷三 上
　　　　傳〉頁100；

（注03）見《子評命學精義》臺北 東星出版社發行 1986年〈第二
　　　　章 第三節 以日干為主審六神生剋〉頁42；

（注04）即比、食、才、官、印的五行屬性；

（注05）見《斷易新論》臺北 希代書版有限公司發行 1981年〈第
　　　　二章 第四節 支裝卦〉頁112；

（注06）見《周易與預測學》香港明報出版社發行 1992年〈第六
　　　　章 第三節 渾天甲字定局〉頁160-162；

（注07）同（注06）；

（注08）同（注02）；意謂具有面对天下一切事的能力；

（注09）同（注05）〈第一章 易學概說〉頁37-72；

（注10）即月建和日建的十二地支配屬；

（注11）同（注09）；

（注12）易經中用九表陽爻，用六表陰爻。用一到六表爻的次序；

（注13）同（注05）〈第二章第四節支裝卦〉頁119-123；

（注14）即由乾卦的初爻子水數至第八爻的未爻為坤卦的初爻；

（注15）依照八卦幼女、次女、和長女次序的合理推敲；

（注16）同（06）〈第六章 第二節 六十四卦爻象全圖〉頁 152-
　　　　159；

（注17）見《梅花易數》臺北 竹林印書局印行 1978〈卷二 先後天
　　　　論〉頁 03；

（注18）見本文〈第四章 第一節正本請源「卦」的演成次第〉頁 30

（注19）見《卜易寶鑒》臺南 新世紀出版社發行 1980 年〈卜易入門
　　　　篇 以錢代蓍法〉頁 05；

（注20）同（注06）〈第五章 第二節八卦的運算方法〉頁 107-108；

（注21）同（注17）〈卷一 卦數起例〉頁 02-03；

（注22）同（注06）〈第十五章 第一節 以生時之卦定終身〉頁
　　　　248-249；

（注23）論命的「用神」是分析整個八字後，找出一字，用作全域
　　　　的樞紐謂之。

（注24）命理學的「六神」，乃將比、食、才、官、印增列了「傷
　　　　官」一神。「傷官」是「我生者」的異性相遇。

（注25）同（注06）〈第八章 第二節 原神 忌神 仇神〉頁 180；

（注26）同（注25）；

（注27）同（注25）；

（注28）同（注06）〈第八章 第五節飛神 伏神〉頁 188；

（注29）同（注28）；

（注30）同（注06）〈第八章 第四節進神 退神〉頁 183；

（注31）同（注30）

（注32）同（注06）〈第八章 第六節 用神兩現〉頁 180；

（注33）民國 野鶴老人著；

（注34）同（注06）〈第六章 第四節 安世應法〉頁 164；

（注35）同（注06）〈第十章 動變〉頁 197；

（注36）同（注35）頁 198；

（注37）同（注17）〈卷三 體用互變〉頁 6-7；

（注38）同（注37）〈卷三 占卦訣〉頁 6；

（注 39）同（注 06）〈第十二章　第一節　卦爻之反吟〉頁 213；

（注 40）同（注 39）〈第二節卦爻之伏吟〉頁 215；

（注 41）同（注 39）〈第三節　遊魂歸魂〉頁 218-219；

（注 42）見《子平命學精華》臺北　東星出版社 1986 年〈第六章　第二節六神之作用、第三節六神之源理概說〉頁 157-168；

（注 43）同（注 06）〈第七章　第六節　十天干配六神〉頁 169-170；

（注 44）同（注 35）頁 200；

（注 45）見《紅樓夢》上海　文化圖書公司印行 1927 年〈第六十三回　壽怡紅群芳開夜宴〉中「開到荼蘼花事了」的詩令，頁 541；

（注 46）同（注 06）〈第六章　五行生克〉頁 183-194；

（注 47）同（注 06）〈第十一章　第三節　論入墓〉頁 204-206；

（注 48）同（注 06）〈第十一章　第四節　月建司權〉頁 206-207；

（注 49）同（注 06）〈第十一章　第五節　月破〉頁 207-208；

（注 50）同（注 06）〈第十一章　第六節　日建當令〉頁 209；

（注 51）同（注 06）〈第十一章　第七節　爻之旬空〉頁 210-212；

（注 52）同（注 06）〈第十三章　第二節　定應期〉頁 226；

（注 53）同（注 06）〈第十三章　第二節　定應期〉頁 229；

（注 54）同（注 06）〈第十三章　第二節　定應期　一。生剋定期〉頁 227；

（注 55）同（注 54）〈三。逢合應期，四。逢沖應期〉頁 228；

（注 56）同（注 54）〈五。三刑應期〉頁 229；

（注 57）同（注 17）〈卷二　心易占卜玄機〉頁 1；

（注 58）同（注 17）〈卷一　八卦萬物類占〉頁 21；

（注 59）同（注 19）〈通玄賦〉頁 9；

（注 60）同（注 19）〈黃金策總斷千金賦闡釋〉頁 48-63；

（注 61）即阿賴耶識。

第二節 奇門遁甲之驗證篇

　　「奇門遁甲」最早的傳說是起自黃帝戰蚩尤時，受困于涿鹿而不能勝。因而齋戒築壇，祈天禮地。夜得天人傳授「奇門遁甲」兵法而終能敗蚩尤，統一天下。所以「奇門遁甲」出現的頗為神奇，且效果驚人。外加一般人認識不深，故造就了諸多千奇百怪的荒誕傳說。總因黃帝年代久遠，又缺乏史實記載和真實的資料，故考證亦為不易。惟一牽連的是「奇門遁甲」術需要精准的方向/方位度數。而中國的羅經號稱是黃帝發明的，這其中是否有些關聯就不得而知了。至於「奇門遁甲」在傳統上的另位領軍人物，就是東漢三國時期赫赫有名的臥龍先生諸葛孔明。位屬四大小說的《三國演義》係歷史敘述類，算是稗官野史卻也含有大量的資訊，並非全不可信。只要比對正史的記載，也能推演出真正的事實和更多的真相。臥龍先生素以足智多謀聞名於世，所謂謀定帷幕之中，決戰千里之外。其最精采處莫過於「赤壁之戰」，可說是先生的代表作。一向為藝術家、戲劇家、文學家、軍事家和心理學家等所歌頌讚德。既然先生能作為「奇門遁甲」的大成者。合理的推斷在其大作「赤壁之戰」中，必能尋獲驗證該兵法的蛛絲馬跡。《三國演義》作者羅貫中先生，為了達到文學的戲劇效果，對赤壁的史實和地理環境作足了功課，也為了「赤壁之戰」布下了巧奪天工的佈局。在以下的演繹中，將還原最大的事實真相為論據的基礎。

　　除了「赤壁之戰」，本章節另以歷史上發生過的四次戰爭案例作為驗證的標本。這四次戰爭包括了，拿破倫的「滑鐵盧之役」、二次大戰初期的「敦克爾克大撤退」，二次大戰美日的「中途島海戰」及「血戰硫磺島」等。為什麼會以這四次戰爭行動為標本呢？因為這四次爭戰行動，都有詳細的時間和方向的記錄，可以用其資訊製造「遁甲」盤。再從「遁甲」盤所顯示的內容，比對戰爭的事實歷程，作為驗證

「奇門遁甲」是否具備「預知」的能力！本文既重在驗證，對於「遁甲」盤的製作方法，因所占篇幅頗巨，且坊間皆可購得。故本書不再贅述。僅以「遁甲」盤的內容，即奇儀、九星、八神、八門及星門配合等，分別論斷，以明其象意，以鑒其真偽。至於解析的內容意義，亦可從坊間書店購得，並非作者所杜撰。

壹。赤壁之戰

　　取材自《三國演義》羅貫中著 (注1) 《三國志》陳壽著 (注2)，及《資治通鑑》司馬遷著 (注3)。

(一) 臥龍先生何許人也？在中國乃至亞洲，可說無人不知！在此藉著《三國演義》中的描述，來認識其人。

(1) 水鏡先生 (注4) 曾對劉備言：「臥龍、鳳雛，兩人得一，可安天下。」鳳雛乃襄陽龐統，臥龍正是諸葛孔明。」

(2) 同時代的才子徐庶在《三國演義》中有云，「亮（諸葛 亮）字孔明，道號臥龍先生。有經天緯地之才，出鬼入神之計，當世之奇士。」。同時徐庶在向劉備推薦孔明時云：「此人有經天緯地之才，蓋天下第一人也。。。此人乃絕代奇才若此人肯相輔佐，何愁天下不定乎？」 (注5)

(3) 孔明在《三國演義》中，對作為帶軍的將領是否是良將還是庸才，有以下的定義，「為將而不通天文，不識地利，不知奇門，不曉陰陽，不看陣圖，不明兵勢，是庸才也」 (注6)。所謂的兵勢與陣圖，可說是一般學習兵法者的必備。然而其他的天文，地利，奇門，陰陽等都可說是中國文化的傳承。但是如果諸項都包含在同一專屬的易理科目中那就非「奇門遁甲」莫屬了。因為天文的「圖書」九宮圖是一切「奇門

遁甲」盤的根本；出兵的地理方位正是遁甲盤的決定因素；
至於「陰陽」在任何中華文化中都是不可或缺的基本元素；
而「奇門」(注7)更是「奇門遁甲」獨有而重大的元素。所以可
以斷言臥龍先生，乃善於「奇門遁甲」兵法的使用者。

(二)「赤壁之戰」（Bottle of Red Cliffs）的地理狀況

中國山川走向以西北、東南走向為主。中原地帶的黃河流域，
冬季寒冷、氣溫低、氣壓高，故多吹西北風。孰料長江行至洞
庭湖一改西北、東南走向而為西南、東北走向。而兩軍對峙的
赤壁/Red Cliffs(今湖北蒲圻)即在此段長江改向的途中，其與
烏林/Wulin相對峙。蓋此區域已屬長江下游亞熱帶濕潤氣候的
季風區，初冬將寒未寒之際（即十月的立冬節以後），氣溫時
高而氣壓時低，故偶有來自海洋高氣壓的東南季風。所以一如
易學文明強調時間與空間的利用，兵法中致勝的先機即在於識
得地理環境而能掌握天時良機。以下附圖赤壁之戰（Bottle of
Red Cliffs）的地理位置（本圖取自維基百科，作者為Ling.Nut
的Own work）：

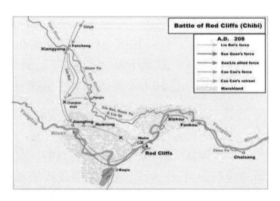

(三)「赤壁之戰」在《三國演義》中有不同於正史的紀錄

(1) 司馬遷所著《資治通鑑》有關赤壁之戰，指其發生於建安十三年(戊子年)十月內，而《三國演義》將其寫成發生在隆冬十一月冬至的前後。改寫的情形和意義如下：

(a) 中華文化中，節氣擔任了很重要的角色。因為節氣決定了時間而時間是易學的主觀因素。當然時間也決定了氣候。

(b) 十月的節氣是立冬和小雪，乃小陽春時節而十一月的節氣是大雪和冬至已至隆冬。二者在當地有著明顯的季節差異。

(c) 《三國演義》第四十八回，羅貫中用曹軍中一段對話，改變了戰爭的時間 (注8)：。。。程昱曰：「船皆連鎖，固是平穩；但彼若用火攻，難以回避。不可不防。」操大笑曰：「程仲德雖有遠慮，卻還有見不到處。」荀攸曰：「仲德之言甚是，丞相何故笑之？」操曰：「凡用火攻，必藉風力。方今隆冬之際，但有西風北風，安有東風南風耶？吾居於西北之上，彼兵皆在南岸。彼若用火，是燒自己之兵也，吾何懼哉！若是十月小春之時，吾早提備矣！」

(d) 其實曹操及其部將皆北方人，屬於秦淮以北的溫帶季風氣候區，並不知曉初冬（即十月份）的赤壁會有東南風，也屬正常。而羅貫中雖非當地人，卻在這亞熱帶季風氣候區待了很長的時間，《三國演義》就是寫成於相同氣候的河陽山，即今日江蘇省蘇州市張家港。所以深知當地季節的變化。而在《三國演義》中將赤壁之戰的時間暗度陳倉到十一月去了。更創造了曹操和部屬的對話，奠定了借東風的必然性，神化了孔明，更誇大了曹操剛愎自用的性格。但從這段話中，也証明了十月小春是會有東南風的，而十一月份則不會有東南季風。

(2)《三國演義》中諸葛亮暗中指導的赤壁之戰，其中的借東風最為膾炙人口。然而，這一段故事卻在正史上沒有任何記錄。這突顯了幾項事實：

 (a) 儘管後人對諸葛先生的才學和膽識有著無比的敬仰，但沒人清楚這升壇作法借東風的事，到底真假如何？

 (b) 中國史官制度的健全，其中也包含了史官負責任的態度及理性的作風。

 (c) 羅貫中是明朝時代的人，著作《三國演義》時，距離「赤壁之戰」的年代已超過了1100年。在此著作之前包括野史，從未有任何記載有關這作法借風之事。從以上這三項事實，可以認知作法借風這事應屬杜撰，除非兩位古人(諸葛和羅貫中先生)再世，是殊難求証其真實性。

(3) 恰如前面提到的，當地人最瞭解當地的氣候。所以在《三國誌》正史中所載的是東吳部將黃蓋(荊州零陵泉陵人)建議都督周瑜用火攻，並且親自率領數十船，滿載薪草膏油，外用赤幔偽裝。當東南風起，黃蓋先向曹操投書通報投降，一面吶喊「投降」，使曹軍誤認敵人來降而爭相觀望之際，衝近曹營船艦。相距二里時，黃蓋遂令燃點柴草，同時發火，火趁風勢，不僅曹軍連在一起的戰船著火，更波及曹軍岸上的軍營。由於東南風的相助，火勢漫延甚速而一發不可收拾，以致曹軍大敗。這其中並沒有「周瑜打黃蓋」的詐降事件，有的只是黃蓋通報投降及率眾衝烽陷陣時的吶喊「投降」，卻引出羅貫中的「一個願打一個願挨」的突發奇想罷了。

(4) 另外《三國演義》中自蔣幹中計，使曹操誤殺懂水軍蔡瑁、張允，以及龐士元獻計，而使曹操連接戰船，甚至曹操接受了被周瑜毒打的黃蓋，以致火燒曹營等等，都是正史中未見過的記載。若事實果真如此，則曹操何許人也？　實乃魯鈍

之士，可欺之如三歲孩童。豈能以梟雄、奸雄論之？！更何以能位居漢之丞相、挾天子以令諸侯呢？！所以曹操在赤壁的失敗，可歸納原因有二：一則是對自然地理的認識不足所導致。一則北人不習水性，人馬多水土不服。曹操苦無良計而思考出連接戰船，使人馬如履平地之策。若真是龐士元獻計，以操之多疑，豈有中計之理？也或者根本沒有連結戰船之事。只因戰船過多而至擁擠的停泊在港中，乃至縫隙狹小而風勢又大，故造就了野火燒不盡的赤壁大火。

(四)「赤壁之戰」的意義

(1)「赤壁之戰」是以少勝多的實例。主要是利用了自然現象而獲勝的明証，這是不可否認的事實。即使活在二十一世紀的今天，人類仍舊難於和自然現象相抗衡。這個自然現象在「赤壁之戰」的應用中，當然就是有效的風向。只是無論是當地人士，或是臥龍先生雖然能確知在該季節內會有季風，但如何掌握季風的時機，恐怕才是重中之重的情資。

(2) 無可否認的，建安十三年曹操的南征大業是失敗的。一場決定性的赤壁之戰，曹操敗於對自然的認識不夠，沒認知到風的助攻。這恐怕是曹操始料未及的致命傷，誠如諸葛亮所言，「為將不知天文，不知地理，是庸才也」。天文與地理都是自然的一部份。然而，自然是多變的，任何人都難於事先百分之百的掌握。交戰雙方，固然在開戰之初都有過詳細的評估與推演，比如實力、策略、人事、軍需調配、後勤補給等等。惟有自然現象才是難於掌握的利器，自然現象在此也可說是天機，能適時掌握天機，方能確保勝利的歸屬。

(3) 綜合上述《三國演義》的引介，如果能從「奇門遁甲」中找到答案或資訊。也不愧於羅貫中先生在書中對臥龍先生大力的推薦。

(五) 遁甲盤解析

建安十三年，曹操從七月開始自鄴城，由北向南征討劉備。到十月赤壁之戰敗北，由盛而衰。從事情的發展來看，赤壁之戰當然是曹操南征失敗的關鍵。可是若以「奇門遁甲」的角度來看，當曹操在建安十三年開始南征時，己註定了會以失敗收場。同理當建安十三年十月曹軍在烏林與孫軍對峙時，即使孔明先生沒有借到東風曹軍也己註定了失敗的命運。以下分別以建安十三年曹操南征的遁甲年盤和該年十月份赤壁之戰的遁甲月盤，解析兩重戰爭會出現的狀況而與與事實做一比對：

(1) 建安十三年(西元208戊子年) 曹操南征時的遁甲盤，為以下陰一局戊子年遁甲年盤圖表(粗筆為曹出兵方向)

己 芮 九 丁 生 雀	**乙 柱 五** **己 傷 陳**	辛 英 七 乙 杜 合
丁 蓬 八 丙 休 地	癸 沖 癸 一	壬 禽 三 辛 景 陰
丙 心 四 庚 開 天	庚 任 六 戊 驚 符	戊 輔 二 壬 死 蛇

(a) 盤中象意

曹操南征的盤中，天地九干為乙己，九星為天柱，八門為傷門，九宮為五黃，八神為勾陳。為首的乙己乃日奇得使，乃以一當千，以柔治剛 (注9) 之象。天柱星原為小凶，所謂「天柱藏形謹守宜，不須遠出及營為，萬種所謀皆不遂，遠行從此見凶危。」 (注10) 故只宜保守，不宜興兵，出戰必

222

敗。而天柱星再逢傷門，則是大凶 (注11) 之象。這正是「隨卦」的卦象，所謂陽剛需謙卑的居於陰柔之下。這樣才能帶來愉悅平安，才能掌握時機，能順從而不強出頭，才能順利而沒災禍。而這個順從就好像是天黑了，就必須休息一樣的自然 (注12)。傷門本就是受傷的凶意，所謂「瘡疼行不得。折損血財身。天災人枉死。經年有病人。商音難得好。余事不堪聞。」(注13) 傷門得會乙時，謀事不成，且為防盜賊反遭失敗 (注14)。五黃原就是九宮中不吉的方位，常意味著腐朽和糾紛 (注15)，再配以星門的凶格，凡事就不再能順利進行。勾陳乃威猛肅殺之神，性質屬金，為金革之象，本利於戰鬥、爭奪 (注16)。可惜居於火炎之鄉而無從發揮，正如失令而成朽腐的廢鐵，終必為了爭端而導致疾病、死傷、及陳屍於道路上等情形 (注17)。綜合整體象意，誠如《奇門占驗》(注18) 所言：「大凡奇儀應物之初(事之開始)，九星應事之中(事之進行中)，門應事之末(事之結束)」(注19)。所以這一年南征的情況，必是開始順遂，而終必挫敗。若及早能由遁甲盤洞悉該年南向悲慘的結局，則一動不如一靜，凡事皆以保守為宜。綜觀遁甲盤中，東南方反倒是一條絕佳的生路。曹操若是當初能捨劉備而先攻東吳孫權，則歷史上怕就不會有三國時代的存在了。

(b) 事實印証

曹操南征本來就是為防止孫權及劉備盜竊其天下而發動的戰爭，誠如傷門逢乙奇所顯示的狀況，謀事不成反受其害。故其終必遭失敗，而且招致自家人馬橫屍遍野。過程中一如天柱、勾陳所顯示諸多不順，如曹軍新編及新附的荊州水軍，戰鬥力較弱。北人不僅水土不服，且軍中瘟疫流行等等。只有征戰之初，新野及長板坡之役皆大勝，致劉備兵敗如喪家之犬，棄妻丟子。此皆曹操獲日奇得使

之功而能贏得初期勝利。

(2) 建安十三年十月赤壁之戰的遁甲月盤如下：

赤壁之戰的曹、孫兩軍的駐紮是沿著長江，在湖北蒲圻一帶，
以江為界。曹操軍駐於烏林，為江之西、江之北；而孫權軍
紮於赤壁，為江之東、江之南。雙方的對峙為西北、東南。
也就是說曹軍向東南攻，而孫軍向西北攻。以下為陰八局癸
亥月遁甲月盤圖表（粗筆方位為双方出兵的方向）

壬　輔　七	乙　英　三	丁　芮　五
壬　杜　天	乙　景　地	丁　死　雀
癸　沖　六	辛　禽	己　柱　一
癸　傷　符	辛　　　八	己　驚　陳
戊　任　二	丙　蓬　四	庚　心　九
戊　生　蛇	丙　休　陰	庚　開　合

(a) 盤中象意

曹軍與孫軍天地盤的九干均不佳。孫軍得了庚庚的戰格，
戰已不可避免，會發生流血的激烈戰鬥，及與親人之間
生離死別的情形，確是不可言吉 (註20)。而曹軍的壬壬伏
吟格也不能言吉，縱然想盡辦法亦無法脫離逆境。有才
能者也無法被認定 (註21)，所謂的「蛇入地羅」外亂纏繞，
內事索索，動盪不安。縱有吉門吉星庶免蹉跎 (註22)，何
況沒有！孫軍的戰格意味著戰爭及與親人別離。戰爭自
然是可勝可負，且無論勝負均需與親人別離，這與事實
符合。而曹軍的伏吟格，卻將任何星門的優點都縛手縛
腳的無法施展了 (註23)。九星方面，雙方皆得吉星。但曹

軍的天輔星原有輔助之意，世稱風伯，本宜選將出征與
敵交鋒，居於巽位可以祭風出師。但卻不利於秋冬而失
令不吉，易受風害。且凡事難望轉機未得成功(注24)。而
天輔配杜門為巽為風之卦(注25)，須以中正的美德以順遂
其志向，而令人柔順服從。今曹操乃行霸淩之實，令孫、
劉等人無以順從，故為大凶反不利出師(注26)。因此天輔
星既不能得令，又具星門合成不利行舟的凶意，警示了
對曹軍風害的存在。而孫軍的天心星卻是得令，能得高
人指點，最宜選將出師交鋒出戰，所謂「搗巢破敵展土
開邊，秋冬得地千里」(注27)。所以曹軍的天輔配杜門未
見風之利反現其凶。這與孫軍天心配開門的小凶，不可
同日而語。甚者孫軍的開門屬三吉門，乃成功的根本。
而曹軍的杜門卻諸事不吉，惟有藏身可免憂(注28)。九宮
方面，曹軍的七赤居凶格為不吉，會發生被欺騙的勾當。
而孫軍的九紫居於吉格乃著名的吉星，可使事情順利進
行(注29)。關於八神，雖然六合與九天均不得地，孫軍的
六合是讚衛之神，能帶來華彩及喜慶之事。而曹軍的九
天主文書、印件、槍棒、火焚等現象(注30)，這些現象見
於戰爭期間本為正常。火焚卻與不利出師的凶風，鑄成
了毀滅性的殺手。相較之下，兩軍孰勝孰劣，成敗早已
見於盤中。

(b) 事實印証

孫軍是為了保護家園而戰，戰士們抱著誓死的決心，戰
敗則埋骨沙場，戰勝則追逐敵人於國度之外。無論勝負
與親人告別都是不爭的事實，決心正是提高士氣的根本。
曹軍的不習水戰、水土不服和將戰船連在一起，應是明
顯的縛手縛腳、發揮不出實力的現像。風的逆向(就曹軍
言)，確是曹軍的主要敗因。湊巧的是該月的遁甲盤中也

展示了有風為害。同樣的，在赤壁戰役中，無論是正史或演義，都記載著高人對孫吳的指示。而曹營，總是上演著被騙的戲碼。連正史上也細數著黃蓋陣前詐降，用火攻的事件。這些情形皆與遁甲盤顯示的一致。

總而言之，一個戰略的成功，多少靠著幾分的運氣。但像赤壁之戰這樣實力懸殊的雙方，能以寡擊眾，需要的不只是七分努力，三分運氣。恐怕是需要更多的運氣了。所幸的是，「奇門遁甲盤」的分析，無異於一場現場的兵推。不僅能預見其結果，甚至表達了進行時的狀況，充分的展示了其可靠性和準確性。對於戰爭之前的策劃，無異提供了最有價值及最具時效的指導原則，讓我們能適當的、適時的掌握住天機!!

(六) 申論

(1) 除了《資治通鑑》和《三國演義》有關「赤壁之戰」不同記載的時間點。《後漢書》中也記錄下另一個戰爭發生的時間點。其書記載赤壁之戰（The Bottle of Red Cliffs）發生在建安十三年（戊子年）十二月。故依照其時間和方位可得遁甲月盤如下：以下為陰八局乙丑月遁甲月盤圖表（粗筆方位為雙方出兵的方向）

丙 沖 七 壬 驚 蛇	戊 任 三 乙 開 符	癸 蓬 五 丁 休 天
庚 內 六 癸 死 陰	辛 輔 辛 八	壬 心 一 己 生 地
己 柱 二 戊 景 合	丁 英 四 丙 杜 陳	乙 禽 九 庚 傷 雀

226

(2) 事實對照

曹軍天地盤的九干組合為「丙壬」乃「江輝相映」，雖然是
非頗多但能得大利(注31)。八門為驚門，顯示除了漁獵，索債
等諸事不宜，不能成功(注32)。星門配合乃天沖配驚門，為大
凶之象(注33)。即所謂雷震居於澤兌之上，乃陽剛屈居陰柔之
下。對於天下之大義，是名不正而言不順，毫無利益可得！
這正是歸妹的卦象(注34)。八神得螣蛇，乃虛偽和巧詐的表像。
而九宮的七赤也具備著欺騙不實的意味。整體上曹軍才應
是玩弄計策的一方，雖然心機白費，並未獲得利益。而孫軍
九干組合為「日奇披刑」，雖然大敵當前卻部將各有所圖，
皆以私心為圖謀而已(注35)。八門為「傷門」，除了捕獵收債，
諸事不宜(注36)。星門配合乃「天禽」配「傷門」，為大凶之
象(注37)。要能經得起致命驚嚇的考驗才能戒懼慎行，從容不
迫的立身安命。所謂處變不驚、安穩不亂之後才能從容自若。
這是「震卦」的卦象(注38)。八神得「朱雀」且失令，多口舌
是非，或奸佞之人(注39)。而九宮的「九紫」，雖為大吉星，
可惜天干組合不利「星門搭配並非吉格，會導致出師不利，
出現不良的後果(注40)。比較雙方的遁甲盤，孫軍稍優於曹軍，
但並不足以導致曹軍的大敗和孫軍的大勝如「赤壁之戰」者。
尤其在事實過程中，並沒有十二月遁甲盤所顯示的各種現
象。最易於驗證的是，十二月（小寒，大寒）的氣侯一如十
一月（大雪，冬至）的隆冬時節，並不會有來自東南的東風
如十月小陽春般助孫攻曹。而這一特殊的自然現象，卻明白
的標示在十月的遁甲盤中和發生的事實上。所以事實勝於
雄辯，筆者個人以為「奇門遁甲」的解析，不僅驗證了其先
知性，更足以確定「赤壁之戰」發生的時間點。

【第九章 第二節 壹 赤壁之戰 附注】

（注 01）見百度百科「三國演義」條。全名《三國志通俗演義》，又
　　　　名《三國志演義》，是元末明初小說家羅貫中創作的歷史演
　　　　義小說，中國古代長篇章回體小說的開山之作，也是中國
　　　　古典四大名著之一。小說以東漢末年群雄割據混戰為背景，
　　　　描寫了魏、蜀、吳三國的政治、軍事、外交等方面的複雜鬥
　　　　爭，反映出當時動盪不安的社會局面.，並成功塑造了一批
　　　　叱吒風雲的英雄人物；

（注 02）見百度百科「三國志」條。二十四史之一，是由西晉史學家
　　　　陳壽所著，記載中國三國時期的曹魏、蜀漢、東吳紀傳體國
　　　　別史，是二十四史中評價最高的“前四史”之一；

（注 03）見百度百科「資治通鑒」條。亦常簡作《通鑒》，是由北宋
　　　　司馬光主編的一部多卷本編年體史書，共 294 卷，歷時 19
　　　　年完成。主要以時間為綱，事件為目，從周威烈王二十三年
　　　　（西元前 403 年）寫起到五代後周世宗顯德六年（西元 959
　　　　年）征淮南停筆，涵蓋 16 朝 1362 年的歷史；

（注 04）見《三國演義》新北市 聯經出版事業有限公司 1980〈第三
　　　　十五回〉頁 285-287；

（注 05）同（注 04），〈第三十五回〉頁 297；

（注 06）同（注 04），〈第四十六回〉頁 375；

（注 07）乃三奇八門之謂。同（注 04），〈第四十六回 注 1〉頁
　　　　375；

（注 08）同（注 04），〈第四十八回〉頁 390；

（注 09）見《奇門遁甲》臺南市 世一書局 1987〈第四章 天盤和地
　　　　盤配合的吉凶〉頁 84；

（注 10）見《奇門遁甲選時占驗應用》永和市 武陵出版社 1983，〈
　　　　九星吉凶詩歌訣〉頁 108；

（注 11）同（注 09），〈第六章 星門配卦的吉凶〉頁 99；

（注 12）見《易經集注》文化圖書公司 臺北市 1994 〈周易 卷一
　　　　　上經 隨〉頁 31；

（注 13）同（注 10），〈八門吉凶詩剋應斷〉頁 77；

（注 14）見《奇門遁甲原理口訣》臺北市 武陵出版社 1995 〈八門
　　　　　的看法與想法〉頁 78；

（注 15）同（注 14），〈九宮的象意和應用〉頁 92；

（注 16）同（注 09），〈第三章 4 八神的象意〉頁 79-80；

（注 17）同（注 14），〈八神的象意〉頁 84；

（注 18）清・丁愷曾 著。

（注 19）同（注 09）〈第十章 奇門占驗訣〉頁 148；

（注 20）同（注 09），〈第八章 奇門四十格的構成與作用〉頁 128；

同（注 14），〈有關其他的吉格與凶格〉頁 74；

（注 22）同（注 10），〈十天干剋應訣〉頁 87；

（注 23）同（注 09），〈第八章 奇門四十格的構成與作用〉頁 134；

（注 24）同（注 14），〈第八章 九星類神的看法〉頁 88；

（注 25）同（注 12），〈周易 卷二 下經 巽〉頁 82；

（注 26）同（注 09），〈第六章 星門配卦吉凶〉頁 99；

（注 27）同（注 10），〈九星應〉頁 91；

（注 28）同（注 09），〈第五章 3 八門用事歌訣〉頁 96；

（注 29）同（注 14），〈第八章 九宮的象意和應用〉頁 92-94；

（注 30）同（注 10），〈八神應驗〉頁 113；

（注 31）同（注 09），〈第四章 天盤和地盤配合的吉凶〉頁 85；

（注 32）同（注 09），〈第五章 論八門〉頁 91；

（注 33）同（注 09），〈第六章 星門配卦吉凶〉頁 98；

（注 34）同（注 12），〈周易 卷二 下經 歸妹〉頁 78；

（注 35）同（注 09），〈第四章 天盤和地盤配合的吉凶〉頁 84；

（注 36）同（注 09），〈第五章 論八門〉頁 91；

（注 37）同（注 09），〈第六章 星門配卦吉凶〉頁 99；

（注 38）同（注 12），〈周易 卷二 下經 震〉頁 74；

（注 39）同（注 14），〈八神的象意〉頁 84；

（注 40）同（注 14），〈九宮的象意和應用〉頁 94。

貳。滑鐵盧之役

取材自《拿破倫傳》（德）艾米爾・路德維希著 [注1]

(一) 事實經過

拿破倫在對俄國的征戰中雖然佔領了莫斯科，卻因俄國的焦土政策，無法取得任何補給。在不得不撤退的過程中，由於馬匹不利於雪地活動，加上俄軍不斷零星的追擊，使得法軍損失慘重，回國之後只剩餘軍隊約3萬多人。此次的戰役使得法軍的軍力及士氣嚴重受損，拿破倫無法再依靠精良的部隊作戰。因此德意志地區等國趁機起兵反抗，拿破倫再次陷入聯軍的圍攻之中而他精銳的部隊已經不存在。1814年只能以新兵為主力的情勢下於萊比錫(Leipzig)戰敗而退位。1815年，拿破倫從厄爾巴島（Elba）歸來後，引起英國、普魯士等國組成反法聯盟，試圖再次打敗拿破倫，恢復所謂的歐洲秩序。1815年6月中旬拿破崙在倉促之中以新兵為主的北軍團12萬餘人，對抗英軍威靈頓（Sir Arthur Wellesley Wellington）和普魯士的布魯克(GehhardLeberecht von Blücher)所率領的聯軍21萬餘人。拿破崙首先在李格尼(Ligny)會戰中擊敗普魯士的布魯克，威靈頓只好將軍隊撤至滑鐵盧（Waterloo）再作打算。此時歐陸正值傾盆大雨，導致拿破倫所率領的追擊部隊疲累不堪速度減緩。次日早晨，雙方在滿是泥濘的戰場上決戰。這是一場艱困且激烈的戰鬥，到了下午時分眼看威靈頓的部隊已經支撐不住，布魯克的增援部隊卻在此刻到達。此一生力軍相較於已經疲憊不堪的雙方部隊而言，成為決定性的因素。拿破倫就在布魯克援軍的攻擊下潰敗。只好無奈地接受戰敗的事實，被軟禁於聖赫勒那島（Saint Helena）[注2]度過餘生。見以下附圖滑鐵盧戰役

法軍及聯軍軍事路線圖（本圖取自Wikimedia　Commons作者 Ipankonin of Creative Commons）

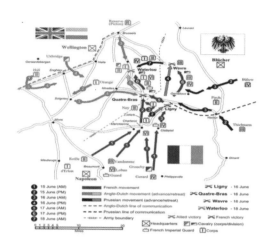

(二) 遁甲解析

滑鐵盧戰役發生在1815年6月15-18日，換算成我國太陽曆法為下元乙亥年夏至前的壬午月。根據該月的「奇門遁甲」制盤，可得遁甲盤為陰六局壬午月遁甲盤（粗筆方位為三方出兵的方向）

庚 柱 五	丁 沖 一	壬 禽 三
庚 死 陰	丁 驚 蛇	壬 開 符
辛 心 四	甲 任	乙 蓬 八
辛 景 合	甲 六	乙 休 天
丙 芮 九	癸 輔 二	戊 英 七
丙 杜 陳	癸 傷 雀	戊 生 地

(三) 盤中象意

由該盤所顯示，可知滑鐵盧戰役諸路線的情況。向北進攻的法軍由於天地盤皆癸，具伏吟凶格之象[注3]，能祛吉增凶。同時傷門遇癸，志不得酬，理不得伸，所求不會為對方接受[注4]。喜有吉星天輔相助能有報捷之利，可惜天輔逢傷門轉化為凶[注5]，因而其利未能延續。也因其未能作到上層執政者的謙卑，來增益下層庶民的福祉而由吉轉凶，這是益卦的象意[注6]。朱雀本利於刑戮奸讒卻居於坎而失令，以致爭鬥註定失敗，故而未蒙其利反得其弊[注7]。

南伐的英軍得丁丁雙火之炎，能有文書報捷之喜[注8]。天沖星本為吉星，卻遇驚門而凡事多變不能言吉[注9]。驚門逢丁紛爭不已[注10]，螣蛇為南方虛耗之神損失頗巨[注11]。而東南向的聯軍，天地盤皆為庚，乃伏吟戰格。具有強烈的破壞作用，官災橫禍，有流血的激烈戰鬥，與親人離別，故不能言吉[注12]。天柱星，藏形謹守宜，不須遠出及營為。萬種所謀皆不遂，遠行從此見凶危[注13]。又逢死門乃大不吉[注14]，妄動主軍破、馬傷、左右皆失利[注15]。惟有太陰吉星[注16]，是暗中庇祐的神。卻又失令，亦無特殊利益可言，誠是一場兩敗俱傷的局面。值得注意的是，英、普聯軍的布魯克軍以西北方向進行救援滑鐵盧中的英軍。這支隊伍由於天地盤皆戊，所謂「伏吟峻山」靜守為宜妄動失利[注17]。但得生門為征討的大吉門且凶星天英逢生門轉為大吉，先敗後成[注18]。更得陰星九地為助，能成就改變歷史的豐功偉業。

(四) 事實印証

從前文的事實經過中，可知英、法雙方戰鬥激烈，死傷慘重。英軍以眾擊寡而自始至終並未贏得一場勝利，卻能獲得及時的救援而收到勝利的喜訊。正如遁甲盤中所顯示戰爭不利卻能收到文書報捷。法軍憑藉著拿破倫鋼鐵般的意志，意圖從敗部中復活。一如盤中顯示，雖有李格尼(Ligny)會戰的勝利，卻無法

繼續勝利的果實。拿破崙只有踏上被放逐的命運。而布魯克軍才是滑鐵盧戰役的關鍵，雖有初期李格尼(Ligny)會戰的失敗，卻能成就滑鐵盧戰役的大勝利。亦如遁甲盤中所告示的轉化。所以英聯統帥威靈頓的勝利，時勢造就而已。應可歸功其命理運程中時運相濟吧！可惜作者手中沒有其生辰八字(年、月、日、時) 的資料用以分析。總之「奇門遁甲」可依照時間推算出每場戰役的過程和結局，也不得不令人讚佩呢！

【第九章 第二節 貳 滑鐵盧之役 附注】

（注01）《拿破崙傳》廣州市 花城出版社 2005 譯者:梅沱/徐凱希/張萍/王建華；

（注02）見維基百科聖赫勒那島條。大西洋島嶼，主權屬於英國.離非洲西岸 1900 公里，離南美洲東岸 3400 公里。拿破崙兵敗滑鐵盧後被流放餘生的聖赫勒那島。

（注03）見《奇門遁甲》臺南市 世一書局 1987〈第八章 奇門四十格的構成與應用〉頁 129；

（注04）見《奇門遁甲原理口訣》臺北市 武陵出版社 1995〈八門的看法與想法〉頁 79；

（注05）同（注03）〈第六章 星門配卦的吉凶〉頁 99；

（注06）見《易經集注》文化圖書公司 臺北市 1994〈周易 卷二下　經 益〉頁 62；

（注07）同（注04）〈八神的象意〉頁 84；

（注08）同（注03）〈第四章 天盤和地盤配合的吉凶〉頁 85；

（注09）同（注03）〈第六章 星門配卦的吉凶〉頁 99；

（注10）同（注04）〈八門的看法與想法〉頁 81；

（注11）同（注04）〈八神的象意〉頁 83；

（注12）同（注03）〈第八章 奇門四十格的構成與作用〉頁 128；

（注13）見《奇門遁甲選時占驗應用》永和市 武陵出版社 1983，〈九星吉凶用事斷訣〉頁 93；

（注 14）同（注 03）〈第六章 星門配卦的吉凶〉頁 99；

（注 15）同（注 13）（九星應）頁 91

（注 16）同（注 11）

（注 17）同（注 03）〈第四章 天盤和地盤配合的吉凶〉頁 86；

（注 18）同（注 03）〈第六章 星門配卦的吉凶〉頁 100；

叁. 敦克爾克大撤退

　　取材自《第二次世界大戰秘史》(注1)〈第三帝國的興亡＞威廉．夏勤 著& 維基百科http://zh.wikipedia.org

(一) 事實經過

德軍自1939年開始如同雪崩一樣的攻擊, 而且攻無不克。波蘭、丹麥、挪威、荷蘭、和比利時的相繼投降, 歐洲地圖上的國家不斷的被抹去, 德軍以迅速移動的巨大機甲部隊橫掃歐洲大陸, 乃至1940年5月14日突破法國的壁壘, 將聯軍防線所倚重的法國部隊打的潰不成軍。當時英、法、和比利時的聯軍後路全被切斷, 唯一的希望是向西通過英吉利海峽撤回英國。40萬英法聯軍開始全部集中向一個毫無防禦措施的小魚港敦克爾克(Dunkerque)撤退。西面的英吉利海峽成為聯軍絕處逢生的唯一希望。當德國軍隊從西、南、東三個方向向敦克爾克步步進逼, 其最近的坦克離這個港口僅10英里。然而5月24日, 德軍卻接到了希特勒親自下達的停止前進命令。5月26日英國海軍下令代號為「發電機」的撤退行動, 5月27日只撤出了七千多人。英國最樂觀的估計, 是能夠將45,000名部隊在德軍佔領海灘區前成功撤出。然而以第一天的作業效率來看, 英國得要花上40天才足以將所有的人員撤離該地。如果英國無法將大部分的遠征軍帶回本土, 面對稍後可能爆發的德軍地面攻勢, 陸上的基本防衛能力很可能因此遭到摧毀。5月28日敦克爾克地區惡劣

的天氣，阻止了德軍空襲，將近17，000人得以撤離。5月29日，撤出了47，000人，同時估計每小時有2，000名部隊被送離法國海岸。5月30日，霧氣導致能見度降低而再次阻止了德軍空襲，聯軍撤出近50，000人。

5月31日，撤退人數達到68，000。敦克爾克的包圍圈逐步縮小。但德軍無法阻止聯軍從海上撤走部隊。英國空軍為了掩護地面撤退，總共出動2739架次戰鬥機進行空中掩護，平均每天出動300架次，有力的抵抗了德軍的空襲。儘管在德國空軍的攻擊下損失慘重，6月1日仍有60，000多人撤出。6月2日撤退開始轉而利用夜間進行。其後三天聯軍利用暗夜的掩護每天將26，000人撤往英國。 6月4日德軍攻克敦克爾克，擔任殿後而來不及撤離的40，000法國軍隊被俘。撤退從5月26日開始進行，至6月4日結束共歷時9天。此次撤軍共338，226人從敦克爾克撤到英國。其中英軍約215，000人，法軍約95，000人，比利時軍約33，000人。英國、法國、比利時和荷蘭共動用各種艦船861艘，其中包括漁船、客輪、遊艇和救生艇等小型船隻。短時間內，這支前所未有的「敦克爾克艦隊」把34萬大軍從死亡危機中拯救出來，為盟軍日後的反攻保存了大量的戰鬥力，創造了二戰史上的一個巨大的奇蹟。見以下附圖敦克爾克(Dunkerque)地理位置（本圖取自Wikimedia Commons）

(二) 遁甲解析

由於大撤退的行動發生在整個太陽曆(註2)的庚辰年的四月裡，由小滿後五天到芒種前兩天。所以辛巳月的月盤是主要的判斷工具。根據「奇門遁甲」制盤得遁甲盤為陰九局辛巳月遁甲盤（粗筆方位為英軍出行方向）

丙 心 三 癸 景 陳	庚 芮 七 戊 死 合	辛 輔 五 丙 驚 陰
戊 禽 四 丁 杜 雀	壬 二 壬 柱	**乙 英 九** **庚 開 蛇**
癸 蓬 八 己 傷 地	丁 沖 六 乙 生 天	己 任 一 辛 休 符

(三) 盤中象意

聯軍撤退的天地盤九干為乙庚，乃「日奇披刑」，會表現出不利於財產的擁有或繼承(註3)。然而「乙奇」逢「開門」又謂之「龍遁」(註4)。龍者適宜空中和水路的表現。具有潛在性的魄力，其行事規格能超出本身的實力。遁者能藏跡滅形，密運機謀，所謂神龍見首不見尾。盤中星門配合，「開門」又逢「天英」星是大吉之象(註5)，乃<象辭>中對「大有」卦所標示的「柔得尊位」，故能得上下剛陽的呼應，所謂一陰勝五陽。具備著剛健而又文明的美德，所以能稱作「大有」。所謂陰柔而得尊位者，強有力的陰德能發揮隱蔽的能事，能順應天道，依時序而行，可以克服眾多的明顯敵人而大有收穫(註6)。「九宮」的「九紫」本身雖為吉數，可惜旺相不足而失令，具有離別的象意(註7)。「八神」中的「騰蛇」乃虛耗之意，凡行事過程中多具有懷疑、驚恐、虛偽和耗損的狀況(註8)。

(四) 事實印証

敦克爾克(Dunkerque)大撤退雖以快速的撤出了數拾萬兵力而著名於世，卻無法帶走大量的裝備，正如同盤中顯示財產的損

失。根據聯軍的損失統計，在撤退中英法聯軍將重裝備全部丟
棄，撤回英國本土後，英法聯軍只剩步槍和數百挺輕機槍等輕
武器。在敦克爾克的海灘上，英法聯軍共丟棄了近1200門大炮、
750門高射炮、500門反坦克炮、6.3萬輛汽車、7.5萬輛摩托車、
700輛坦克車、2.1萬挺重機槍、6400支反坦克槍、損失飛機106
架、50萬噸軍需物資以及226艘英國船支和17艘法國船支被德
軍炮火擊沉。完全符合了盤中「乙庚」所顯示財產無法擁有和
「騰蛇」虛耗的象意。其次大撤退過程中，共出動861艘各型船
隻和2739架次的戰鬥機，是以水路的運輸和空中的掩護為主。
每次輸送，要不是借重能見度頗低的霧氣就是在夜間進行，務
求隱蔽第一。而且短短10天時間，完成了原先預計40天才能完
成的工作。以上所述各點，皆合乎盤中顯示「龍遁」的象意。
回朔英法聯軍在正面的德軍B集團軍群的壓迫下，由東向西朝
敦克爾克撤退時，截斷他們退路的德軍A集團軍群距離敦克爾
克更近，卻在敦克爾克以西的運河地區停止進攻，並沒有集結
兵力沿著海岸包抄，是因為德軍接到了希特勒親自下達的停止
前進命令，而給了英法聯軍一線生機。雖然戰後有各種的探討
希特勒為何下達此命令，也都莫衷一是。其實「奇門遁甲」的
月盤(辛巳月陰九局盤) 中已明示了其時向西行，一陰就能能
勝五陽的大吉大利的情形出現。相較於德軍進攻的咄咄逼人為
陽，自然聯軍的撤退為陰。所以整個敦克爾克大撤退，完全符
合了遁甲盤中的天機。事實上用對天機的一方，無論是人為或
巧合，總會得到無形的助力。也就是說天時和地利造成了希特
勒錯誤的指令，這也正是中國文化所說的「氣機」所使然。在
當時整個撤退過程中，充滿著驚恐與疑慮是無庸置疑的，也符
合了盤中所顯示的心態狀況。另外還存在著另一個巧合，聯軍
撤退結束在6月4日，這正是陰九局辛巳月的結束時刻。然而一
般正常的曆書，當年是6月6日交芒種，也就是壬午月的開始，
辛巳月應是結束在6月5日。但是在「奇門遁甲」的理論中，1942

年的壬午月是所謂的「超神」(註9)，也就是提早一天而使壬午月開始在6月5日。因此6月4日恰是陰九局辛巳月的最後一天，接著陰九局壬午月的遁甲盤是完全不一樣的狀況，所有的天機也就截然不同而這項撤退也就無以繼續。這應不只是巧合所使然吧！！

[第九章第二節三。敦克爾克大撤退 附註]

（注01）為「讀者文摘」日文叢刊，高雄市，大眾書局印行 1964 年

（注02）見百度百科太陽曆條。是以地球繞太陽公轉的運動週期為基礎而制定的曆法。太陽曆的歷年近似等於回歸年，一年 12 個月，實際上與朔望月無關。

（注03）見《奇門遁甲》臺南市 世一書局 1987 〈第四章 天盤和地盤配合的吉凶〉頁 84；

（注04）見《奇門遁甲原理口訣》臺北市 武陵出版社 1995 〈有關其他的吉格與凶格〉 頁 71；

（注05）同（注03）〈第六章 九星與八門配卦法〉頁 100；

（注06）見《易經集注》文化圖書公司 臺北 1994 〈周易 卷一上經 大有〉頁 27；

（注07）同（註04）〈九宮的象意和應用〉頁 94；

（注08）同（註04）〈八神的象意〉頁 83；

（注09）見《奇門遁甲選時占驗應用》永和市 武陵出版社 1983，〈超神、接氣、置潤〉頁 25；按《奇門遁甲》符首（甲子日）在節氣之前先到。

肆。中途島海戰

取材自淵田美津雄、奧宮正武著〈中途島海戰始末記〉 (註1)

中途島海戰有兩次主要的戰役，分別是六月五日上午美

軍擊沉日本南雲艦隊的三艘航母，包括了赤城號、加賀號、和蒼龍號。及六月五日下午美軍擊沉日本南雲艦隊僅餘的第四艘航母，飛龍號。以下分別論述：

(甲) 一九四二年六月五日上午的海戰：

(一) 事實經過

〈中途島海戰始末記〉記述著一九四二年五月底，日本出動以質量均優於美國太平洋艦隊的南雲艦隊為主力，企圖以海軍全部的決戰兵力，一舉擊潰美國在太平洋的海軍實力，再緊接著攻佔太平洋諸島以達到封鎖美國的作戰。當時日本為了實施這個計畫，投入了艦艇約一百五十艘，合計達一百五十萬噸。作戰飛機一千架以上，作戰官兵人數也達十萬人眾。其作戰區域，西起日本本土，東至夏威夷本島，南至馬利亞納、馬紹爾群島，北達阿留申群島，範圍之廣，幾乎遍及整個西太平洋區域。然而號稱不敗的南雲艦盤隊，其主力四艘航空母艦中的三艘，赤城號、加賀號、和蒼龍號於一九四二年六月五日，地方時上午十時二十至二十五分，被來自東南方的美軍轟炸機炸中燃燒而被迫棄船。這一天南雲艦隊的諸艘航艦，均難逃沉沒的厄運。文獻中詳細的記載了美航艦與諸日航艦海戰的細節。有了這些實際的資料，可以製作出當時的遁甲盤，再來比對當時的實際狀況，則可驗證「奇門遁甲」的真實性。見以下中途島海戰路線圖（本圖取自Wikimeia Commons，作者Oneams' own work with the license of Creative_Commons）

(二) 遁甲解析

一九四二年六月五日上午十時（巳時），美軍擊沉日航艦三艘。根據「奇門遁甲」制盤，得如下圖表為陽六局己丑日己巳時盤（粗筆方位為美軍出擊的方向）

辛 雀 五 丙 死 沖	癸 地 一 辛 驚 任	己 天 三 癸 開 蓬
丙 陳 四 丁 景 芮	乙 六 乙 輔	戊 符 八 己 休 心
丁 合 九 庚 杜 柱	庚 陰 二 壬 傷 英	**壬 蛇 七** **戊 生 禽**

(三) 盤中象意

美軍當時攻擊的方向，在天地盤九干為壬戊，乃「小蛇化龍」，必能發達，成就大業(注2)。九星乃「天禽星」，最宜選將出師，交鋒大戰(注3)。八門為「生門」乃三吉門，利征討謀望(注4)。但「生門」遇上九干的壬，財產雖被奪，卻能抓到盜賊/敵人(注5)。星、門的配置是「天禽星」逢「生門」，二者合為「艮」卦之象，所謂「艮其止。止其所也。。。行其庭不見其人。」(注6)八神為騰蛇，乃虛耗之神，財物人員損耗不輕(注7)。九宮為「七赤」

亦重在財產的損失(注8)。從上述可知該時盤所示現的天機，主要有二，一為人員財物易受損失，一為任務完成，出戰大捷。

(四) 事實印証

由於日艦司令的判斷錯誤的決定，三艘航艦上當時正忙著為艦上機換裝魚雷，同時又忙著上下掉換甲板和艙庫的飛機，不只是忙碌不堪而且到處堆置了卸下的炸彈。這些堆置的炸彈，造成被轟炸時毀滅性的助力，形成了巨大的創傷而無法救援。無形中造成了美方攻擊機摧毀三艘航艦的天之助力。而這個突擊之前，雙方已經過三小時激戰，日本的防禦屏障似乎証實牢不可破。但是為了任務的更替，日軍改換了九十三架轟炸機和魚雷飛機的任務而造成敗筆。在上午10時22分（巳時）這個牢不可破的防禦屏障終被衝破，美軍以犧牲沒有戰鬥機保護的魚雷轟炸機，換取了炸彈轟炸機的攻擊機會。表現出以財產的損失，贏得了行動的成功。成功的襲擊，造成對方更大的損失。其中「艮」卦的象辭（見上頁）尤其說的精准，「能讓敵人停止不前，致難以望其項背。即使到了敵人的面前，其猶不知覺」。這說明當時日軍尚無雷達的裝備，故無從知曉美軍的俯衝轟炸機已埋伏在日艦的上空，可見「奇門遁甲」實質的掌握了該戰役的發展過程和結果。

(乙) 一九四二年六月五日下的海戰

(一) 事實經過

一九四二年六月五日，美軍搜索並發現日本南雲艦隊僅剩餘的的第四艘航空母艦飛龍號，並於當地時間下午五時三十分（酉時），由來自西南方的美機對其轟炸而致起火燃燒，導致無法行動而棄船。

(二) 遁甲解析

根據「奇門遁甲」制盤，得遁甲盤為陽六局 己丑日癸酉時盤（粗筆方位為美軍出擊的方向）。

癸 地 五	己 天 一	戊 符 三
丙 杜 任	辛 景 輔	癸 死 心
辛 雀 四	乙 六	壬 蛇 八
丁 傷 柱	乙 英	己 驚 芮
丙 陳 九	丁 合 二	庚 陰 七
庚 生 沖	壬 休 禽	戊 開 蓬

(三) 盤中象意

美軍當時攻擊飛龍號的遁甲盤的天地九干為丙庚，乃所謂的「熒惑入白」(注9)，意即盜賊遁逃，徒勞無功。九星乃「天沖星」為武士，利出兵。值春夏得令能獲得成功的結果(注10)。八門為「生門」乃三吉門，利征討謀望(注11)。星門配置，「天沖星」逢「生門」，二者合成雷山「小過」卦乃大吉之兆(注12)，象辭曰：「不宜上宜下大吉」(注13)，雖有困難必能順勢克服的象意。八神為「勾陳」，剛猛之神，戰鬥與爭奪為其本分(注14)。九紫配吉格，乃事半功倍，進行順利之象(注15)

(四) 事實印証

美軍在上午摧毀日航艦三艘後，繼續搜索第四艘日航艦飛龍號。美偵察機於當地時間下午04:45分發現了飛龍號。斯普魯恩斯少將立即命令企業號、大黃蜂號航空母艦的30架「無畏」式俯衝轟炸機起飛攻擊飛龍號。當地時間下午05:30分，飛龍號遭到美企業號航空母艦的俯衝轟炸機的第一次攻擊，飛龍號緊急回避成功地避開了前三彈的攻擊。但接二連三的繼續攻擊，有4枚

炸彈擊中飛龍號，引發火災和彈藥爆炸而無法繼續戰鬥與運作。所以整個過程，誠如<奇門占驗訣>所云，「奇儀應物之初（事之開始），九星應事之中（事之進行中）門應事之末（事之結果）」(注16)。故先有「熒惑入白」致飛龍號逃脫，以應奇儀。但其後的發展由「天沖星」達成連續成功的出擊。且「不宜上宜下大吉」，恰好說明了美軍由俯衝轟炸機代替了魚雷機是正確的選擇(注17)。最終的「生門」，雖然損失了不少飛行器材，卻抓住了敵人，完成任務，擊沉了南雲艦隊最後一艘航空母艦飛龍號。這不僅是美軍成功地擊退了日本對中途島環礁的攻擊，還因此得到了太平洋戰區的主動權，扭轉了自珍珠港受襲以來的劣勢。完全展現了星門配合的象意和「勾陳」星摧堅的力量，以及「九紫」所造成助功的吉象。

　　總結中途島海戰中最重要的兩場戰役，美軍皆無巧不巧的符合了「奇門遁甲」盤時間和方位的運用，而能獲得致勝的最佳天機。中途島海戰，對於阻止日本擴張的野心，可說是影響頗巨的關鍵點。其意義深遠更是太平洋戰區的轉捩點，奠定了盟軍日後戰勝的基礎。

【第九章第二節 肆 中途島海戰 附注】

（注01）見《第二次世界大戰秘史》高雄大眾書局 1964<中途島海
　　　　戰始末記> 頁 278；

（注02）見《奇門遁甲》臺南 世一書局 1987 <第四章天盤和地盤
　　　　配合的吉凶>頁 89；

（注03）見《奇門遁甲選時占驗應用》<九星應>頁 91；

（注04）同（注 02）<第五章 論八門>頁 91

（注05）見《奇門遁甲原理口訣》臺北 武陵出版社 1995 <八門的
　　　　看法與想法>頁 78；

（注06）見《易經集注》文化圖書公司 臺北 1994〈周易 卷二下經〉頁76；

（注07）同（注05）〈八神的象意〉頁 83；

（注08）同（注05）〈九宮的象意和應用〉頁 93；

（注09）同(注02)〈天盤和地盤配合的吉凶〉頁 85；

（注10）見《奇門遁甲原理口訣》臺北市 武陵出版社 1995〈九星類神的看法〉頁 87；

（注11）同(注02)〈第五章 論八門〉頁 91；

（注12）同(注02)〈第六章 九星與八門配卦法〉頁 98；

（注13）見《易經集注》文化圖書公司 臺北 1994〈周易 卷二下經 小過〉頁 88；

（注14）同（注03）〈八神的象意〉頁 84；

（注15）同（注05）〈九宮的象意和應用〉頁 94；

（注16）同（注02）〈第十章 奇門占驗訣〉頁 148；

（注17）炸彈的轟炸，方合乎「不宜上宜下大吉」的象辭。若是魚雷的攻擊，則為平水平面的攻擊。即使擊中，也不會引爆艦上堆積的炸彈。

伍。血戰硫磺島

取材自＜珊瑚與地獄＞霍蘭．史密斯著(注1)＆新浪網新聞中心。

(一)事實經過：

硫磺島戰役，有如人間煉獄，美、日雙方傷亡慘重，究竟這場戰役有其必要性嗎？硫磺島北距東京650海裡，南距美軍的馬裡亞納群島的的塞班島630海裡。日軍不僅可以向東京提供早期預警，而且可以起飛戰鬥機進行攔截，甚至還不斷出動飛機攻擊美軍在塞班島等地的機場，大大降低了美軍對日本本土戰略轟炸的作用。硫磺島對美軍而言簡直是如鯁在喉。如果美軍

佔領硫磺島，那所有的不利情況都會化為有利的條件。而日本恰好相反，所以硫磺島就成了美日雙方的兵家必爭之地。

美軍是如何做攻前準備的？ 自1944年12月起，只要天氣允許美軍由第七航空隊B24轟炸機，幾乎每天出動對硫磺島進行轟炸，塞班島的B—29也不時加入對硫磺島的轟炸，至1945年2月初，超過七十多天的轟炸，美軍共出動艦載機1269架次，岸基航空兵1479架次，軍艦64艘次，總共投擲炸彈6800餘噸，發射大口徑艦炮2萬餘發，其中406毫米炮彈203發，203毫米炮彈6472發，127毫米炮彈15251發。美軍如此猛烈密集的火力轟炸，由於日軍的防禦工事異常堅固，效果十分有限，對島上兩個機場也沒能予以徹底摧毀，日軍總能在空襲後迅速修復，而日軍也初步領略到了美軍的火力，更加傾注全力修築以坑道為骨幹的防禦工事。硫磺島作戰計劃中，美軍太平洋的主要艦隊司令，斯普魯恩斯和尼米茲將軍在看了對硫磺島的空中偵察所拍攝的航空照片後，才知道在這個島上極可能存在不同尋常的防禦系統，史密斯中將仔細研究了航空照片後，表示這將是最難攻佔的島嶼，並預計要付出兩萬人傷亡的代價。

日軍是如何作防禦措施的？事實上，日軍在1944年馬裡亞納群島失守後，硫磺島的重要性日趨明顯，日軍開始大力加強其防禦力量，3月下旬將4000餘陸軍部隊送上島；5月將硫磺島的陸軍部隊整編為第109師團，並在島上配備了120、155毫米岸炮、100毫米高射炮和雙聯裝25毫米高射炮；7月海軍第27航空戰隊也調至島上。截止1945年2月，日軍在島上陸軍約1.5萬餘人，海軍約7000餘人，共約2.3萬人，飛機30餘架。日軍在島上的中部高地和元山地區各建有一個機場，分別叫做千島機場和元山機場，也叫一號機場和二號機場，並在二號機場以北建造第三個機場。由於美軍迅速攻佔了馬裡亞納群島，原計劃運往馬裡亞納群島的人員、裝備和物資都被就近轉用於硫磺島，儘管美

軍組織飛機、潛艇全力出擊，企圖切斷硫磺島的增援和補給，但日軍以父島為中轉站，採取小艇駁運的方式，因此美軍的封鎖效果並不理想。日軍在硫磺島的總指揮官是小笠兵團司令，粟林中道中將，曾經擔任過天皇警衛部隊的指揮官。此次他以縱深防禦為主，陸軍主力集中在折缽山和元山地區。以灘頭防禦為輔，海軍守備部隊沿海灘構築永備發射點和堅固支撐點進行防禦。粟林決心將硫磺島建成堅固的要塞，多以地下坑道陣地為主，混凝土工事與天然岩洞有機結合，並有交通壕相互連接。炮兵陣地也大都建成半地下式，儘管犧牲了射界，卻大大提高了在猛烈轟擊下生存能力。火炮和通訊網絡都受到良好保護，折缽山幾乎被掏空，築有的坑道就有九層之多！針對美軍的做戰特點，在海灘縱深埋設了大量地雷、機槍、迫擊炮、和反坦克炮構成綿密的火力網。所有武器的配置與射擊目標都進行過精確的計算，既能隱蔽自己，又能最大限度殺傷敵軍。唯一不足的是，原計劃元山地區將修築的坑道工事有28公里長，由於時間不夠，當美軍發動進攻時只完成了70%，約18公里，而且折缽山與元山之間也沒有坑道連接。同時也改變了日軍在戰爭初期的死拼戰術，規定了近距射擊、分兵機動防禦、誘伏等戰術，還嚴禁自殺衝鋒，並號召每一個士兵至少要殺死十個美軍。這些苦心經營，確實給美軍造成了巨大的困難，使硫磺島之戰成為太平洋上最殘酷、艱巨的殺戮戰場。

硫磺島島長約8000米，寬約4000米，形狀酷似火腿，面積約20平方公里。美軍本來計劃五天拿下硫磺島，但結果整整打了一個月的硬仗。美軍從2月19日至3月26日，陣亡6,821人(其中陸戰隊陣亡5,324人)，負傷21,865人。日軍守備部隊陣亡22,703人，被俘1,083人，共計23,786人。這次戰役中，美海軍陸戰隊的傷亡之高也是其在太平洋戰爭中絕無僅有的。戰後，尼米茲將軍對參加過硫磺島戰役的陸戰隊員給予了高度的讚揚：「硫磺島作戰的美國人，非凡的勇敢是他們共同的特點！」

(二)遁甲解析

攻佔硫磺島的行動，美海軍陸戰隊的艦隊，由馬裡亞納群島的烏利西環礁(Ulithi)出發向北攻擊硫磺島。自2月19日開始的正式攻擊到3月26日美方宣佈戰爭結束，超過了一個月，歷經了三個節氣。適用於年盤。以下是1945年歲次乙酉的陰一局乙酉年遁甲盤（粗筆方位為美軍出擊的方向）：

壬 蓬 九 丁 驚 陰	戊 心 五 己 開 蛇	庚 任 七 乙 休 符
辛 英 八 丙 死	癸 芮 癸 一	丙 輔 三 辛 生 天
乙 禽 庚 景 勾	**己 柱 六 戊 杜 朱**	丁 衝 二 壬 傷 地

(三)盤中象意

美軍攻擊硫磺島的遁甲盤，其天地九干是己戊，所謂「犬遇青龍」是謀望遂意，上人見喜的吉相(注2)，只是土居於水地失令，難於凝聚，阻力頗大而伸展困難，需要加倍的努力來克服困难。「天柱星」本不利於征伐，必有災難(注3)。「杜門」諸事不宜，卻利於填補溝叡(注4)。星、門的配合是「天柱星」配「杜門」具小凶的情形(注5)。卻也是澤風「大過」卦的象意(注6)，其象意即所謂的「棟橈。本末弱也。」(注7)。需要以堅強的毅力，來完成理想。也如〈序卦傳〉中的描寫，「不養則不可動。」(注8)。也就是說沒有充分的準備，是不能有所行動的。其因應之道，如同「象辭」所說的「剛過而中。巽而說行。利有攸往。乃亨。」(注9)。因此能秉持著剛毅過人的意志，才能順遂行事，利於向前進發而邁向亨通。這是因時制宜的道理，雖處險難，需要用堅強過

人的毅力去達成目標、完成使命。至於「九宮」中的「六白」，雖然有着艱困的過程，因為究竟是吉利的格局，終能贏得超值的代價和勝利(注10)。而「八神」中的「騰蛇」乃虛耗之意(注11)，在過程中會有懷疑、驚恐、耗費、或虛假不實的狀態。綜合以上，可知這個盤的象義是要以勇敢而堅強的毅力，充分的準備，來度過艱辛和困苦，終能擷取勝利的果實！！

(四)，事實印証

自從1941年12月日本偷襲珍珠港重創美國太平洋艦隊，接著對美國宣戰以來，已經成為交戰國的美、日雙方，無法再以言語談判來解決雙方的歧見，需要的是以剛強的戰鬥實力使對方屈服。回溯美國自中途島海戰後逐漸扭轉劣勢，像是瓜達爾卡納爾島戰役、新幾內亞戰役、所羅門群島的委拉灣海戰、布幹維爾島戰役、格洛斯特角戰役、阿德默勒爾蒂群島戰役、馬紹爾群島戰役、荷蘭迪亞戰役、菲律賓海灣戰爭等諸戰役的連戰皆捷，以及日本海軍總司令山本五十六上將被美軍擊斃，和轟炸東京等事件，使得美軍從此掌握了太平洋戰場作戰的主動權。朔自珍珠港的失利，在接連的勝利後，而受阻於硫磺島。正是「棟橈。本末弱也。」的最佳寫照。美軍在硫磺島最受困的時侯，有時一整天只前進4米，慘重的傷亡甚至使軍官們都沒有勇氣再將士兵投入戰鬥。一個原來計劃五六天就可以攻克的島嶼卻花了月餘的時間，真是不折不扣的「大过」啊！但是美軍也以堅忍不拔的毅力和勇氣，克服了驚恐、慌亂、和犧牲，完成了艱鉅的任務！！而硫磺島日軍最足以稱道的，就是以地下坑道為主的陣地。用混凝土工事與天然岩洞的結合，並有交通壕溝相互連接。炮兵也大都建成半地下式陣地，火炮和通訊網絡也都設在地溝，受到良好保護。折缽山 (注12) 幾乎被掏空，山中築有的坑道就有九層之多。無耐「遁甲盤」中，卻顯示了八門開「杜門」以利美軍，因其門最利填補溝豁，故能克服日軍的地

下防禦工事。但仍有「天柱星」克制「杜門」，增加了美軍的困難和傷亡。所幸美軍以堅強的意志和充分的準備，符合「遁甲盤」的示意僅為小凶而已。可見「遁甲盤」指示的天機含蓋了整個事件的重點，更再次證明了其精準度。

【第九章第二節 伍。血戰硫磺島 附注】

(注 01) 見《第二次世界大戰秘史》高雄 大眾書局 1964<血戰硫磺島> 頁 1-20；

(注 02) 見《奇門遁甲》臺南 世一書局 1987 <第四章天盤和地盤配合的吉凶>頁 87；

(注 03) 見《奇門遁甲天地奇書》臺北 武陵出版社 1983 <九星吉凶> 頁 97；

(注 04) 同(注 02)<第五章 論八門>頁 91

(注 05) 同(注 02)<第六章 星門配卦的吉凶>頁 99；

(注 06) 見《易經集注》臺北文化圖書公司 1994 <周易卷二下經>頁 67

(注 07) 同（注 06）困卦的象辭。<周易卷二下經>頁 68；

(注 08) 同（注 06）<周易 卷四序卦傳>頁 120；

(注 09) 同（注 06）大過卦的象辭。<周易 卷二下經>頁 44；

(注 10) 見《奇門遁甲原理口訣》臺北 武陵出版社 1995 <九宮的象意和應用>頁 91；

(注 11) 同（注 10）<八神的象意>頁 83；

(注 12) 硫磺島的主座山峰。

第十章　五術之五，相

　　傳統上「相」包括了「印相」、「名相」、「人相」、「家相」、和「墓相」等五種形相。所謂的「印相」是用印章的形象來輔助命運的方法。傳統上印章不僅代表了身份也是權力的憑證。「名相」則包含了人的姓名或店鋪的名號，也就是現代所謂「姓名學」的應用。「人相」則可分為面相與手相兩大類，乃通過對面部和手部紋路、區域、及氣色的觀察而瞭解人類運途吉凶的一種方法。而「家相」乃根據傳統的法則，講究人類住宅的形相和建造的時間，以如何能幫助居住者的運途順遂，身體建康及減輕命運中所遭遇災難的程度，為主要的目的。此等「家相」，也稱作「陽宅」或「陽基」，對人生有著錦上添花及雪中送炭的能量，具有著輔助為主的功效，可說是客觀的狀態。而所謂的「墓相」也就是傳統所謂的「陰宅」或「陰地」。雖然同樣的重在摘選地理的優劣和挑選擇日的時間。然而「陰宅」與「陽宅」的差異在於效應的不同。二者之功皆能使家庭興旺，但「墓相」卻不同於「家相」的輔助之功，而更重在「造命」，可說是主觀的存在。簡單的說「造命」在易學中有兩方面的意義，在命理學中即是所謂的四柱八字。在風水學中則有著創造八字的含意。前者是名詞，後者是動詞。然而無論是「家相」或「墓相」都重在時空的配合。總體上「陰陽宅」的摘選造葬統稱為「堪輿學」。「堪輿」是天地的總稱，最早出現在西漢淮南王劉安的《淮南子》一書[注1]。所謂「堪」乃天道，「輿」乃地道。本有仰觀天象俯察地理之意。是以選擇地理和摘取日辰為主的學識，表明了其重點在於天時和地利的運用。頗為合乎易學的根本原則[注2]，也就是將對的時間置入對的空間。使融合天地吉祥之「氣」以蔭庇積善之家。「堪輿」學也被民間稱作「風水學」。可說是在全世界的人文哲理中是最獨特的高度文明，它認證了地理的好壞，可以對亡者的後代有著極大的影

響。相傳最早的堪輿書籍，始見於班固所著《漢書》(註3)中的《堪輿金匱》十四卷，屬「五行家」類，可惜未能留傳於世。本文的重點即在探討「堪輿」的地理狀況。

　　無論是堪輿或是風水，其存在的基本概念是淵於《論語》中所云：「慎終追遠民德歸厚矣」(註4)。在「堪輿」的意義裡，將祖先葬于山明水秀的好所在，是對祖先慎重的追思及悼念。所謂「人受體于父母。本該得氣。遺體受蔭。」(註5)從這個出發點人們吸取了長年的經驗與實證，成就了好的地理能導致後代趨吉避凶的理念，所謂「父母子孫，本同一氣，互相感召，氣感而應，鬼福及人」(註6)。是以光耀祖先的門風，和後人的飛黃騰達結合成一致的目標。更由於效果的神奇，也漸漸成為達成人生目標的利器。至於這個能將地氣傳遞於後代的論據，傳統上認為祖先骨骸中的磷質能將好風水中的地「氣」傳達給後人，致使其富貴高人一等。或許至今的科學領域，還無法求證其原因。但筆者從以往數十年的堪輿經驗中，驗證了衣冠塚、螟蛉子，乃至精神領袖，風水也都傳達了影響後人成敗的能量。因此可知其因素並不僅限於骨骸磷質的傳遞。唯一能解釋的大概只有代表意念的「氣」了。俗話說，「不是一家人不入一家門」。說明了意念的氣與血緣的氣是能藉着風水来融合的，也就是說無形的意念和氣，是可藉著實體的風水來傳達，影響的程度只在於其介入的深潛罷了。

　　蓋中華文化中注重「氣」及其傳導，可謂是自古至今一脈相傳，乃文化中精髓。以西漢未央宮中，有銅鐘感應其母山的危難為例。當西蜀大銅山崩塌時，導致千里以外的銅鐘無故自鳴。為此漢之易學大家，東方朔在回答漢武帝詢問何以預知其原故時，答以鑄銅鐘的材料產自於西蜀大銅山，山崩而鐘應，

乃「氣」相感應所致(註7)。可知中華文明甚早即對氣脈及其傳導，有著很深的認知。《易經》中的咸卦，其象辭曰「柔上而剛下二氣感應以相與。」(註8)說的就是氣的感應和傳導。

　　「堪輿」之道朔自秦代（西元前221-207）的樗裡子(註9)、朱仙桃(註10)，漢代的青烏先生(註11)，和晉代著成《葬書》的郭璞(註12)以及陶侃(註13)、韓有(註14)等名家。其後更歷經了隋、唐、宋、元、明、清及近代等無數的堪輿大家，像是隋代的蕭吉、舒綽等；唐代的李淳風、一行禪師、司馬頭陀、楊筠松、曾文邅、賴文俊、邱延翰等；宋代的 陳希夷、吳景鸞、劉潛、鐸長老、傅伯通、鄒寬、徐仁旺、胡舜申、達僧等；元代的梁饒；明代的劉基、周仲高、劉用寅、駱用卿、曾易明、江仲京、徐善繼等(註15)；清代的蔣大鴻(註16)、沈竹礽(註17)等（族繁不及備載），建立了大量的實證案例和經驗法則，奠定了堪輿在中華文化中無法磨滅的價值。

【第十章 五術之五，相 附註】
（註01）《淮南子》原名《鴻烈》作者為西漢淮南王劉安及其屬下成書**於**西漢；
（註02）見本書第一章第二節 易學與易道。頁 14-18；
（註03）中國第一部紀傳體斷代史，東漢史學家班固編撰，前後歷時二十餘年；
（註04）見《論語‧學而篇》曾子所說；
（註05）同（註04）「人受體于父母本該得氣遺體受蔭」句；
（註06）同（註04）「互相感召氣感而應，鬼福及人。父母子孫，本同一氣」句；
（註07）見晉 郭璞著《葬經》「是以銅山西崩，靈鐘東應」句；
（註08）見《易經集注》文化圖書公司 臺北 1994<周易 卷二 下經>頁 44；

（注 09）見《堪輿總論》〈名流列傳〉頁 129；

（注 10）同（注 09）頁 130；

（注 11）同（注 10）；

（注 12）同（注 10）；

（注 13）同（注 10）頁 131；

（注 14）同（注 13）；

（注 15）同（注 09）頁 136-184；

（注 16）清代風水一代宗師，專習玄空風水，之後再集各家之法，加以融會貫通；

（注 17）清代著名堪輿學家，為玄空風水學的重要人物。沈氏窮一生精力將歷來視之若秘之玄空風水學苦心研究，更不吝傳授與後人可以說是對近代風水學研究者影響至大的人物之一。

第一節　風水學方義

　　堪輿是天地的總稱，乃天道與地道的應用。堪輿學包括了五個部分：巒頭、理氣、日課，及造、葬。其中除了日課以外的四部都是屬於風水學的範疇。風水學主要是在探索地理的優劣和利用。既然是探索地理為主，又為何單以風水二字為標的？堪輿學的風水，到底和我們一般所認知的風和水有什麼不同？其實風還是風，水還是水。只是堪輿學對風和水的認識更深入罷了。在《葬書》的起首即以「葬者乘生氣也」(注1)，可見氣在風水的規劃中，承襲了傳統文化的精髓。蓋古之先賢遵從孔子的叮嚀，經由對自然界仔細的觀察，認為天上的氣，包括了雲、霧、風、雨等皆來自於大地的孕育。因而有了「土者氣之體，有土斯有氣。氣者水之母，有氣斯有水」(注2)，將風、氣、水三者相連貫。換一個角度，是將人文哲學建立在自然科學的基礎上，是易學文明延續的一貫法則。明代大師徐繼善在《地理人子須知》(注3)中，所謂「無風而氣聚，得水則氣融」(注4)說明了

風與水，決定了氣的所在。故有氣斯有水。氣又與風息息相關，風乃氣最明顯的表現。而且氣流乘風。但風性動搖，會導致氣隨風遊走而潰散。同時山體亦如人體，氣為血之帥。地之形體中，氣為水之母，而水更為山的血脈。所以地理家有了「氣之來有水以導之。氣之止有水以界之。氣之聚無風以散之。風與水所以察生氣之來與聚、行與止。」(注5)的認知，進而體驗出「若風能藏則氣能聚」(注6)的自然定律，而以 "藏風聚氣" 為地理學的第一要義。故特以名之為風水。堪輿學中，有巒頭和理氣之別。巒頭和理氣是用來審核地利與否及如何使用的學識；巒頭法講究的是地形和地貌，如同人體的骨骼、肌肉。自古以來先賢看法一致，沒有派別的差異，更沒有通融的小確幸。由巒頭法，可辨其來龍去脈，從山纏水繞中求得藏風聚氣之所，即所謂結地的所在。其所依仗的是地理先生的風水學識和閱歷。而理氣法講究的是地中氣脈的結構和利用。蓋人體有氣脈、經血，人身中的的經脈、血流皆能藏氣，地氣亦然。由理氣的法則，可在結穴處選定葬墓的坐山立向，核實其收山納水的坐度，而得以收斂地氣精華為葬墓所用。其所倚重的是對羅經的瞭解和應用；然而自古以來，理氣法門派眾多，可謂是百家爭鳴。現今依然流行的有納甲、三合、三元、和玄空等術，除了各術皆有其學理依據，筆者曾考證實例多年，發現各術都有其實際的驗證。從而得出一個經驗法則，認為理氣該用何家之術，純以自然環境為主。凡山水結構適合三合論的用三合術，適合三元論的用三元術，適合納甲論的用納甲術，適合玄空論的用玄空術。或能彼此相容也是一個選擇，切莫一成不變，食古不化。

　　「日課」則是用來擇日用的，有點像人的生辰八字，也就是用擇日來表現堪輿的時間觀。其講究的是無論地的好壞，造葬擇日若不得當或地運退敗，會導致禍事先行。若能得當或地運旺相，則有事半功倍的效果；而且秉承易理「人法於地，地

法於天。」的原則，在堪輿的處理方式中，也是先究地理風水，再擇天時良辰以趨吉避凶（注7）。

至於「造」則是注重陽宅的建造，無論是住宅或是辦公室的修建與起造，都在「造」的範疇當中；不僅是內部結構的配置，更需要注重與外在環境地氣的銜接，和地運的配合。「葬」則講究下葬時的細節，當以巒頭四科為首要，搭以理氣諸家為決擇，及審慎入眼地脈以明穴情，可說是「葬」的不二法門。傳統上祖墳風水，能判斷十房的吉凶，可以影響到子孫數代的興衰（須以實際審地為准）。因此，風水自古受到權貴大家的重視。近代因為墳地受到規劃、好地難求、法令限制、及名師難遇等原因，而有靈骨塔的興起。坊間多以為放置靈骨塔則無風水可言，其實不然。放置靈骨塔更為複雜，不僅要注重靈骨塔所座落的風水，更要注重塔內靈骨盒放置的位置。而陽宅風水，也日益受到現代人的重視。其實陽宅風水的要求，無形中也符合了對環境安全和衛生的需求，其對身體健康、讀書求學、和事業發展都能有所幫助。

巒頭與理氣，確實都是必要的風水條件。但無可置疑的是理氣需建立在巒頭的基礎上。巒頭法才是風水寶地的根本。2015年筆者曾應邀赴江西贛州參加「易學導師聯盟協會」等單位舉辦的風水大會師，約有百位左右的風水師參與（筆者印象所及）。第一天的的行程即為鑒定該地的一個碩大的會館。該館除了紀念救貧祖師，也有大飯店的功能，為數年前花費鉅資，邀請兩位臺灣地理師的傑作。經過繞場一週的察核，筆者即告知當地友人，此地並非風水寶地，是一個錯誤的選擇。當時即迎來友人錯愕的眼光，並詢問筆者此說原由何在？筆者隨以巒頭法答之。好在不久即受到主事人員之一的證實，這是一個大大失敗的投資。當日晚間主辦單位主持了鑒定的討論會，會中除了有兩位同好先進表態，認為該建築未臻完善，而餘者多以

為是風水寶地。但是該兩位先進所持的理由，卻是以理氣法判定之。殊為可惜，大有隔靴搔癢之憾。然而何為巒頭法？簡而言之，巒頭法即所謂「龍、穴、砂、水」四科的法則。也是本章節論述的重點。自古有關風水的著述不勝枚舉，且信息量巨大而重覆。筆者擇選王豪大師所撰《風水要義》[注8]中四科內容為藍本，參以《雪心賦》[注9]、《葬經》、《堪輿總索雜著》[注10]、《地理人子須知》等書及作者拙見而闡述之。

壹。龍法 [注11] ————風水的結構佈局

　　華夏民族嘗自詡為「龍的傳人」，現今多半華人總以為這是描述一個臆想中的龍種。殊不知這又是中華先賢，再次將自然科學與人文哲理融合一體，而能利益人類的高等文明。然而究其根本，何者為「龍」？以形象言，龍乃變化莫測之物，忽隱忽現，時而現首不現尾，時而千里奔行，參天插漢。時而過江渡海，時而穿田湧浪，不一而足。故以龍的形態比喻山脈的走勢，頗為傳神。但龍之所以變化莫測，皆因有其「生龍活現」之象。生龍者，生氣所致。故山脈得生氣者方能為龍。因此風水所謂龍脈的山脈，必以得氣為先。蓋龍脈千里送氣，致氣聚而成穴而有砂環水抱之勢，皆以其「氣」為標的。因此風水擇地，必以氣脈為首。這是為什麼「葬乘生氣」為《葬經》之始。故山脈之能為龍者，必乘生氣。所謂生氣，也就是龍的氣脈，脈者氣之本，氣者脈所發。脈旺則氣充形足而龍勢雄偉，脈衰則氣虛形弱而山斜破碎。脈者，背上分水之脊。龍家因形以察氣，因氣以知脈，因脈以得穴。山無脈氣為孤山，或者脈氣截斷為病龍 [注12] 二者皆尋龍脈所忌。然而現代機械的能量龐大，筆者鑿研風水數十年，在「龍、穴、砂、水」四科中，看過惟妙惟肖、似是如假包換的假穴、假水、和假砂，唯一不能造假的就是龍脈。

　　古人說：「三年尋龍」，這是說從龍起發脈之山，也稱作「太祖山」。其形勢雄長、威猛高大、石骨嶙峋。遠觀聳秀、近窺纏岩。繼而再起星峰，或尖或圓或方，形象秀麗而精神飽滿。此乃「少祖山」，由於其龍脈接連著太祖山而得此名稱。所以能繼志述事，箕裘世業。乃因太祖發脈，吉氣未曾顯露，必看少祖，以定龍之美惡。繼少祖山之後，再起高峰，三三兩兩，五五六六，中間相間，名為「列祖山」。支龍多在此分脈別行。因龍有面與背之分，平坦為面，跣峻為背。面者脈之所出而幹龍正脈則開帳穿心而去 (注13)。待其束咽過峽 (注14)，轉關起星入首 (注15) 即結穴之主山乃龍盡頭一峰也叫做「父母山」，亦即所謂的「玄武腦」。由太祖山至父母山，一路攀山越嶺認祖格龍，斬荊披棘，辨識胎息 (注16)，終及明堂 (注17)。任何一段可能千里、百里不見人煙，而得餐風露宿，但求龍真脈實。此古人「三年尋龍」的實際縮影。今人尋龍多僅及於父母山前後，不再拘於論祖。

　　龍的分佈一如樹木，有大幹，有小支。幹長大為榮，支短小為衛。龍的形態，一般可分為四種，一曰壟龍，峰嶂聳拔；二曰崗龍，如直蠕蛇行；三曰地龍，如灰中穿線。四曰頑龍，乃真龍無結 (注18)。以龍的氣脈言，可分生龍、死龍、強龍、弱龍、順龍、逆龍、進龍、退龍、福龍、病龍、劫龍、殺龍 (注19) 等。至於龍起星峰的形狀，多以圓、直、曲、尖、方等五行形狀為准。基本上，中國的幹龍有三，皆出自昆侖山 (注20)。昆侖山出自帕米爾高原東部。三條幹龍分別為北龍、中龍、和南龍。其中「北龍結地最為佳，金台千轂帝王家；中龍尊貴孰堪倫，須知昭代萬年春；南龍一幹亦多奇，高祖下作上天梯。」 (注21)。以上所述，僅取其比例而言。實際的情形，還得視各幹、支龍的各自結地的情形為主。

貳. 穴法 (注22) ——主要標的

　　穴的形成為龍的氣脈所結，也就是脈氣的果實。乃由氣脈藏風聚氣而成。

(一) 認穴之法

認穴須審度平衡：龍身鬆散而來，必在緊束處結穴。龍身緊束而來，必在鬆活處結穴。尋穴首重「胎息」，亦即所謂懷胎孕育之義。蓋從主星峰出脈為「胎」，乃父母生氣之所孕。自落脈以審結穴，結穴處為「息」，乃父母生氣之所育。胎結於息，下為葬口。葬口之辨，厚中必薄，薄中必厚。動中必靜，靜中必動。穴面忌傾斜側裂。

(二) 穴的形狀

穴形變化無窮，但不外乎窩、鉗、乳、突四種及土縮。綜合類形如下：

(1) 窩穴－乃穴星開口曲抱而成，形如燕巢、燈盞、凹字、掌心、鍋底、荷葉等等。其窩沿左右棱線均勻者為正、左右不同者為變；左右相交為藏口窩、左右不交者為開口窩。開口深藏為深窩、開口平淺為淺窩、開口寬闊為闊窩、開口狹窄為狹窩。另有邊窩、雙窩、三窩、雙窩雙穴、及三窩三穴，乃大貴之地。所謂「平地不貴窩」因平地易窩，並非特出之選。

(2) 鉗穴－鉗者，夾物的金屬。兩腳相成，如同穴之兩腳出行相似。又如頭釵，因釵有兩股。鉗穴結於鉗之盡頭中間，所謂玉筷夾饅頭。鉗中微有突者為正，突面有俯仰兩種：面俯須微乳，面仰要微窩。鉗穴喜堂前水橫過繞 抱。忌股直長及漏槽淋頭 (注23)。鉗穴可分直鉗、曲鉗、 長鉗、短鉗、雙指 (注24)、 單臂 (注25)、 合鉗 (注26)、 分鉗 (注27) 等等。

(3) 乳穴－穴形如乳，又如雞心、垂膽、魚鰾等形。龍虎內舒暢，乳體圓淨為吉。忌臃腫死硬，邪曲刑沖為凶。乳穴的形態有長乳、短乳、大乳、小乳、雙乳、三乳、閃乳、及側乳（注28）等不同。乳穴畏風，兩臂扭會，方是真龍之結。

(4) 突穴－穴星起頂謂之。形覆釜、馬蹄等狀。突穴有山谷突、平洋突、大突、小突、並突(注29)、雙突、三突、及鵝突(注30)等形態。古有名訓，所謂「高山不貴突」，因高山易突，絕非特出之選。

(5) 土縮穴－在同一穴上交互出現「窩」、「鉗」、「乳」、「突」的四種形態，即「窩」、「鉗」之中更有「乳、突」；或「乳」、「突」之上複有「窩、靨」。此真龍之穴，稱為「土縮」。源自《堪輿總索雜著》中所謂：「結穴星辰有開口，口開唇下略生堆，亦惟陽極生陰處，土縮中生若覆杯。(注31)。筆者於1996年在美國South San Jose 點一土縮穴作生基，破土時幽香滿谷，久久不散。

(三) 以穴的土質可分為三類

(1) 太極暈(注32)－乃土穴真至之結，土具五色。也就是所謂的「穴暈」。何以言「暈」？是指五色的穴土，次第包裹，層各一色。濃淡淺深，璀璨奪目，有如日之周圍，發生重輪之氣。一圈之外複套一圈，故曰「暈」。所謂的「太極」則是指的穴理而言。「太極」者，兩儀四象八卦的變化，至此方顯於穴中。有所謂「水到窮時太極明」的含義。故此「穴暈」甚為難得，而以「太極」之名冠之。然而「穴暈」也有內外之分，此處所說的「太極暈」乃就穴內而言。

(2) 真土穴－或見羅紋，或只一色，堅潤鮮明。即使僅一色，習慣上也被稱「五色土」(注33)。與「太極暈」同為真土，只少了圓暈。其穴土全比本山不同，特別鮮明燦目。筆者三十年

前曾於臺灣省台南縣關廟寶來村點一真土穴，破土時即現出藍色羅紋美不勝收。可惜當時沒有手機未能及時拍照留念。

(3) 石函穴－結於石中，石化而成土質。似土非土，毫光燦爛，細嫩可鉬；另有龍石，乃枕棺之石，有似琢成，止可容棺，旁有龍虎石，穴形皆窩鉗；更有一種土山石脈的石穴，此乃龍家骨髓之結，非頑石所能致。筆者曾於1987年在臺灣三峽點一土山石脈的石函穴，破土時滿穴中皆是石卵。個個都像是才蒸出的糕點，熱氣騰騰，細嫩鮮明。隨手撿起一粒石卵，剝開一睹個中奧妙。但見其間紫色羅紋層層包裹，堅潤燦目。此石卵筆者已收藏三十餘年，由於離開原穴位，土質早已乾枯，然而羅紋尚存依稀可見。（見圖石函穴土）

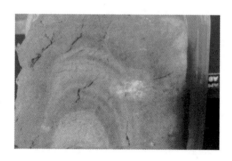

(四) 穴的高低位置

(1) 高聚穴－結于高山之上或半山之中。也叫仰高穴。 高飛有如拋球。也稱飛結。有如人身挺立，氣浮於腦。

(2) 垂頭穴－穴結於山腹之下，也稱中停穴。比如人之曲身而作，氣歸丹田。也具備了壓煞的作用。

(3) 低藏穴－穴結於平地，謂之潛結。比如人身寢息，氣行於足。也叫脫劫穴。

(五) 以龍勢辨穴：

(1) 孕育穴－結聚之穴或腰落、或大盡。真龍特出，變化無方，有奇脈、有正星。不是石函便是太極暈，乃至貴之穴。然或以愧拙出脈，故人多不識。

(2) 迎接穴－不必然是正結，而由星峰的旺氣變動生發之機所成。或起息內，或卦流神 (注34)；惟求迎其旺氣，接其生機。其土堅凝色潤，便是胎息，是乃真穴。

(3) 邀奪穴－龍行未注而騎龍脊之上，穴星呈露，後見來脈前不厭去，則立騎龍穴。騎龍穴有三種形式，所謂順騎龍 (注35)、橫騎龍 (注36)、和流神穴 (注37)。另有斬關 (注38)。位於龍神轉關之處、真峽之旁，穴星突現而龍身自去，其穴自留。騎龍與斬關二穴，隨其龍身之貴，稱量而施。雖不能久發，亦為真穴

(4) 向首論－穴星向首有三格，所謂的直落、側授、和回結。凡直龍、側龍或轉龍入首，皆在低藏之脈。惟有拋球，垂頭結穴，則辨在龍身。

(5) 穴星辨－穴星總持，乃窩、鉗、乳、突。依五行而論變化。所謂窩者水象、鉗者火象、乳者木象、突者金象、以上四者若體帶方則為土象。然辨穴重在提氣脈，雖有金星宜開口、木星宜包節、水星宜起泡、火星宜剪火、土星宜掛角之說，但不宜拘執，總要在脈止氣聚之所，方得穴之真竅。

(六)「十年點穴」

自古有十年點一穴之說。是從幹龍到支龍，由太祖山沿路而下，將分佈所結的穴位皆加以紀錄、比較，以探尋最理想的穴位，故耗時頗巨。今人作法不同，直接從穴位下手，辨其真偽，其後才求證父母山，驗其龍脈過峽以格龍 (注39)。總之結穴終是果

位重於一切。至於祖龍的深究也就其次了。古人重因，其法究竟但費時。今人重果，其法偏執但省時。

(七)點穴抛葬之法

正龍正穴，其法正下。失之於後則精華未至，失之於前則生氣盡失。龍脈轉結者，非穴側而為龍側穴正。取的之法，所謂窩穴不葬心，突穴不葬頂。裁穴定向，約定穴星十字之形是(注40)，明此十字則穴之上、下、左、右，向之偏正繞減盡於此

(八)穴有深淺，辨在土色

面浮之土為同一色澤，如若皮膚。其下堅潤之土又一色，乃藏棺之所。太極暈不宜鉏破，騎龍穴不宜大開。再下則為穴底，質地剛硬而粗濁，藏棺及此則凶。穴之吞、吐、沉、浮(注41)，事以開、鑿、堆、培(注42)用此為則。

叁．砂法(注43)—風水的賁育勇士(注44)

砂者，龍之餘氣所發露。轉而化成九星(注45)，作為龍脈的輔佐護佑。因為龍砂出自龍本身，故龍砂凶者，是由主龍之虛病。龍砂吉者，是由主龍之精真。龍真則砂活而有情。龍假則砂死而無意。龍砂有背與面之分，陡峻的一邊為背，平坦的一邊為面。面者情之所交，背者愧拙無情。直射主龍者為殺，長拖遠拽者為劫，二者皆不利於主龍。依照龍砂的作用和位置可分為以下幾種：

(一)　關軸星—乃龍脈兩旁貼身的迎接者，龍峰開帳，兩臂垂下，左者為「關」，右者為「軸」。兩邊各生異石，或龜或蛇，護佑本龍。而龍自樓閣寶殿而下，旁有此星，稱作「天關地軸」。若非迎接於祖山者，即使有異石護脈，僅可稱作「左關右軸」，以徵不同。

(二) 扛夾星－乃龍兩旁互助之星。本龍兩臂曲轉相迎，形如
　　　灣弓為扛星。兩旁客山齊拱者為夾星。龍入首起頂，貼
　　　身夾峰，左名「傳送」，右名「功曹」。

(三) 朝案山－主龍對面的應龍，如大臣進謁人君，故曰朝。
　　　所謂山龍真結，必有主峰。故而朝山之重，實乃龍身出
　　　脈的真偽所致。凡遠而大者為朝山，近而小者為案山。
　　　蓋千里來龍，有千里之照應。百里來龍，有百里之照應。
　　　朝案以定主龍之吉凶、以證真龍正穴。所謂座下若無真
　　　氣脈，面前空對萬重山

(四) 華蓋星－居於龍峰本身的前面，亦即朝山能得貼身兩護，
　　　共成三峰。中高而左右低，如品字型。三峰同形卓立，
　　　尖則皆尖，圓則皆圓，方者皆方。有一相雜，形不俱美。
　　　星峰有此，龍之至貴。

(五) 羅城砂－羅城者，乃明堂四周，眾山羅維有如城象，此
　　　所以保障龍氣者。也因來龍是直龍正落或橫龍側落，而
　　　有直城和橫城的不同。總之，拱揖環抱無空缺，宛然自
　　　有一乾坤。

(六) 水口星－乃羅城出水口間兩岸的關星。高峰絕立者，名
　　　捍門星。捍門者，宜交牙緊閉，關閉水口，收鎖堂氣。
　　　如得圖騰華表、鼓角齊鳴、印綬紅旆、獅象佈陣、堆甲
　　　屯兵等形，皆是美砂。其力量宏大，故觀水口星，則知
　　　內有真龍落穴。故古語雲:「入山尋水口，登穴走明堂。」
　　　(注46)。

(七) 羅星砂－龍之羅城口外，水中截氣之砂。羅星配水口，
　　　恰如舌頭於咽喉。羅星的形狀尖、圓、方、扁為正，破

碎倚斜為不美。羅星即羅睺(注47)，乃火星的餘氣。龍得火星作祖，方有羅星作鎮。故水口間有園敦、石印為羅星者，得證關內，必有真龍住結。羅星必須位於羅城口外，或在羅城口間方算。所謂一個羅星抵萬山，可見其珍貴。

(八)　龍虎砂－乃穴星兩旁衛氣之砂，左為青龍，右為白虎。本龍自出者為正，他山湊合者為變。砂宜肩高頭低，喜開展曲抱。因能影響穴位的高、低、左、右，故較他砂尤為重要。然而穴有無龍虎而吉者，有龍虎分飛而吉者，也有龍虎合抱而凶者。所以取決的標準，在於龍真穴的。「是故本主興隆，殺曜變為文曜。龍身微賤，牙刀化為屠刀。」(注48)。

(九)　迎送砂－乃龍兩旁助行之行龍出脈。蓋龍起頂，兩護順從，謂之「送」；兩護逆回，謂之「迎」。其狀況有雙迎雙送、有迎無送、有送無迎、有邊迎邊送等。其狀態有執杖帶印、有排衙印笏、有劍戟牙刀(注49)等，總以開睜為吉。其凶則不勝枚舉，凡折腰、受風、粗大、瘦弱、逼狹、低陷、捶胸、擺面、擎拳等等(注50)

(十)　守峽星－乃龍過峽處，或左或右，旁起一峰，其砂腳不出行謂之。亦有星峰拖腳延袤，前去或再起峰，乃正龍的護關峽是也。

(十一)　官鬼砂－官砂乃朝山背後的護拓，官隨朝山而來而有臣象，故謂之官。鬼砂乃龍後的護拖。鬼背龍脈而出而有死象，故謂之鬼。橫龍結穴背後必有鬼砂，坐鬼安墳有鬼方貴。但鬼不宜高大遠去，高大反壓主龍，遠去則劫龍氣。但鬼砂若出腳，蜿蜒繞護到穴前，回頭貼住則為

侍從官。若穴後即靠來龍，則無鬼矣。對案看官星，迎
官辨穴，仰瓦擔凹，穴對中心真龍正結。

(十二) 樂山砂－樂砂與鬼砂同論。格則有別。鬼乃本龍所出，
樂乃隔體護應。狀如屏障、玉幾、覆鐘等形端正有情為
吉。高峰聳侍淩壓者為凶。蓋樂山在左，穴亦在左。樂
山在右，穴亦在右。樂山居中，穴亦居中。橫龍出穴，
無鬼要有樂。樂乃穴星所樂，一名照山，也叫枕穴上。
直來托穴者，為特樂。橫障貼身者為借樂。散亂遠曠者
為虛樂。若無樂砂相托，必無真穴！

(十三) 禽曜砂－乃明堂左右及水口間的石墩，形如浮龜、聚鱉
遊魚等，又如平沙落雁，能助朱雀而翔舞，故曰禽；也
因是真龍餘氣，充盈洋溢，髮露無常，星光莫定，故曰
曜。所以禽砂見真龍正穴方為曜氣，否則僅為飛砂。

(十四) 兩片砂－　龍穴兩旁貼身之砂。

(十五) 垣星砂－大龍結作為帝星，萬山簇擁，局勢構成垣象。
四維山峰為垣星。

肆．水法 (注51) －－風水的構成要素。

　　水在風水中的重要性，可顧名思義。水乃山的血脈，隨龍
行止。可說與龍、砂、穴三科皆息息相關，寸步難分。任何重
要關節皆有水的相伴。蓋吉凶之辨，首自龍樓寶殿起，發脈看
水源、龍行看水走、龍以水為界、脈辨八字水、明堂看水城、
關口看水緊，而終於明堂水口。夫水隨砂勢，砂轉則水回，砂
飛則水走，龍砂交牙實為水之交會。而胎息生成則止於水合處。
故龍脈結穴不外乎水之「交、鎖、織、結」四字分明 (注52)，方

有藏風聚氣之所。故穴貴在水之委曲環包，收聚堂氣。誠如楊公所言：「水似精兵。進退由將。」。自太祖山龍水依脈而行，可有以下諸水集結的情況：

（一）　衛龍池－乃太祖山頂之池水，此乃真龍之氣上蒸而成。池若傾崩，則龍氣漏泄，吉中有凶。衛龍之水，有小水深藏，外無水出，謂之衛龍井。又有非池非井之水，蒙泉小流謂之衛龍泉。井次於池，而泉又次於井。

（二）　夾龍水－乃龍兩旁隨身之水。朔其源則知龍之所起，觀其流則知龍之所行，審其合則知龍之所止。值得認知的是，非水合足以止龍，乃龍止則水自合。所謂龍以水為界，大幹龍之側有大江大河，小幹龍之側有大溪大澗，支龍之側亦有小河小溪，而平陽龍之側亦有低地（注53）為界。以中國北、中、南三龍脈為例得四大水，即鴨綠江、黃河、長江、及南海為界（注54）。

（三）　過峽泉－乃龍峽間石氣，蒸露不凝不盈為養龍泉。泉若傾崩，則為漏體。

（四）　淋頭水－穴上無脈，漏槽貫頂。水易浸入穴中，敗壞棺槨，寒冷骸骨，第一凶水。若穴後有貼體星則不忌。

（五）　元辰水元辰者，本龍生氣之坐宮，即龍虎內穴場之謂。其水出自穴場之內，無論濕瀝幹流，皆宜曲抱，收聚元辰。若水直出者，長名蝦鬚，短名蟹眼。此水雖非利局，只要外有關欄不妨其吉。

（六）　合襟水－穴旁左右兩水，流出會合，如人胸前衣襟相交，也叫金魚水。

(七)　漏腮水－穴旁泉浸，致穴氣滲泄，不吉之水。甚者，色
　　　汙味臭而泌泌流出者尤凶

(八)　割腳水－水貼穴前，扣腳流行。因穴前無餘氣開張，故
　　　有此水逼近穴前，致穴中多受潮浸而屬不利。若高水遠，
　　　則不為割腳。

(九)　天心水－天心，穴前明堂正中之處。水若穿插沖射及反
　　　背無情，謂之水破天心。若渠積抱護，蔭養脈氣，謂之
　　　水聚天心。凡出洋龍穴，若得湖蕩前澄最為真切。

(十)　朝懷水來水形若「之玄」字，節節朝我而拱，三四折者
　　　可嘉、八九曲者極貴。此水收鎖堂氣情意濃鬱。乃水法
　　　中的上等格局。

(十一) 十射穴水－乃直水對穴而朝。穴星前後左右，有此直射
　　　之水，能沖風漏氣。若當胸而來，謂之槍心水。若向脅
　　　而來，謂之挿脅水。若明堂內有砂水橫攔者無忌。

(十二) 弓型水－水勢如弓，收聚堂氣，乃有情之水。

(十三) 反背水－形如反弓，漏泄堂氣，乃無情之水。但若去水
　　　回環，亦無大礙。

(十四) 客來水－凡龍虎以外，其他朝山、護托等隨身之水，雖
　　　在局外卻拱入我局謂之。皆以聚、會、朝、拱為喜，以
　　　直、長、射為凶。

(十五) 沮汝水－山脈到處皆濕，雖不見水流但鞋履受濕。此氣
　　　衰脈散，通身發洩，實乃凋萎之龍。

(十六) 認水口－水過明堂，與龍、虎、案山內外諸水相會，纏
　　　　身兜抱，合流而出之處。忌空潤直瀉，丟失堂氣。喜緊
　　　　狹回顧，玉輦捍門。水口兩岸，若得捍門之星，外得羅
　　　　星鎖截，則堂氣固聚，必藏大地。故觀水口羅星則知龍
　　　　乃廉貞 (注55) 作祖，觀水口山峰，則知內有真龍落穴。

(十七) 明堂水局－明堂局中之溪澗溝瀆，或為橫水局、或為朝
　　　　水局、或為去水局，只要環抱凝聚嚴若不流，或拱向有
　　　　情狀若城垣者，或諸龍大盡眾水歸堂 (注56) 皆為吉。水局
　　　　亦有五星之體：（1）金局，圓抱如繞帶者。（2）水局，
　　　　屈曲如玄字者。（3）木局，直射如拖槍者。（4）火局，
　　　　尖銳如交劍者。（5）土局，方正如屏匡者。五局中，金、
　　　　水、土局，收氣完固吉；木、火局，沖風漏氣為凶。

(十八) 八字水局－夫大水易認，小水難明。來龍於穴後分三股
　　　　呈个字形。行脈近穴時有地貌突起，致水流分兩股而下
　　　　如八字型，此《堪輿總索雜著》中所謂的「八字」。繼
　　　　由八字脈型中脈潛伏而行，再逢地貌圓狀突起，即「球
　　　　簷」所在。水從兩旁分流而下，亦即所謂的「小八字」
　　　　(注57)。

(十九) 外「穴暈」－穴外的「大、小八字」，即水與砂所形成
　　　　的上有三分，下有三合，即為穴的外暈。

　　　以上所列為龍、穴、砂、水等四科的主要內容，也是堪輿
的基本法則。凡察地者務須眼明心靜，以盡其堪地之責。

【第十章第一節　風水學的方義　附註】

(注01)《葬經》晉 郭璞著「葬者乘生氣也」句；

（注 02）同（注 01）；

（注 03）《地理人子須知》武陵出版有限公司 臺北，1985；

（注 04）見（注 03）〈論風水名義〉頁 29.；

（注 05）同（注 03）；

（注 06）見《風水要義》武陵出版社 臺北 1984〈風水口義〉頁
　　　　　112；

（注 07）日課乃指造葬時動破土的時間，而非地運的時間；

（注 08）同（注 05）；

（注 09）《雪心賦》唐 卜應天 著；

（注 10）《堪輿總索雜著》宋 李思聰 著，大方出版社，臺北
　　　　　1978；

（注 11）同（注 06）〈第一章龍穴砂水要論第一節論龍脈〉頁 28-39；

（注 12）同（注 11）〈病龍論〉頁 39；

（注 13）同（注 11）〈開帳論〉頁 36；

（注 14）同（注 11）〈過峽論〉頁 35；

（注 15）同（注 11）〈入首論〉頁 36-37；

（注 16）同（注 11）〈胎息辨〉頁 32；

（注 17）同（注 11）〈明堂論〉頁 37；

（注 18）同（注 11）頁 29；

（注 19）見《堪輿漫興》明 劉基 撰；

（注 20）同（注 03）〈總論中國之山〉頁 28；

（注 21）同（注 19）頁 5；

（注 22）同（注 10）〈第一章龍穴砂水要論第二節論龍穴〉頁 40-49

（注 23）淋頭者，穴上無脈，水來無以疏導如傾盆而下穴內。漏槽
　　　　　者，如槽漏滴水滲入棺槨，以壞遺骸；

（注 24）雙指者，鉗穴的各邊兩指；

（注 25）單臂者，一邊單提；

（注 26）合鉗者，兩腳合出，穴結鉗之盡頭中間；

（注 27）分鉗者，穴星開口分向左右；

（注28）側乳穴，星體不正，穴結一邊者；

（注29）並突穴，兩突粘連，合氣而結，穴拖交界之間；

（注30）鵲突穴，其形糊塗，而不顯露者；

（注31）同（注10）頁12；

（注32）同（注06）頁43；

（注33）乃穴土的吉相，多五彩華文，青、赤、黃、白、黑等色；

（注34）玄空用語，語出《傾囊奧語》意指水要屈曲環抱；以向配
　　　　有情水用相同的元運卦；

（注35）來龍大而去脈小，正前開面，坐來朝去，謂之；

（注36）若龍從側邊開面，前有堂局，謂之；

（注37）同（注34）

（注38）龍身於轉關之處，真峽之旁，穴星忽現，龍身自去，此穴
　　　　自留，謂之；

（注39）識龍莫過於審峽，見寶照經：「蜂腰鶴膝是真跡」；

（注40）同（注17）〈天心十道〉亦即楊公倒杖之法；

（注41）同（注09）〈吞吐浮沉，務依葬法〉乃依現狀有不同的葬法

（注42）乃針對上述穴形的葬法；

（注43）同（注06）〈第一章 龍穴砂水要論第三節龍砂〉頁49-60

（注44）戰國時勇士孟賁和夏育的並稱；

（注45）見《地理鉛彈子》清 張九儀著。乃九種砂體，貪狼、武
　　　　曲、巨門、破軍、左輔、右弼、祿存、文曲、廉貞；

（注46）同（注09）〈論地理要略〉；

（注47）為星命學中的重要神煞；

（注48）見《玉尺經》唐 楊益 著〈逐吉賦〉；

（注49）同（注03）〈卷五第十九冊 砂法總論〉；

（注50）同（注49）；

（注51）同（注11）〈第四節論龍水〉頁61-67；

（注52）同（注09）〈論水法〉；

（注53）同（注03）〈卷一第五冊 論支龍〉；

（注 54）同（注 03）〈卷一 第二冊 論三大幹龍脈絡〉；

（注 55）同（注 45）〈砂法要訣〉乃正火體，砂名文筆。龍身最喜廉
　　　　　貞作祖，極貴之品；

（注 56）見《葬經翼》明 繆希雍 著〈明堂篇〉；

（注 57）同（注 10）〈大、小八字〉。

第二節　堪輿的世界觀

　　風水學中有云，「山管人丁，水管財」(注1)。是以水為財
的象徵，但是能做為財的水，必需符合龍水的條件，也就是所
謂好風水所在地四周的水路，必須能聚合堂前，或能彎曲環繞，
二者都需要關攔緊密、固聚堂氣(注2)，使水勢有情而氣不泄方能
稱為財。如此佳城，是導致工商進步、百業繁榮，金融發達的
風水好地。中國人常說：「四海之內皆兄弟」。除了表達民族的
豪爽性情，也顯示了水的流通性，並恰好符合了金融財務的流
通性質。所以從堪輿的視角來看世界，用水的條件來檢視，也
不難一窺其發達的原因！

　　堪輿的巒頭法，有著放諸四海皆准的風水標準。綜合以上
的論述，合乎堪輿學所要求的龍水能致富貴。且以水的形態，
不僅能審視中國的大都市如北京、上海、深圳、香港等，皆合
乎此條件的描述，且放眼全世界是否也都能有所應驗呢？縱觀
全球凡具有能關攔的有情水區，未嘗不是人文發達、經濟繁榮、
人口會聚的大都市。比如說紐約、倫敦、新加坡、杜拜、洛杉
磯、東京等等，而這些大都市中人氣興旺、生活水準較高的區
域，如紐約的Manhatten、三藩區的Bay Area、歐洲的西歐諸國、
澳洲的Sydney和Melbourne等區域不勝枚舉，也都受著該區域
風水的影響。現僅舉數例，分析如下：

（一）New York City，為美國最大、人口最多的商業中心，影

響著全球的經濟、金融、 媒體、政治、教育、娛樂與時尚。紐約的龍脈來自Bronx區，該區為行龍不住腳，大致上不是風水要求的理想區域。繼而Manhattan區，有Hudson River 和East River兩河彎曲環繞，為藏風聚氣的結地所在，不僅明堂水聚於Upper Bay且有Governors Island、Ellis Island、及Statue of Liberty等陳列其間，為朝案砂及羅星砂以關欄水口。更有Staten Island 和Brooklyn為羅城並關欄堂口。再以New Jersey的延線海岸為單提兜住外明堂。實乃真穴天成，財氣沖沛。怪不得成就全球的金融中心。作為羅城區的Staten Island和Brooklyn區則僅為龍脈餘氣的護砂，且水勢不受關欄，自然差距頗大。致於Queens區的情形，因為是支龍所成雖無法與Manhattan區相提並論，因有部分關欄水域也可有一番作為。

(二)杜拜，為阿拉伯聯合大公國最大和人口最多的城市，也是中東地區的經濟和金融的中心，是中東最富裕的城市。現已發展為全球性國際金融中心。為本地區最重要的貿易、交通、運輸、旅遊和購物中心。迪拜的地理環境是受Dubai河和Persian灣環繞圍抱而成。以整個Persian灣為其明堂，以Hormuz海峽為水口，其中有Qeshm島為羅星陳列其間以截水氣。更以Daria Island為案山，World Islands為朝應，以盡關攔水氣的功效。因為Persian灣乃汪洋之水，其氣霸而勢猛，故財大而氣粗。

(三)美國加州San Francisco 灣區為例，包括了三藩市本身和其南邊以資訊和高生活水準聞名全美的San Mateo郡，及南灣San Jose以舉世著名高科技的矽谷/硅谷地區、東灣Oakland商港與著名的UC Berkeley的大學城，以及北灣風景如畫的Marin郡與產葡萄酒聞名的Napa郡等合稱為舊金

山灣區以商業、文化、藝術、旅遊和高科技等著名於世。是精神文明與物質文明高度發展的地區，也是五大主要銀行和許多大型公司的總部所在。區內有各種混合型的建築物、著名的高科技公司、金門大橋、纜車、惡魔島監獄及唐人街等景點聞名。何以該區能有如此高度的綜合表現？就風水的角度言，從南灣的San Jose起，該區乃Moutain Rocky的回頭龍結地，回頭龍向以勢猛力大聞名。而三藩市灣水曲環繞，內、中、外明堂聚水寬廣，且水界分明。有三藩市的Presidio與馬林郡的Sausalito關攔水口，鎖緊堂氣。其間更有Angel Island、Treasure Island 等羅星陳列以截水氣，為我所用。風水穴脈一如人體，整體看來，San Jose的地理形態頗為神似人體的「合谷穴」(注3)，大有四總穴(注4)中掌控頭面之鑰的氣勢。無怪乎矽谷/硅谷的科學園區能摯全球科技之牛耳。三藩市則因受到太平洋和三藩市灣環繞圍抱，占盡水口之利。以Oakland及其山系為朝案，水氣緊縮而密固。其間有Alameda Island、Bay Farm Island和Treasure Island等為羅星，財氣豐沛。其性質又如同「少商穴」(注5)，五行屬木，不僅為脈之財星且為掌控咽喉的要塞，故能成為北加州廣大腹地的商務總吞吐口，而擠身為世界一流的的大都會。由於三藩市灣的面積頗大，而且與四周的岸地交牙緊錯，因而形成了不少好的風水條件：像是南灣的Palo Alto，為全美房價最高的區域之一。其所在一如「魚際穴」，五行屬火(注6)，為脈氣的官星且為手掌的最多肉處。顧名思義，可知其富裕、掌權而生機無限。像是東灣的Berkeley，乃聞名於世的大學城，文化的多元性、學術的專業性和思想的自由性為其特徵。其所在一如「二間穴」(注7)的性情，水氣豐沛，能清熱、解毒、散風、消腫等多元性的功能。故對文化、藝術、科技、商業等皆有導引指正的功效，具備著學術上崇高的地位。另外

像是北灣的Napa，為美國葡萄酒生產最集中、最著名的地區。其位於加州北部的納帕山谷，雖以農業為主，但區內水源流長，屈曲如繞帶，多處環抱徵聚而水域寬闊，自是財氣充沛的風水寶地。也是美國所有的地區中第一個躋身於紅酒世界的莊園，至今為止仍然保持領先的地位。其位置有如「四縫穴」[注8]，為當地注入一股清涼的特殊風味。由以上的描述，可知三藩市灣的水域造就了該區域特殊的地理環境，成為一個超級穴場的集合地。

(四)蓋風水學中，有地運之說。好的巒頭風水，更需要當旺的地運配合。所謂三元九運。每運二十年，共一百八十年。由上、中、下三元分攤，每一元運六十年為一甲子。其中一運至九運，分別為一運坎白水，二運坤黑土，三運震碧木，四運巽綠木，五運中黃土，六運乾白金，七運兌赤金，八運艮白土，九運離紫火；自古論運以紫白為佳，地運以當運為最佳，以次運為旺。中原向以土為屬性，值此紫白當、旺運（八、九運）之際，必能國運興隆。本運2004-2023乃八白當運，中華一躍而為世界之尊，其中存在著部分風水的元素。當然國運的強弱，並非僅在於風水。但風水提供了一個進階的基礎環境和氛圍，不僅能造就地靈人傑，且能掌握住發展壯大的天時良機。

(五)反觀自2004年開始20年退運的加州，先有二次房貸的金融危機，繼而有房地產和證券公司大面積的破產，以及失業率的暴增。自2019年以來疫病的暴發，不只摧毀了衛生王國的美譽和架構，更使得經濟大幅衰退，居民感染罹難者眾。致使失業率再攀高峰，外加移民政策的改變，高科技的轉移，遷出加州的人口比比皆是。一向強大富裕的加州，一夕之間美景不再。這恐怕遠遠超出很多人的想像和預期，但在風水學中卻是

早已昭告的狀況。出於對上述事實的體認，可知堪輿學的標準放眼全球皆準。

非僅水法，配套龍、穴、砂三科的講究，以及理氣的應用等等，均與人類的興盛與衰敗息息相關。這本就是中華文化的精髓，是古之聖賢的智慧結晶。其重點還在於善用天地間自然條件的配合，得以發揮人類最大的能量，期以造就更趨完美的人類世界。這也是古聖先賢們，創立堪輿學的主要意義和功能。本文概略性的論述風水的結構與實例，以佐證堪輿學的標準能放諸四海皆准的世界觀。

【第十章第二節　堪輿的世界觀 附註】

（注01）意指山脈影響丁、貴（男丁與官職）；水流影響財運；
（注02）見《風水要義》武陵出版社 臺北 1984〈水口論〉頁67；
（注03）乃大腸經的原穴以及四關穴和四總穴之一；
（注04）四總穴分治頭項、面口、肚腹、腰背等部的疾患，乃遠道取穴的典範。所謂「肚腹三裡留，腰背委中求，頭項尋列缺，面口合穀收。」；
（注05）肺經的井穴，五行木穴，專治咽痛、鼻塞之症；
（注06）肺經的榮穴，第一掌骨中點的橈側赤白肉際凹陷中；
（注07）大腸經的榮穴，五行的水穴。比比皆水；
（注08）四縫穴乃經外奇穴。

————易學語錄————

夫乾天下之至健也　德行恆易以知險

夫坤天下之至順也　德行恆簡以知阻

後語

　　《易之潔靜精微》的寫作過程，稱得上嘔心瀝血. 經常還沒寫下一個構思，腦中已經又出現了好幾個概念和想法。究竟易學的資訊量龐大，在「潔靜精微」的原則下，何者應該是先被重視的呢？上部的「易傳」部份，比較容易得到重點，究竟既有的疑問存在已久，困難的是怎麼給出正確的答案。「易海釋源」中的闡釋, 都是筆者花了數十年的觀察、閱讀、和領悟出來的心得。至於下部的「易理」部分，由於其演進的階段出現的時間比較晚 (注1)，理論部分更趨完備而複雜。困難在於專業的程度而非理論的疑難；當然也有時代造成的問題，像是「山」術中修道的氛圍，在現今的社會中，更以佛教的在家居士為多。而且「服餌」中的丹藥和「符咒」中的符籙，如今也窒礙難行，並不易於推廣；另外像是「醫」術中的「運氣學」開始於「易理」發展的早期，因而其諸多的理論尚處於假設的階段，自然漏洞層出。

　　蓋自古中土之學風，有著不以個人名利為優先，而以文化傳承為重的傳統，鮮少標榜創始的人物和時間。一則由於民族內斂的習性，一則由於對聖賢的推崇所使然。這份傳統注重的是思想的傳遞。無論是經由眾人集思而完成，還是歷經數代編纂而完備。或不標明作者，像是六經中的《尚書》、《詩經》、《禮記》等；或是以當代偉人或是思想的啟迪者為作者，以讚頌其豐功偉業。像是黃帝著《內經》、周文王著《周易》、孔子著《春秋》等。總之，這正是先賢們的聖德所在！易理之學多也承襲了這份傳統。回顧「奇門遁甲」的源起，傳說始於黃帝戰蚩尤時，因受困而求教於九天玄女 (注2)，所謂法源乃得自天人。但「奇門」如此複雜的變化思維，令人疑惑真的存在於黃帝時期。然而考量諸葛先生其時（東漢）已通曉此術而且應用自如，則「奇門遁甲」確實可能已存在於易理的早期。另外相

較同屬於「六爻卦」的兩種卜術，其中「梅花易數」相傳是宋
代大儒邵康節所創，因受其影響後世多半以為「金錢卦」也出
自於宋代。但其方法又與其後的大儒朱熹所提倡的「筮儀」之
法，卻是迥然不同。「筮儀」乃基於一段《繫辭》作為卜卦的
手法(注3)所使然，不僅缺乏理論基礎，更改寫了孔子的原意(注4)。
然而卜術的「金錢卦」是否始於宋代還是延用古代的方法，也
無實際的史料可考。尤其卜卦中極為重要的「黃金策總覽千金
賦」，相傳為明朝劉基所著，至於「金錢卦」的卜卦法和卦理
究竟起於何時與何人，也確實難以確定。總之易學思想雖始於
古之聖賢，其後的發展卻是由民族性的文化孕育而成。文化與
歷史不同之處，文化具備著廣括而全面性的普及，絕非僅是點
線的重點記錄而已。故其演進過程，雖未必盡能見全於史料，
卻總將結果顯示在文化之中。而「子平命理」因為完成的時間
較晚(注5)，且以創作者為名，故有著比較清楚的發展史。即使如
此，明代的點睛之作《造化玄鑰》又名《欄江網》至清代因與
康熙帝同名而改為《造化元鑰》，其後經清代余春台先生整理，
易名為《窮通寶鑑》。再經民國初年的徐樂吾先生增補為《造
化元鑰評注》，始風行於世。然至今仍不明原著出自何人之手。
但令筆者驚訝的是，諸科以「干支」為架構而繁衍的易理思想，
若從其系統演進的角度來審視，也可以纜出一個整體的時間序。
蓋「奇門遁甲」純以「天干」為應用、「六爻卦」純以「地支」
為發揮、而「子平論命」則通論「干支」為範疇。由此演繹的
次序，可見古之先賢雖無統一的政令，卻有著一致性系統化的
步伐。難得的是，其由「天干」而「地支」而再「干支」，每
個階段的理論，皆發揮得細膩而完備，統以干支為本。雖目的
不盡相同卻能並存而不悖。由此時間序，或可推論「六爻卦」
的卜術應不晚於北宋(注6)。作者於書中特將此三者重新規劃，作
一番整理。雖未必完善但對後進學者，或許有些參考的價值。
而中醫學，則資訊量更為龐大，究竟養生保健、辨證論治皆與

日常生活息息相關。作者以易學的哲思與生理現象相佐證，以建立起中醫十二經重卦的易理結構。再配以中藥的十天干屬性，突顯出易醫學的整體性。至於風水學裡巒頭法的展示，足以顯示中華先賢們對自然地理的深入心得。這份心得可驗證於海內外皆准。值得一提的是，能善用風水佳城，方能製造出繁榮的經濟和發達的人文於無形。尤其是風雲人物，其風雲際會的持久性，大半取決於風水的狀況。反之終將導致運勢的萎縮而難免走向衰敗。凡此種種皆由於易學是建立在自然科學的基礎上而發展出的成果，其內容只有按步就班的哲理推演和實際的事實驗證，並未嘗有怪力亂神者。這些文明對今日的社會，仍有著超值的性價比。如「奇門遁甲」能以小搏大、以少擊多解決國際間的紛爭；「卜卦」能預知事情發展的結果，得以作出正確的決定；「子平論命」可幫助自我認知，妥善人生的規劃，並及早達成人生目標。

　　撰寫本書的初衷，希望從《易傳》的哲思和「易理」的五術來推廣傳統世界。期盼炎黃子孫能珍惜祖先遺留的文化瑰寶，重新認知華夏文明，而加以發揚光大！。

【後語 附注】

(注 01) 乃比較易學的基本思想而言，諸如「圖書」、「八卦」等；

(注 02) 中國上古時代的女神，俗稱九天娘娘；

(注 03) 見《易經集注》臺北文化圖書公司 1994〈周易 筮儀〉頁 1-3；

(注 04) 見本書〈第三章 辨證「筮儀」〉；

(注 05) 雖創立於北宋，逮至明末以後，始見完備；

(注 06) 原因有二，一則北宋時創的「梅花易數」使用較晚的先天卦。而「金錢卦」則使用較早的後天卦。一則北宋時已創立應用「干支」的「子平論命」而「金錢卦」則以應用較早的「地支」為主。

（全文完）

國家圖書館出版品預行編目資料

易之潔靜精微／那英森著. —初版.—臺中市：白
象文化，2021.1
　　面；　公分
　ISBN 978-986-5559-22-9（平裝）
1. 易經　2. 易學　3. 研究考訂
121.17　　　　　　　　　　　　109015421

易之潔靜精微

作　　　者	那英森
內頁排版	那英森
校　　　對	那英森
封面設計	那英森
專案主編	林榮威
出版編印	吳適意、林榮威、林孟侃、陳逸儒、黃麗穎
設計創意	張禮南、何佳諠
經銷推廣	李莉吟、莊博亞、劉育姍、王堉瑞
經紀企劃	張輝潭、洪怡欣、徐錦淳、黃姿虹
營運管理	林金郎、曾千熏
發 行 人	張輝潭
出版發行	白象文化事業有限公司

　　　　　　　412台中市大里區科技路1號8樓之2（台中軟體園區）
　　　　　　　出版專線：（04）2496-5995　　傳真：（04）2496-9901
　　　　　　　401台中市東區和平街228巷44號（經銷部）
　　　　　　　購書專線：（04）2220-8589　　傳真：（04）2220-8505

印　　　刷	基盛印刷工場
初版一刷	2021 年 1 月
定　　　價	350 元